광장의 오염

광장의 오염

제임스 호건 지음
김재경 옮김

두리반

경쟁적인 싸움터를 건전한 '광장'으로 바꾸기 위해

분투하고 있는 이들에게 감사와 경의를……

감사의 말

책을 쓰기 시작할 때만 하더라도 책을 완성하기까지 이렇게 많은 시간과 노력이 들어갈 줄은 몰랐습니다. 프로젝트의 규모가 점점 방대해졌지요. 조사를 하면 할수록, 사람들과 이야기를 나누면 나눌수록 '이쯤에서 선을 긋고 조사는 그만둬야지'라는 생각이 굴뚝같았습니다. 물론 세계의 선두적인 사상가들을 인터뷰할 기회를 갖는다는 것은 정말 짜릿한 특권이었습니다. 하지만 이따금 고통스러울 때도 있었습니다. 우리 시대의 가장 중대한 문제들을 논의하고 해결할 만큼 수준 높은 광장을 마련하기 위해 우리가 넘어야 할 벽이 엄청나게 높다는 사실을 깨달았기 때문이지요. 인터뷰에 응한 모든 분들이 제 지식과 이해를 한층 더 높여주었습니다. 그분들의 통찰과 조언이 없었더라면 이번 프로젝트는 결코 성공할 수 없었을 것입니다. 그들 대다수의 견해는 이 책에 실려 있습니다. 책에 인용되지 않은 분들이라고 해서 책에 기여하지 않았다는 뜻은 아닙니다. 최종 결과물이 나오기까지 어떤 식으로든 제가

6

가는 길을 인도해준 모두에게 진심을 담아 감사를 표합니다.

이 책은 사실상 답이 없어 보이는 의문과 그럼에도 그 답을 찾고자 하는 무한한 호기심에서 비롯했습니다. 제가 해답에 그나마 가까이 다가갈 수 있었던 건 모두 수많은 사람들의 지원과 격려, 조언과 우정 덕분이었습니다.

방대한 인터뷰 자료와 뒤죽박죽 뒤섞인 생각을 유려한 문장으로 탈바꿈할 수 있도록 도와준 그라니아 리트윈, 당신은 정말 특별한 사람입니다. 1년이면 끝날 줄 알았던 프로젝트가 무려 6년이 걸렸는데도 당신은 조금도 동요하지 않았지요. 당신의 집필 능력과 편집 능력도 소중했지만 특별히 현실 감각 덕분에 저는 인터뷰에서 수집한 막대한 정보를 파헤치면서도 초점을 잃지 않을 수 있었습니다. 당신을 만난 건 정말 축복이었습니다.

제가 여태까지 만나본 젊은이들 중 가장 똑똑한 사람 중 하나인 애슐리 아든, 프로젝트 초기부터 당신의 관심을 끌 수 있었던 건 엄청난 행운이었습니다. 당신은 생각의 동반자이자 동료 모험가로서 값진 연구를 할 수 있도록 기여해주었고 인터뷰를 보조해주었으며 내가 올바른 방향으로 나아갈 수 있도록 조언해주었습니다. 또한 언제 연구를 멈추고 집필을 시작해야 하는지 말해주었지요. 당신이 아니었다면 저는 아직도 세계를 떠돌며 인터뷰를 수집하고 있었을지도 모릅니다.

나의 벗 알렉스 히멜파브에게도 감사를 한껏 담아 전합니다. 프로젝트 여러 단계에 걸쳐 너그러운 자세로 사려 깊은 조언을 베풀어준 덕분에 한결 구체적이고 의미 있는 책이 나올 수 있었습니다.

닉 앤더슨, 솔직한 충고를 건네주어서, 레토릭에 초점을 맞출 수 있도록 주의를 이끌어주어서, 브뤼노 라투르의 연구를 소개해주어서 고맙습니다.

저 때문에 오래도록 고생했을 비서 커스틴 브리넬슨에게도 고맙습니다. 당신은 온갖 데이터가 가득한 난장판을 성공적으로 정리했을 뿐만 아니라 편집, 소셜미디어, 웹 개발, 인포그래픽, 마케팅 등 온갖 새로운 기술을 마다하지 않고 기꺼이 배우고자 했습니다.

오랜 친구이자 지원군인 데이비드 스즈키, 마일스 리처드슨, 타라 컬리스, 끊임없이 격려와 조언을 보내 주어서 감사합니다.

디스모그블로그의 브렌든 드밀,《더나르왈》의 캐럴 린니트와 에마 길크리스트에게도 감사를 표합니다. 사실만을 좇기 위해, 사실을 사실답게 전하기 위해 헌신하는 여러분의 태도는 너무나 고무적이었습니다.

데보라 태넌의 경우 직접 인터뷰하지는 못했습니다. 하지만 데보라의 방대한 언어학 연구 자료 중 일부를 조사할 수 있었지요. 그 덕분에 사람들이 일상 대화에서 사용하는 언어가 어떻게 사람들 사이의 관계에 영향을 미칠 수 있는지 이해할 수 있었습니다. 특히《논쟁 문화The Argument Culture (국내 미출간)》라는 책이 큰 도움이 되었습니다. 1부 1장의 "논리를 무너뜨린다고 해서 마음이 열리지는 않는다"라는 제목도 데보라의 책에서 빌려왔지요. 데보라, 저에게 영감을 주어서 고맙습니다.

아직 세상에 나오기에는 한참 모자랐던 초고를 읽어주려고 관대하게 시간을 내준 친구들과 동료들에게 감사를 전합니다. 여러분은 12만 단어나 되는 원고에 꽁꽁 감추어져 있던 보석들을 찾아낼 수 있도록 도와주었으며 제가 어떻게 책을 더 매끄럽게 다듬을 수 있을지 친절히 조언

8

을 베풀어주었습니다. 그들 가운데에는 에드 레비, 에마 길크리스트, 낸시 맥하그, 피터 로빈슨, 크리스 해치, 존 르페브르, 크리스 프라이먼드, 프레위디스 월랜드가 있습니다. 또한 페이스북이 어떻게 골칫거리가 되었는지 이해하도록 도와준 제시 허시에게도 감사를 전합니다.

존 르페브르는 초고를 읽어주는 데에서 그치지 않고 끊임없이 지원을 베풀어주었습니다. 오늘날 공적 담론이 어떤 상태에 놓여 있는지 통찰과 조언을 공유해준 덕분에 집필 과정이 순조롭게 진행될 수 있었습니다. 감사합니다.

프로젝트 초창기에 지원을 보내준 에마 풀먼, 훌륭한 연구조사 기술을 발휘해준 사이먼 켈리, 집필이 끝날 무렵 제목을 정할 수 있도록 도와준 개리 로스에게도 감사를 표합니다.

그리고 누구보다도 아내 이니드 매리언에게 고맙습니다. 당신이 묵묵히 인내하는 가운데 내가 목표를 이룰 수 있도록 지원과 열정을 꾸준히 내보이지 않았더라면 이토록 오랜 시간 일상을 희생해야 하는 작업을 결코 끝마치지 못했을 것입니다. 마음 깊숙한 곳에서부터 진심을 담아 고맙습니다.

제임스 호건

차례

초심자의 마음

초심자의 마음에는 많은 가능성이 있지만 숙련자의 마음에는 거의 아무런 가능
성이 없다.

• 스즈키 순류(鈴木俊隆)

초심자의 마음으로 다가가는 지혜

어느 무더운 날, 나는 아내와 함께 글렌엘런에서 산타로사 방향으로 자
전거를 타고 가고 있었다. 좁은 산길을 오래도록 올라야 하는 험준한
길이었다. 먼저 꼭대기에 도착해 아내를 기다리고 있는데 '소노마산 선
센터Sonoma Mountain Zen Center'라는 표지판이 눈에 띄었다.

  마침 낡은 농장 작업복을 입은 한 남자가 주차장에서 자갈을 긁어 헤
치고 있기에 내 소개를 한 다음 저기 작은 서점은 언제 문을 여느냐고
물어보았다.

한참을 대화하던 중 남자는 대뜸 센터 수련회에 참석해보라고 제안했다. 나는 그에게 센터에 들어가면 보통 얼마나 지내느냐고 물어보았다. 6개월이라는 남자의 대답을 듣고는 숨이 턱 막힐 수밖에 없었다. "여섯 달이요? 누가 여섯 달이나 수련을 한답니까?" 남자는 정신을 건강하게 유지하려면 때때로 번잡한 세상에서 떨어져 나와 휴식을 취해야 한다고 대꾸했다. 그러지 않으면 '재시작' 버튼을 누르지도 않은 채 계산기를 끝없이 반복해서 두드리는 짓이나 마찬가지라는 것이다.

꼭대기에 도착한 아내와 함께 서점에 들어간 나는 점원에게 밖에 있는 남자가 누구냐고 물어보았다. 점원은 "아, 저분은 로시Roshi 스님이세요"라고 답했다. 로시는 스즈키 순류의 주요 제자 중 한 명이자 그 센터의 지도자였다. 나는 딱히 종교심이 있는 사람은 아니지만 20대 초반부터 선불교의 선법(명상법)에는 관심이 있었다. 그래서 이날 만남 이후로 몇 달 뒤에 가족을 데리고 센터로 돌아와 나흘짜리 수련회에 참석했다. 조동종曹洞宗(목적 없는 좌선을 체계화한 선불교의 일파—옮긴이)의 선법을 배워 '재시작' 버튼을 누르기 위해서였다.

선법을 배우는 수련생들은 '초심初心'이라는 개념을 주의해야 한다. 너무 많은 지식을 알려고 해서는 안 된다. 지식이 배움을 가로막기 때문이다. 명상에 깊이 잠기는 데에는 숙련자 수준의 지식보다 무지에서 비롯한 열린 마음이 훨씬 더 도움이 된다.

1960년대 샌프란시스코만 지역에 선불교를 대중화한 인물인 스즈키 순류는 초심자의 마음을 이렇게 설명한다. "자기중심적인 생각 일체는 우리의 광대한 마음에 한계를 규정할 뿐입니다. 여태까지 이룬 것을 생각하지 않을 때, 자기 자신을 생각하지 않을 때 우리는 진정한 초심자가 됩니다. 진정으로 무언가를 배울 수 있는 건 바로 그때부터입니다."[1]

개인적인 경험에 비추어보았을 때 이 조언은 성공적인 명상에 이르는 왕도나 마찬가지다. 고민과 염려가 혼잡하게 요동치는 상태를 초월하기 위해서는 반드시 생각과 기대를 내려놓아야 한다. 그런 뒤에야 깊은 고요와 침묵을 경험할 수 있으며 비로소 명상에 돌입할 수 있다.

활짝 열린 초심자의 마음은 오늘날 양극화의 온상이 된 광장을 헤쳐나가는 데에도 큰 도움이 될 수 있다. 세계를 설명할 때마다 우리가 습관적으로 되뇌는 이야기들은 일정한 사고 패턴을 만들어내며 이런 사고 패턴은 우리가 인간관계와 공적 담론을 더 깊이, 창의적으로 이해하지 못하게 가로막는다. 우리는 스스로를 비운 채 이런 이야기들을 다시 쓸 필요가 있다.

이 책에서 다룰 복잡한 문제들에 관해서라면 특히 더 그럴 필요가 있다. 이 책을 쓰는 동안 나는 아무리 방대하고 복잡한 주제라도 초심자의 마음으로 다가가려고 노력했다. 그 결과, 그 주제에 관한 생각들이 서로 충돌하는 것처럼 보일지라도, 심지어 내가 그런 생각들에 전혀 동의하지 않는다 할지라도 열린 마음으로 다양한 생각들을 받아들일 수 있었다.

공적 담론은 왜 변화를 가로막는 장애물이 되었나?

'환경'이라는 문제는 이 책의 핵심 주제가 아니다. 하지만 이미 2003년부터 내 머릿속에 똬리를 틀고 앉은 문제다. 때는 내가 캐나다에서 가장 유명한 학술 기반 환경 단체인 데이비드스즈키 재단David Suzuki Foundation 이사진에 합류한 직후였다. 재단에 초대를 받은 것은 공공 문제 자문가로서의 경력 덕분이었다.

첫 이사회 회의를 마친 뒤 우리 모두는 올드몬트리올에 있는 프랑스 레스토랑으로 자리를 옮겼다. 나는 데이비드 스즈키David Suzuki의 맞은 편에 앉아 있었다. 내 쪽에 앉은 임원들은 '왜 사람들이 환경 위기가 불거지는 가운데에도 행동하지 않는가'에 대해 활기차게 대화를 나누고 있었다. 바로 그때 스즈키가 나를 바라보더니 특유의 직설 화법으로 질문을 던졌다. "왜 우리가 지구를 파괴하고 있다는 증거가 이렇게 많은 데도 사람들이 관심을 갖지 않는 걸까요? 그리고 정부에 행동을 촉구하도록 사람들의 마음을 움직이려면 어떻게 해야 할까요?"

침묵이 흘렀다. 나는 딱히 해답이라고 할 만한 답을 제시하지 못했다. 1984년에 PRPublic Relations(어떤 사안이나 조직에 대해 대중이 특정한 이해를 갖추도록 홍보하는 전략적 커뮤니케이션 과정—옮긴이) 전문가라는 간판을 내건 뒤 나는 식중독, 노사 갈등, 주식시장 붕괴, 동물 학대 고발 사건, 영안실 시신 실종 사건, 테이저건 사망 사고, 수백만 달러 규모 은행 사기, 목재소 폭발 사고, 목조주택 하자 대참사, 선거, 섹스 스캔들 등 온갖 까다로운 공공 문제를 상대해왔으며 이쪽 업계에서 나름 대가로 자리매김한 상태였다. 하지만 스즈키가 제시한 문제는 완전히 새로운 종류의 소통 난제였기에 당혹스러웠다. 마땅한 대답을 찾을 시간을 버느라 정치판이 돌아가는 꼴이 아쉽다는 등 중얼거린 기억이 난다. 하지만 사실 나는 이 문제에 어떤 식으로 답해야 할지 전혀 아는 바가 없었다.

그날 저녁 이후로 답을 궁리하느라 계속 시달렸다. 그러다 깨달은 것은 복잡한 질문에 답을 내놓을 수 없다고 해서 늘 나쁜 것은 아니라는 점이었다. 자신의 마음이 편하고자 해답이라고 착각하는 설명을 곧장 결론으로 내놓느니 때로는 열린 마음으로 계속 고민하는 편이 더 낫다고 생각됐다.

마이클 루이스Michael Lewis 역시 《생각에 관한 생각 프로젝트The Undoing Project》에서 이 사실을 강조한다.[2] 루이스는 아모스 트버스키Amos Tversky가 1972년에 미네소타 대학교에서 선두적인 역사가들을 앞에 두고 강연한 내용을 회상한다. 당시 트버스키와 대니얼 카너먼Daniel Kahneman은 불확실성을 마주할 때 인간의 정신이 어떤 식으로 작동하는지, 특히 의사를 결정하고 위험을 평가할 때 인지 편향이 어떤 역할을 하는지 연구하는 중이었다. 장차 심리학계의 거장이 될 두 심리학자는 사람들이 자신의 편향을 자각하고 편향을 제거하려 노력한다면 더 나은 의사 결정을 내릴 수 있으리라 기대했다. 결국 둘의 연구는 노벨경제학상을 수상하는 쾌거를 이루었다.

트버스키는 '역사적 해석: 불확실성하에서의 판단Historical Interpretation: Judgment Under Uncertainty'이라는 제목으로 강연을 하면서 어떻게 우리가 인간 정신의 결함 때문에 종종 알지도 못하는 사실을 안다고 착각하게 되는지 설명한다. 트버스키의 말에 따르면 우리는 이해하지 못하는 당혹스러운 사건을 맞닥뜨릴 때 지식이 전혀 없고 사건을 해명할 만한 새로운 정보가 없음에도 해당 사건을 이해 가능한 것처럼 포장하기 시작한다.

트버스키는 인간이 '무작위로 주어진 데이터에서조차 패턴과 흐름을 포착'해 사건을 해명하는 이야기를 창조하는 데 아주 뛰어나다고 지적한다. 설상가상으로 인간은 일단 나름의 설명을 구축하고 나면 그 설명에 고착하는 경향이 있다. 트버스키는 이런 현상이 인간 논리의 한계라며 이렇게 설명한다. "대개 우리는 앞으로 일어날 일을 예측하지 못합니다. 그럼에도 일단 일이 벌어지고 나면 잔뜩 자신감에 차서 무슨 일이 일어났는지 설명하지요."

다시 말해 우리는 실제로 이해하지도 못하는 사건을 설명하려고 이야기를 지어내느라, 그러고 나서 그 이야기를 변호하느라 정작 새로운 지식을 배우지는 못한다. 결국 우리는 스스로 지어낸 이야기와 설명을 확신하게 되며 이런 확신은 배움을 가로막는다. 데이비드 스즈키가 던진 중대한 의문에 대답하고자 한다면 새로운 배움이 절실히 필요한데도 말이다.

이 책에서 소개하는 전문가들은 우리가 세계를 다른 방식으로 바라보고, 우리의 맹점을 넘어서야 한다고 촉구한다. 사회 시스템적 사고 social systems thinking 분야 권위자인 매사추세츠 공과대학의 오토 샤머 Otto Scharmer는 학생들에게 과거가 아니라 다가오는 미래에서 답을 찾으라고 가르친다. 샤머의 가르침에 따르면 우리는 몸에 밴 사고방식, 고질적인 행동방침, 뿌리 깊은 습관을 그대로 '다운로드'하는 태도를 극복해야 한다.

그러기 위해서는 열린 마음을 가지고 새로운 정보를 의식적으로 귀담아 듣는 자세가 필요하다. 이런 자세를 갖추려면 몸을 단련하기 위해 근육을 키우듯이 꾸준히 연습해야만 한다. 샤머도 이렇게 말했다. "이는 공감이라는 근육을 단련하는 과정이자 케케묵은 습관에서 벗어나는 과정입니다."[3] 우리는 남을 판단하는 오랜 습관을 버리고 타인의 눈으로 문제를 바라보아야 한다. 자기 자신을 내려놓을 때에만 다른 생각을 받아들일 수 있다. 샤머는 열린 생각, 열린 마음, 열린 의지의 가치는 값을 매길 수 없을 정도라고 믿는다. '기존의 생각을 반증하는 데이터는 혁신의 근원'이기 때문이다.

나는 초심자의 마음으로 이 책을 쓰고자 했으며 내가 지금까지 만난 사람 중 가장 생각이 깊은 사람들로부터 값진 교훈을 배우고자 애썼다. 정치학자, 철학자, 도덕심리학자, 미디어 권위자, 사회과학자 등 70명이 넘는 전문가들을 인터뷰했으며 그러는 내내 이런 논의를 펼치기에 지금이 적기라는 생각을 지울 수 없었다.

그들 모두는 오늘날 공적 담론이 오히려 변화를 가로막는 거대한 장애물 같다고 생각했다(그들 중 대다수는 오래도록 이 문제를 조사해왔으며 심지어 이 문제를 고민하는 데 자신의 경력을 전부 바친 사람도 있었다). 초창기 인터뷰를 진행할 때부터 나는 "우리는 마치 자연 환경을 오염시키듯이 광장을 오염시킬 수 있습니다"라고 말한 예일 대학교 법학 교수 댄 카한 Dan Kahan의 의견에 공감할 수 있었다.[4]

어째서 이 지경이 되었는가에 관해서는 전문가마다 의견이 달랐지만 우리가 오염시킨 광장이 어떤 해를 가할 수 있는가에 관해서는 대부분 생각이 같았다. 유독한 대화 방식은 우리가 집단적으로 생각하지 못하도록, 온 인류를 괴롭히는 수많은 위험한 문제를 해결하지 못하도록 방해한다.

카한은 과학 커뮤니케이션science communication(사회에서 과학 지식의 전달 과정을 연구하는 분야—옮긴이)이라는 학문이 아직 걸음마 단계에 머물러 있는 반면 의도적으로 사람들이 과학 지식을 오해하도록 만드는 방법론은 훨씬 진보한 상태에 있다는 사실 역시 지적한다. 게다가 세상에는 분열을 부추기는 데 관심이 있는 사람들이 너무나 많다.

사실이 중요하지 않은 시대

이 책을 집필하기 오래전부터 나는 프로파간다와 유사과학이 변화를 저해하는 데 어떤 역할을 하는지, 불순한 의도를 가지고 불러일으킨 의혹과 논쟁이 어떻게 대중의 관심을 차단하고 공공 정책의 수립을 방해하는지에 흥미를 가지고 있었다. 2006년에는 디스모그블로그 DeSmogBlog를 공동창립해[5] 기후과학과 지구온난화 분야를 안개처럼 뒤덮은 자기주장과 홍보 문구를 몰아내고 사람들이 정보 조작 문제에 경각심과 상식을 갖추도록 돕고자 했다. 디스모그블로그는 수백만 명의 독자를 끌어모았으며 《타임Time》에 2011년도 최고의 블로그 중 하나로 소개되기도 했다. 2009년에는 리처드 리틀모어Richard Littlemore와 함께 《기후 은폐 공작 Climate Cover-Up(국내 미출간)》을 집필해[6] 반과학 프로파간다가 어떤 식으로 생성되고 있는지, 미디어 세계에 반향실 효과(특정한 정보에 갇혀 새로운 정보를 받아들이지 못하는 현상—옮긴이)가 얼마나 널리 퍼져 있는지, 이를 싱크탱크들이 어떤 식으로 부추기고 있는지 깊이 있게 다루고자 했다. 《기후 은폐 공작》은 여러 상을 수상했고 캐나다에서 베스트셀러가 되었으며 표준 중국어로 번역되었고 스페인어로 재판이 나오기도 했다. 하지만 나는 충격을 받을 수밖에 없었다. 거짓 정보와 가짜 뉴스가 난무한 상황에도 사람들이 분노하지 않았기 때문이다.

그래서 나는 이 책을 통해 우리가 어떻게 '사실이 더 이상 중요하지 않은 시대'에 도래하게 되었는지, 또 어떻게 다시 사실이 중요한 시대로 돌아가는 첫발을 내딛을 수 있을지 탐구하고자 했다. 어떻게 하면 우리가 (제대로 된 담론을 전개하는 데 필수적인) 수준 높은 광장을 되살려 과학적인 근거에 토대를 둔 건설적인 대화를 나눌 수 있을지 알아내고 싶었다.

이 책의 목적은 사람들이 소비자나 유권자로서 다른 선택을 하도록 바꾸는 것이 아니다. 나는 독자들에게 환경운동가가 되라고 설득하지도, 행동을 취하라고 촉구하지도 않을 것이다. 이 책은 그보다 훨씬 더 근원적인 문제를 다룬다. 거짓이 소용돌이치고 당파주의가 판치고 험담이 난무하는 오늘날, 공격적인 수사법이 기본이 되고 잘못된 정보가 앞을 가리는 오늘날, 우리는 어떻게 다시 진정으로 소통하고 공감할 수 있을까? 오늘날 사람들은 귀에 들어오는 어떤 정보도 믿을 수 없기 때문에 아예 신경을 끄고 등을 돌린다. 결과적으로 광장 자체가 무너지고 있다.

조지타운 대학교 언어학 교수 데보라 태넌Deborah Tannen의 주장에 따르면 자기 의견에 동조하지 않는 사람들의 동기와 인격을 공격하는 우리의 습성은 대중이 현안 자체에 집중하지 못하도록 방해하며 공적 담론의 현장에서 나타날 수밖에 없는 격정적인 태도를 의심하게 함으로써 진심 어린 반대 의견이 설 자리마저 위태롭게 만든다.[7] 반대 의견을 가진 사람이 악랄한 동기를 품고 있다고 비난하면 설령 타당한 비판이라도 쉽게 묵살할 수 있기 때문이다. 태넌은 공적 담론이 이처럼 전투적인 양상으로 펼쳐지는 경우 타협점을 도출할 가능성이 희박하다고 덧붙였다. 더군다나 '사안을 극단적인 언어로 규정하면 시민들은 문제가 해결 불가능하다고 생각하며 결국 정치 과정에서 소외'되고 만다.

신랄한 화법은 환경이나 기후변화 같은 사안에서만 나타나는 문제가 아니다. 이민, 총기 규제, 경제 등 사안을 가리지 않고 뚜렷이 나타난다. 신랄한 화법을 사용하는 주체 역시 지지자, 공직자, 기업 등을 가리지 않는다.

깨끗한 광장, 다음 세대에게 물려줘야 할 유산

이 책 초판에 소개된 모든 인터뷰는 '도널드 트럼프'라는 이름의 리얼리티 TV쇼 스타가 미국 대통령으로 선출되기 이전에 이루어졌다. 하지만 책이 마침 분열을 부추기고 상대를 험담하고 반대자를 악의 축으로 묘사하는 화법에 관해 다루고 있다 보니 마치 트럼프의 핵심 소통 전략을 지적하는 것처럼 보였나 보다. 덕분에 여러 뉴스 미디어에서 주목을 받았다. 미디어 인터뷰에 응할 때마다 진행자가 내게 던진 첫마디는 '적시에 나온 책'이라는 평이었다. 초판에 트럼프가 언급도 되어 있지 않다는 점을 생각한다면 참 아이러니한 일이었다. 하지만 개정판부터는 이야기가 달라졌다.

물론 이미 트럼프가 무대에 등장하기 전부터 '광장'은 거짓 의견이 난무하는 양극화의 온상으로 떠오르고 있었다. 하지만 트럼프는 고약한 심보가 담긴 특유의 파괴적인 악담을 퍼부음으로써 공적 담론을 아예 새로운 차원의 바닥으로 끌어내린 인물이다. 과거에는 반대 진영을 중상모략하는 과정이 그래도 무대 뒤편에서 이루어졌다면 이제는 무대 중심에서 이루어지고 있다. 더욱이 그 양상 역시 더 노골적이고 뻔뻔하며 위협적이다.

도널드 트럼프는 CBS의 〈식스티 미니츠60 Minutes〉에 나와 기후학자들이 '거대한 정치적 어젠다'를 가지고 움직인다고 주장했으며 AP통신 기자들에게 "저도 기후가 변화한다는 사실에 동의합니다. 기온이 왔다 갔다 하지요"라고 일침을 놓기도 했다.

트럼프는 자신이 '과학적 직감'을 타고난 데에다가 '위대한 MIT 교수'를 삼촌으로 두었다며 석탄 화력 발전소의 온실가스 배출을 감축하고자 했던 오바마 전 대통령의 규제안을 폐기했다. 더 나아가 차량 연비 기준을 다시 이전 수준으로 낮추었으며 파리기후협약 탈퇴를 선언했다.

무엇보다도 트럼프는 우리 사회의 어둡고 위험한 이면을 가리고 있던 장막을 들추어내고 말았다. 사실을 조작하고 당파주의에 기대며 공적 담론을 진흙탕 싸움으로 변질시키는 전략이 광장 자체를 마비시킬 수 있음을 명확히 드러낸 것이다. 이런 식의 소통 전략은 여러 해에 걸쳐 지속되었지만 이제는 아예 몸집을 불린 채 우리 눈앞에 대놓고 모습을 뽐내고 있다. 물론 긍정적인 면도 있다. 트럼프의 행동에 자극을 받은 수많은 올곧은 사람들이 크게 목소리를 내고 있기 때문이다. 그들은 진실한 소통의 가치를 되새기는 가운데 광장을 망치는 데 가담하지 않기 위해 최선을 다하고 있다. 자기 생각에 반하는 언론을 가짜

뉴스라고 힘주어 말하는 트럼프의 태도 덕분에 언론 역시 더욱 영민해지고 있다.

심각한 문제들에 직면해 있음에도 우리가 행동을 취하지 않는 이유가 순전히 양극화된 의견, 공격적인 소통 전략, 오염된 광장 때문이라고 주장하는 것은 순진한 생각일 것이다. 그저 정보가 부족하기 때문만도 아니다. 스즈키가 지적한 대로 사람들이 타성에 젖어 있는 이유 중에는 해양산성화, 멸종 위기, 기후변화 같은 문제들의 규모와 범위가 엄청나게 크다는 사실 역시 포함되어 있다. 사실 규모와 범위가 주는 압박감은 모든 시스템적인 문제들의 근원이나 마찬가지다. 나중에 살펴보겠지만 프랑스 철학자 브뤼노 라투르Bruno Latour는 이런 중대한 문제들을 해결하려면 70억 명의 사람들이 거의 삶의 모든 측면을 전면적으로 탈바꿈해야 한다고 설명한다. 따라서 사람들이 변화에 저항하고자 하는 것도 딱히 놀랄 일이 아니다.

하지만 그럼에도 지난 30년간 정부와 산업, 기업과 환경 사이를 조율하는 가운데 온갖 까다로운 사안들을 상대해온 PR 전문가로서 나는 '오염된 광장에서 공적 담론이 제 기능을 하지 못하는 상황'을 도저히 무시할 수 없는 문제라고 느꼈다. 우리가 이 문제를 해결할 길을 찾지 못한다면, 즉 상대방 의견에 건설적으로 반대할 길을 찾지 못한다면 우리는 우리가 맞닥뜨린 중대한 인류의 문제들에 결코 제때 해답을 내놓지 못할 것이다. 사람들은 누군가 잘못된 방식으로 대화를 시도할 때는 물론이고 누군가 자기 의견을 지나치게 강하게 밀어붙일 때면 흥미나 기대를 잃어버린다. 아예 듣는 내용의 요점 자체를 놓칠 수도 있다. 이는 양극화를 심화시키며 결과적으로 담론은 교착 상태에 빠진다.

활발한 논의와 논쟁은 건강한 민주주의에 이르는 필수 조건이다. 우리는 바로 그 권리를 지키기 위해 애쓰는 한편 다음 세대에게 깨끗한 광장을 물려주기 위해 최선을 다해야 한다. 이런 의무를 생각할 때면 내 머릿속에는 피카소의 가슴 저미는 그림으로 유명해진 마을 게르니카가 떠오른다.

1937년에 나치 독일의 공군은 스페인 북부에 있는 작은 마을 게르니카에 폭격을 퍼부었다. 하지만 기적적으로 마을 광장에 있는 참나무는 살아남았다. 1366년에 게르니카가 설립된 이후로 이 나무는 같은 자리에 계속 자손을 남기는 식으로 마을 광장에 쭉 서 있었다. 나무 아래에서는 마을 주민들이 모여 법을 만들거나 충성 서약을 맺거나 마을 대소사를 논의했다. 나무가 병이 들면 주민들은 도토리에서 난 묘목을 같은 자리에 심었다. 그 나무가 공동체 내에서 지니고 있는 상징적인 의미를 이해해 가치 있게 여겼기 때문이다. 독일군의 공습으로 수많은 사상자와 피해가 속출했지만 게르니카의 '자유의 나무'만큼은 주민들의 정신과 함께 살아남았다.[8]

우리 역시 다양한 의견이 공존하는 수준 높은 광장을 세울 방법을 탐구하는 한편 프로파간다와 당파주의라는 폭격으로부터 '광장'이라는 공유지를 보호하기 위해 힘껏 노력해야 한다.

'광장'이란 우리가 공공의 문제를 토의하고 토론하기 위해 만나는 문자적인 혹은 상징적인 장소를 가리킨다. 광장은 교회 지하실일 수도 TV 방송국 스튜디오일 수도 회사 휴게실일 수도 있다. 어쨌든 핵심은 시민들이 공동체의 중대사를 논의하고 협치에 기여하며 민주주의에 참여하는 장소라는 점이다.

무릇 광장이란 열린 마음으로 솔직하게 의견을 나누는 수준 높은 토론의 장이 되어야 한다. 하지만 안타깝게도 극단적 언사, 프로파간다, 불통과 같은 유해한 요소들이 한데 뒤섞여 이런 만남의 장을 오염시켜왔다. 타협을 모르는 일방적인 의사 전달 방식은 시커먼 스모그처럼 공적 담론을 뒤덮었으며 시민들 사이에 불신과 무관심을 퍼뜨렸다. 책의 1부에서는 어떻게 우리 모두가 광장을 오염시키는 데 일조하고 있는지, 어떻게 다시 건전한 담론이 오가는 광장을 구축할 수 있는지에 대해 살펴본다.

1부

오염된 광장

공적 담론의 건전성을 위하여

1장

논리를 무너뜨린다고 해서
마음이 열리지는 않는다

서로를 신뢰하는
담론 공동체 구축하기

|

대니얼 양켈로비치와 스티브 로셀

민주주의는 양보를 전제한다. 양보에 이르는 가장 좋은 방법은 상대의 정당한
관심사를 인정하는 것이다. 우리는 차이를 강조하는 대신 상반되는 입장 사이에
다리를 놓아야 한다.

• 대니얼 양켈로비치(Daniel Yankelovich)

처음 이 책을 써야겠다고 생각하기 시작했을 때였다. 같이 점심 식사
를 하기 위해 스티브 로셀Steve Rosell을 샌프란시스코만 맞은편에 있는
소살리토의 작은 이탈리아 레스토랑으로 초대했다. 내가 막 구상하기
시작한 아이디어를 로셀이 어떻게 생각하는지 알아보고 싶었다. 내 아
이디어가 로셀의 저명한 동료 사회과학자인 대니얼 양켈로비치의 인
터뷰를 따낼 만큼 가치 있는 아이디어임을 확신시키고 싶기도 했다.
양켈로비치를 처음 만난 건 10여 년 전이었다. 나는 그의 뛰어난 저서
들도 웬만큼 읽어본 데다가 그의 사상 역시 굉장히 흠모하고 있었다.

1924년에 출생한 양켈로비치는 열두 권의 책을 집필한 작가다. 또한 뉴욕 대학교 소속으로 교수직을 비롯한 다양한 학술 활동을 맡아 왔으며 캘리포니아 대학교와 하버드 대학교에서 교수로 활동한 바 있다.[1] 로셀과 양켈로비치는 양극단으로 분열된 공적 갈등을 담론을 통해 풀어나가는 연구 분야를 개척하고 발전시킨 선구자다.

로셀과 점심 식사를 하면서 나는 새 책에 '낚였네, 어쩌다?'라는 제목을 붙일 생각이라고 언급했다. 로셀은 곧바로 우려를 표했다. 그처럼 자극적인 제목을 붙였다가는 사람들이 책 표지만 보고 분열을 부추기는 작품이라고 오해할 수 있을 것이라고 했다. 로셀은 독자에게 마치 '나는 맞고 너는 틀리다'라고 말하는 듯한 제목으로 책을 시작하는 것은 사람들이 의사 결정 과정에서 심사숙고하도록 만드는 방법이 아니라고 했다. 참고로 로셀은 코넬 대학교에서 박사 학위를 취득했고 수많은 국제기관과 대기업에 고문 자격으로 자문을 제공했으며 총 네 명의 캐나다 총리와 함께 일하기도 했다.[2]

로셀은 2011년 미국 부채 한도 위기를 예로 들어 요점을 뒷받침했다. 당시 워싱턴 D.C.에서는 공직자 모두가 마지막 순간까지 언쟁만을 벌였다. 로셀은 그런 언쟁이 '논쟁'이라 말하기에도 부족한 '참사'에 가깝다며 철저히 비효율적인 대화 방식이라고 지적했다. 시동이 꺼진 비행기가 땅을 향해 곤두박질치고 있는데 조종석에 타고 있는 모두가 뭘 해야 할지 말싸움을 벌이는 꼴이나 마찬가지라는 것이다. 음모론을 믿는 사람들은 정치인들이 그처럼 전투적인 언쟁을 주고받는 이면에 나름대로 합리적인 계획이 있다고 추측한다. 하지만 무시무시한 진실은 오늘날 정치인들이 취하는 행동 방침에 대단하거나 합리적인 계획 따위는 존재하지 않는다는 점이다. 로셀은 이렇게 말한다. "누가 배후에서 통제하고 있는 게 아니에요. 오히려 통제 불능 상태라고 보아야겠죠."

로셀과 대화를 나눈 뒤 나는 갈등에 빠졌다. 한편으로는 내가 제안한 책 제목을 바꾸기가 영 내키지 않았다. 곳곳에 만연한 프로파간다나 은밀하게 이루어지는 PR 장난질 등 환경 문제의 심각성을 가리는 온갖 속임수 때문에 진절머리가 났기 때문이다. 그처럼 사악한 기술이 횡행하고 있다는 사실을 소리 내서 밝히는 사람마저 거의 없었다. 그래서 나는 그런 기술이 얼마나 위험한지, 순진한 피해자들을 어떤 식으로 구워삶는지 까발리기를 간절히 원했다. 하지만 다른 한편으로는 '내가 감히 로셀의 혜안을 무시해도 될까?'라는 생각이 들기도 했다. 그의 주장에 따르면 내 입장을 고수하다가는 열린 마음을 가진 똑똑한 독자들마저 쫓아낼지도 몰랐다.

나는 로셀과 양켈로비치가 데이비드 스즈키의 의문에 어떤 반응을 보일지 확인하고 싶었다. 또한 둘로부터 담론이 어떤 힘을 발휘할 수 있는지, 즉 고장 난 광장을 회복하고 명료하면서도 협력적인 방식으로 소통함으로써 어떻게 모두를 만족시키는 방식으로 문제에 접근해 창의적인 해결책을 내놓을 수 있는지 배우고 싶었다. 오늘날 광장이 어떤 상태에 놓여 있다고 생각하는지, 분열을 초래하는 프로파간다나 캠페인 등《기후 은폐 공작》에서 까발린 소행들에 관해 어떻게 생각하는지 알고 싶기도 했다.[3]

상반되는 입장 사이에 다리 놓기

로셀이 인터뷰를 주선한 덕분에[4] 우리 셋은 샌디에이고에 모여 앉았다. 곧바로 본론으로 들어간 양켈로비치는 사고의 양극화가 소통의 흐름을 차단해 교착 상태를 초래한다는 점에서 위험하다고 말했다. 양극화는 우리가 긴급한 문제에 당장 달려들지 못하도록 가로막는다. 합의에 이르지 않고는 효과적인 조치를 취할 수 없기 때문이다. 양켈로비치는 우리가 논쟁적인 사안을 다룰 때 서로의 차이를 부각하기보다는 공통 기반을 찾기 위해 노력해야 하며 다양한 접근법을 모두 고려하기 전까지 판단을 유보해야 한다고 말한다.

양켈로비치는 이렇게 기록한 적이 있다. "민주주의는 양보를 전제한다. 양보에 이르는 가장 좋은 방법은 상대의 정당한 관심사를 인정하는 것이다. 우리는 차이를 강조하는 대신 상반되는 입장 사이에 다리를 놓아야 한다."[5] 그러면서 양보를 모르는 편파적인 태도가 관계를 좀먹는 응어리를 남길 수밖에 없다고 덧붙인다. 가장 큰 문제는 테러와의 전쟁에서든 지구온난화와의 전쟁에서든, 양극화가 패배에 이르는 지름길이라는 점이다. 중대한 사안을 앞두고 서로 편파적인 태도만 취하다가는 필연적으로 독단적인(따라서 잘못된) 결론을 도출하게 되며 진실을 파악하지 못하게 된다.

양켈로비치는 "안타까운 얘기지만 우리 문화에서는 대화하고 숙고하기보다는 논쟁하고 변호하고 대립하기를 선호하지요"라고 말했다. 물론 적대적인 형태의 담론도 나름 쓰임새가 있다. 법정이나 TV에 누가 나와 특정한 이익 집단을 공격할 때면 구경하는 입장에서는 재

미있다. 하지만 우리 사회를 마비시킬 위험이 있는 교착 상태에서 적대적 방식을 취하는 것은 전혀 좋지 않다. 양켈로비치의 말에 따르면 '귀를 닫고 상대를 불신하며 편파적인 태도를 취하고 공통된 이해나 사고방식을 공유하지 않는' 오늘날의 전형적인 공적 담론 모델은 어떤 논의도 왜곡하고 만다. 우리에게는 공통 기반을 찾는 일이 절실히 필요하다.

양켈로비치는 오늘날 광장이 '매우 형편없는' 수준인 이유가 사람들이 전반적으로 공공 문제에 무관심하기 때문이며, 미디어가 자의적으로 정한 규칙에 따라 움직이기 때문이라고 말한다. 더 나아가 사람들이 의사소통의 원리를 제대로 이해하지 못한다는 문제 역시 존재한다.

특히 오늘날 과학계는 공적 담론의 원리에 사실상 무지한 수준이다. 재능 넘치는 학자들이 추상적이고 전문적이고 난해한 언어로 고도로 검증된 진술을 하면, 미디어가 그런 진술을 논쟁 형식으로 보도하는 실정이다. 이런 형태의 담론을 이해하기란 여간 불편한 게 아니다 보니 사람들은 "자기네도 합의하지 못하면서 우리한테 뭘 기대하는 거지?"라고 반문하며 아예 담론 자체를 무시하는 쪽을 택한다.

과학계는 어떤 상황이든 동일한 의사소통 원리를 합리적으로 적용할 수 있다고 상정한다. 대중이 열린 마음으로 주의를 기울이고 진실의 편을 들어주리라 기대한다. 정보를 제공하는 사람들이 대중을 고의적으로 조종하려고 애쓰기는커녕 선의를 가지고 움직인다고 믿어 주리라 기대한다. 하지만 전부 착각이다.

과거 시장조사 분야에서 30년 경력을 쌓은 양켈로비치의 말에 따르면 불신이 깔린 상황에서는 전혀 다른 접근법이 필요하다. 첫 단계로는 사람들이 느끼는 회의와 염려를 인정해야 하며, 그런 다음 그들이 왜 이번에는 의심을 거두어야 하는지 추리하도록 독려해야 한다. 그러기 위해서는 입증 책임이 우리 쪽에 있음을 인정해야 한다. 기대가 아니라 성과를 보여야 한다. 약속은 필수적인 경우에만 제시해야 하며 약속한 내용은 충실히 이행해야 한다. 핵심 가치를 윤리적인 언어로 명확히 드러내야 한다. 의심을 피하기 위해 평범한 화법을 사용해야 한다. 고상한 목표라도 이행 과정에 결함이 있으면 이상가가 아니라 위선자로 비춰진다는 사실을 명심해야 한다.

무관심이 팽배한 상황을 다루는 경우에는 목표가 명백하다. 사람들이 듣도록 만들어야 한다. 뛰어나고 명망 있는 과학자가 공정하고 균형 잡힌 견해를 제시한다고 한들 사람들이 초장부터 불신으로 가득 차 있으면 귀는 열리지 않는다. 따라서 이 문제를 풀어나가기 위해 정책 입안자나 과학자가 일단 인정해야 할 부분은 자신이 소통하고 있다고 생각하는 순간 사실 소통이 이루어지지 않고 있다는 사실이다. 양켈로비치는 이렇게 일갈했다. "우리는 거의 벼랑 끝 같은 상황에 내몰려 있습니다. 가장 똑똑하다는 엘리트들이 의사소통을 한답시고 우물우물 갈팡질팡 중얼거리고 있지요. 그건 전혀 의사소통이 아니에요."

진정한 담론이란 무엇인가?

양켈로비치의 설명에 따르면 대학 교수들은 신뢰가 전제된 상황에서 소통하는 데 익숙하기 때문에 대중 역시 자신들의 선의를 이해해 자신들이 하는 말을 받아들이리라 생각한다. 이것은 착각이다. 불신과 정치적 양극화가 전제된 상황에서 소통하는 것은 신뢰가 전제된 상황에서 소통하는 것과 차원이 다르다. 무관심, 불신, 양극화 같은 요소들을 이해한다면 지구온난화에 관한 진실이 왜 이처럼 왜곡되어왔는지도 충분히 납득할 만하다.

양켈로비치는 광고업계 종사자들이 불신과 무관심이 깔린 상황에서 의사소통하는 법을 발전시켜온 것처럼 다른 전문가들 역시 소통의 원리를 배워야 한다고 덧붙였다.

바로 이 지점에서 '진정한 담론이란 무엇인가?'라는 문제가 등장한다. 양켈로비치는 담론이 소수의 지식인만이 즐기는 심원한 활동이 아니라고 말한다. 담론이란 누구나 참여할 수 있는 실용적이고 일상적인 도구다. 논쟁debate이 아닌 담론dialogue을 한다면 우리는 세계를 바라보는 방식에 관해 완전히 새로운 통찰을 얻을 수 있다. "마주보고 이야기하는 거라면 질렸어"라고 말하는 사람들은 사실 제대로 된 담론이 부재한 상황에 지친 것이다. 대부분의 담론이 대화를 가장한 독백에 불과하기 때문이다.

양켈로비치와 로셀은 담론과 논쟁 사이에는 확연한 차이가 있다고 설명한다. 우리는 논쟁을 할 때면 정답이 단 하나 있다고 상정하지만 담론을 할 때면 우리 각자가 답을 하나씩 들고 있다고 상정한다. 따라서 함께 해결책을 만들어나갈 수 있는 것이다. 논쟁은 전쟁을 벌여 한쪽이 승리하는 싸움이라면 담론은 협력을 기울여 공익을 도모하는 활동이다. 논쟁에서는 자신의 주장을 옹호하고 상대의 주장을 비판하지만 담론에서는 각자의 견해를 솔직하게 털어놓은 뒤 자신의 견해를 비롯해 모든 입장을 재검토한다.

인터뷰를 하면서 특히 인상 깊었던 말은 논쟁이 상대의 생각에서 약점을 찾는 과정이라면 담론은 상대의 생각에서 강점과 가치를 찾는 과정이라는 말이었다. 바꿔 말해 담론을 한다면 우리는 '내가 틀릴 수 있고 네가 맞을 수 있다'는 자세로 문제에 접근할 수 있다.

양켈로비치에 따르면 '담론'이라 불리는 특별한 형태의 소통 방식은 오직 사람들이 동일한 사고방식을 공유하지 않을 때, 일상적인 대화가 결실을 맺지 못하고 사람들이 '다시 얼굴 볼 일 없는 사이처럼' 서로를 지나칠 때 필요하다. 제대로 된 담론을 하려면 일정한 노력이 요구되므로 만약 훨씬 간편한 방법으로 문제를 해결할 수 있다면 굳이 담론을 마련하는 수고를 기울일 필요가 없다. 다시 말해 모두가 똑같은 가치와 목표와 사고방식을 공유한다면 우리 모두는 아무 문제없이 소통할 수 있다. 하지만 고등 교육을 받은 학자가 정책 입안자나 석유회사 측 인사는 물론 정보를 제대로 갖추지 못한 일반 시민과 대화하는 상황이라면 같은 사안에 모두가 제각기 다른 생각을 들고 올 것이 자명하다.

의사소통 문제를 놓고 보자면 기후변화만큼 난장판인 주제가 없다. 가치관, 사고방식, 교육 수준이 다양한 온갖 부류의 이해당사자가 감정적으로 잔뜩 흥분한 채 논쟁에 참여하고 있기 때문이다. 로셀은 엘리트 집단과 일반 대중 사이의 괴리가 커지면서 서로의 소통 방식에 대한 불신이 자라나고 있다며 이렇게 말했다. "정부 인사들은 자기네만 알아듣는 전문 용어를 남발하고 과학자들은 데이터를 가지고 이야기하지요. 대중은 그와는 완전히 다른 언어를 사용하고요. 그런 대중의 신뢰를 회복해야 합니다. 더 이상 말만 하면 믿어줄 거라고 생각해서는 안 돼요."

양켈로비치는 법률가들이 권력을 쥐고 있는 우리 사회에서 지배적인 의사소통 방식이 '변호advocacy'라고 지적한다. 자기 입장을 변호하기 바쁜 대변인들은 상대에게 자기 생각만을 납득시키려고 애쓴다. 하지만 정작 담론에는 상대의 말을 경청하고 상대에게 주의를 기울이며 판단을 보류할 줄 아는 사람이 필요하다. 그런 사람들이 모인 광장에는 설령 의견이 다르더라도 얼마든지 공통 기반을 찾을 수 있다는 생각이 깔려 있다.

담론의 세계에 몰두하게 된 계기를 묻자 양켈로비치는 자신의 흥미로운 여정을 들려주었다. 철학과 심리학 공부를 마친 뒤 시장조사와 여론조사 분야에 종사한 양켈로비치는 공적 담론의 수준이 열악하다는 사실과 사람들이 말할 때 충분히 심사숙고하지 않는다는 사실에 실망했다. 그런데 그는 그처럼 '정제되지 않은' 의견에 일정한 구조적 특징이 존재한다는 사실을 알아차렸다. 첫째로는 모순이 가득했다. 사람들에게 동일한 질문을 여러 시기에 걸쳐 물어보면 매번 다른 대답이 나왔다. 질문의 표현을 조금만 바꾸면 대답이 또 달라졌다. 사람들의 견해는 일관적이지 못했다. 무엇보다도 사람들은 자신이 내린 결론이 잠재적으로 어떤 결과를 초래할 수 있는지 생각하지 않는 경향이 있었다.

이런 특징들을 구분해낸 다음 양켈로비치는 어떤 조건이 주어졌을 때 사람들이 정제되지 않은 의견 대신 좀 더 심사숙고한 판단을 내리는지 알아내고자 했다. 사람들은 어떤 환경에서 일관된 견해를 유지하고 판단 결과에 주의를 기울일까? 그 답을 찾는 과정에서 양켈로비치는 '담론'이라는 도구를 떠올렸으며 결과적으로 어떻게 공적 담론의 수준을 높일 수 있을지, 어떻게 대중의 신뢰를 회복할 수 있을지에 대해 연구해왔다.

대중 학습 곡선

양켈로비치와 로셀은 여론이 무지한 반응에서 심사숙고한 판단으로 성장하는 과정을 나타내는 '대중 학습 곡선public learning curve'을 밝혀냈다. 세 단계로 이루어진 학습 곡선은 사람들의 주의와 자각을 일깨우는 첫 단계로 시작한다(대변인이든 미디어든 이 단계는 늘 기막히게 수행해낸다). 두 번째 단계는 희망적 사고, 사실의 부인, 변화를 향한 반발, 전문가에 대한 불신, 지푸라기를 붙잡는 태도, 의도적인 혼동, 경각심의 부족 같은 문제들을 풀어내는 단계다(바로 이때 담론이 기능해야 한다). 세 번째 단계는 사람들이 결의에 이르는 단계다(의사 결정권을 가진 사람이나 협치 기관이 개입하여 조율한다). 로셀은 이렇게 말한다. "저희는 주로 '풀어내는' 단계의 질을 향상시키는 데 초점을 맞추어 연구하고 있습니다. 우리 사회가 제대로 다루지 못하고 있는 부분이지요. 기후변화 같은 중대한 사안이 바로 이 단계에 발목을 잡혀 몇 년 혹은 수십 년 동안 정체되기도 합니다."

대중의 학습 곡선을 촉진하기 위해 담론 전문가들은 여러 도구와 기술을 개발해왔다. 하지만 여전히 시간이 필요한 상황이다. 로셀은 당연한 일이라한다. 온갖 분야의 전문가들이 전부 달려들더라도 대중이 한 영역의 지식을 모두 숙달해 특정 사안을 이해하는 데에는 여러 해가 걸리기 때문이다. 그런데 이상하게도 '대중이 어떤 식으로인가 그 일을 순식간에 해내리라는 가정'이 깔려 있다. 하지만 로셀은 이렇게 지적한다. "그럴 수가 없지요. 여론이 학습 곡선을 따라 성장하는 데에는 시간이 필요합니다. 때로는 수십 년이 걸릴 수도 있어요."

결론적으로 로셀은 이렇게 강조한다. "공적 담론이 중요합니다. 대중의 신뢰가 중요하지요. 집단적으로 무언가를 성취하고 싶다면 신뢰가 반드시 필요합니다. 하지만 요즘 담론이 이루어지는 상황을 보면 수준이 높거나 효과적이지도, 합리적이지도 않아요. 오히려 대중의 신뢰를 깎아먹고 있지요."

진솔한 대화를 나누는 능력은 값을 매길 수 없을 만큼 소중한 국가적·공적 자원이다. 하지만 로셀이 보기에 오늘날 광장에는 의도적으로 사회를 분열시키려는 시도가 횡행할 뿐이다. 말도 안 되는 비방, 통제를 벗어난 PR, 왜곡된 정보가 난무하는 선거철이면 우리 모두가 경험해온 사실이다. 로셀의 지적에 따르면 이런 행위가 우리 일상생활까지 침범하는 경우 큰 대가가 따를 수 있다. 만약 우리가 일상에서 그런 짓을 반복한다면 우리는 사실상 광장을 오염시키고 있는 것이나 마찬가지다.

로셀은 광장과 공공의 이익을 보호하는 일은 적극적으로 지원할 만한 가치가 있는 목표라고 언급한다. 서로를 신뢰하는 분위기가 깔린 담론 공동체를 구축한다면 우리 수중에는 장래에 까다로운 문제에 맞닥뜨릴 때 사용할 수 있는 요긴한 자산이 생기는 것이나 마찬가지다. 반대로 광장이 오염된다면, 의견이 양극화되고 공격적 언사가 난무하며 전문가들이 소통에 실패한 탓에 사람들이 사안을 제대로 숙고할 수 없게 된다면, 정제되지 않은 여론이 성숙한 여론으로 발전하는 것이 불가능하지는 않더라도 굉장히 어려워진다. 주장을 명료하게 전달하는 가운데 담론을 건전하게 전개하더라도 여론의 질을 높이기란 여간 어려운 일이 아니다. 그럼에도 로셸은 강조한다. 우리가 서로 공통 기반을 공유하고 있다는 사실을, 지금까지와는 전혀 다른 방식으로 대화하고 반박할 수 있다는 사실을 깨우치기만 한다면 깜짝 놀랄 것이라고.

맹목적 옹호자가
빠지는 덫

|

로저 코너

세상에 뼛속까지 사악한 인간은 많지 않다. 그럼에도 내 주변에 사악한 인간이 득실거린다는 생각이 든다면 아마 사고방식을 바꿔야 하는 쪽은 나 자신일 것이다.

• **로저 코너(Roger Conner)**

비참한 상태에 처한 오늘날 광장을 보면서 많은 사람들이 '상대방'의 사악함에서 문제의 원인을 찾는다. 하지만 광장을 오염시킨 책임은 '상대방'만이 아니라 '나'를 포함해 광장에 참여하는 모두에게 있다. 문제의 근원을 다른 누구라고 생각하는 한 해결책을 찾을 가능성은 희박해진다. 문제는 다분히 구조적이며 인간 심리, 즉 인간이 세계를 바라보는 방식에서 기인한다. 나쁜 의도에서 나올 수도 있지만 좋은 의도에서 나올 수도 있다. 누군가를 '옹호'하는 행위의 본성 때문에 문제가 비롯하기도 한다.

로비스트이자 소송 전문가, 합의 조율사인 로저 코너에 관해 알게 된 것은 이 책을 구상 중일 때였다. 코너는 반세기 가까이 공적 담론을 연구해왔으며 현재 테네시주 내슈빌의 밴더빌트 대학교 법학대학원에서 소송 이외의 전략을 통해 사회적·정치적 변화를 도출하는 방법을 가르치고 있다. 코너는 내가 오늘날 광장이 처한 상황을 묘사하기 위해 사용하는 오염 비유가 특히 기후변화 문제에 적용하기에 적합하다고 평했다. 과거에는 대다수의 사람들이 스모그가 공장의 매연에서 비롯되었다고 생각했다. 하지만 결국 가장 큰 위협을 가하는 주체가 공장이 아닌 개인 운전자일 가능성을 받아들이게 되었다(처음에는 이견이 많은 견해였다).[1]

누가 다윗이고 누가 골리앗인가?

코너는 실제로 사악한 인간은 그리 많지 않으며, 때로는 착한 사람이 선의로 나쁜 일을 벌일 수도 있다고 지적한다. 이 사실을 받아들이지 못하면 우리는 코너가 말하는 '옹호의 덫advocacy trap'에 빠질 수 있다. 자신이 지지하는 의견에 동조하지 않는 사람을 죄다 악인이라고 믿게 되는 것이다. 옹호의 덫에 빠지면 적대적인 태도에 사로잡힌 나머지 진짜 목적을 잊어버리게 된다. 서로를 적으로 인식하는 이상 세계적인 규모의 시스템적 문제를 해결하기 위해 협력하는 것은 불가능해진다.

코너는 자신 역시 한때 자신과 다른 의견을 가진 사람들을 '험담하고 책망하고 모욕하는 옹호자'였다고 시인한다. 옹호하는 방법에 관해서라면 주일학교에서 배운 내용으로 충분했다며 이렇게 말한다. "다윗과 골리앗이 있으면 제가 늘 다윗이었지요. 모세와 바로(파라오)가 있으면 제가 늘 모세였고요." 성경에 나오는 영웅들이 특출하게 잘하는 일이 있다면 그건 바로 악의 근원을 지목해 박살내는 일이었다.

지극히 단순한 논리에 매료된 코너는 우선 환경운동 지지자로서 웨스트미시건 환경운동위원회West Michigan Environmental Action Council를 운영하기 시작했다. 좌우명은 '우리는 악에 맞서고 선을 행한다'였다. 그때까지는 그럭저럭 명료했다. 하지만 코너가 워싱턴 D.C.로 가서 이민 문제를 해결하는 데 몰두하면서 상황이 바뀌기 시작했다. 그가 판단하기에 골리앗이라고 생각했던 사람들이, 오히려 코너에게 '골리앗'이라고 외치고 있었기 때문이다. 그들은 코너를 무너뜨리고 싶어 했다. 코너는 자신이 옳다고 생각하는 입장을 성공적으로 옹호하려면 노력을 이전보다 두 배로 기울여 적들을 압도하는 수밖에 없다고 판단했다. 그러자 미디어도 그를 환영했다. 얼마 지나지 않아 코너는 미국의 간판 토크쇼마다 얼굴을 비추었고 CNN의 〈크로스파이어Crossfire〉에 고정 출연했다.

그러던 어느 날 코너는 미법무성 산하 연구소US National Institute of Justice의 초대를 받아 '미국 대도시들이 위태위태한 시기'의 범죄와 치안 문제를 연구하게 되었다. 초점을 지역 단위로 좁히자 '유레카'를 외치는 순간이 찾아왔다. 평생토록 정답을 찾는 것, 적을 규명해 승리를 거두는 것만이 검증된 접근법이라 생각했는데 처음으로 그 접근법이 먹히지 않기 시작한 것이다. 마약 밀매 집단을 축출하는 게 목표라면 그런 접근법이 먹힐 수 있었지만 경찰 집단, 주민 조직, 국선 변호인을 상대하는데 그런 식으로 접근할 수는 없었다. 결국 코너는 다시 백지 상태부터 시작했다. 미국 전역을 샅샅이 뒤져 범죄 문제에 성공적으로 대처한 지역 공동체들을 열정적으로 조사했다. 조사 결과 문제에 성공적으로 대처한 공동체에서는 전통적으로 진보 진영에 속하는 사람들이 보수 진영에 속하는 사람들과 효과적으로 협력한다는 공통점이 나타났다.

경찰과 주민 등 공동체 구성원들이 서로 협력하는 곳, 의견이 충돌하는 영역을 미루어둔 채 공동의 목표를 추구하는 데 집중하는 곳에서는 점진적인 해결책이 마련되었다. 더 중요한 점으로 코너는 만약 다른 사람 말에 진심으로 귀를 기울이지 않으면 해결책은커녕 문제 이해조차 불가능하다는 사실을 깨달았다. 연구를 마칠 무렵 코너는 자신이 이제 '사실상 백수 신세'나 마찬가지라고 생각했다. '옹호자'라는 연장으로는 더 이상 효과적으로 일할 수 없다고 느꼈기 때문이다.

타인의 행동을 변화시키는 세 가지 방법

코너는 해결책을 찾으려면 '중재자peacemaker' 역할을 하는 사람이 늘어나야 한다고 생각했으며 이후 10년 동안 중재 전문가로서 공공 정책 문제를 해결하기 위해 힘썼다. 하지만 코너가 보기에 더 중요한 과제는 지금까지와는 다른, 수준 높은 옹호자를 양성하는 일이었다. 밴더빌트 대학교 법학대학원 소속의 재단 자문가로 활동하는 동안 코너는 공공 정책을 논의하는 자리가 문제를 제대로 이해하지도 못한 채 대치를 벌이는 자리로 변질되는 모습을 수없이 목격했다. 사람들은 분노와 증오에 사로잡혀 눈이 멀어 있었다.

도대체 왜 이런 일이 벌어지는지 이해하기 위해 코너는 마셜 간츠 Martial Ganz나 마틴 루서 킹Martin Luther King 등 '이론보다 실전에 강한 사람들'의 글을 읽기 시작했다. 워싱턴의 전문 로비스트들이 양극화를 부추기는 나쁜 사람들이라고 생각했던 코너는 스스로에게 물었다. "혹시 착한 사람이 좋은 동기로 나쁜 일을 하는 건 아닐까?" 그는 전반적으로 '그렇다'고 판단했다. 그러면서 광장이 분열된 이유 역시 바로 여기에 있다고 보았다.

코너는 캐나다 송유관 설치를 반대하는 환경운동을 두고 단호하게 충고했다. "만약 당신이 캐나다 송유관 설치를 옹호하는 사람들을 악당이나 머저리라고 생각한다면 당신 생각이 틀렸다고 자신 있게 말할 수 있습니다."

의외의 발언이라 깜짝 놀랐다. 약간 거슬리기도 했다. 코너는 문제의 열쇠를 쥔 개인이나 집단의 생각과 행동을 바꿈으로써 공적 영역에 나타나는 사건의 흐름을 변화시키는 효과적인 옹호 방식이 필요하다고 보았다. 사건이 전개되는 흐름은 여러 갈래로 나뉜 강물처럼 복잡하다. 효과적으로 옹호할 줄 아는 사람은 개인이나 조직이 행동을 변화하도록 인도함으로써 바로 그 흐름을 바꾸고자 한다.

코너는 타인의 행동을 변화시키는 방법 가운데 '밀기pushing'와 '당기기pulling'라는 노골적인 방법과 '협력collaboration' 기반의 은근한 방법이 있다고 설명한다. 밀기 전략은 상대가 원하든 말든 무언가를 하도록 만든다. 당기기 전략은 교육, 회유, 경고 같은 수단으로 상대를 꼬드기는 전략이다. 협력하기 전략을 택하면 공동체는 손발이 딱딱 맞아떨어지는 팀처럼 작동하며 구성원들이 다른 사안에서 서로 입장이 갈리더라도 그 사안에서만큼은 깊이 있는 협력을 통해 문제를 해결하고자 한다. 협력하기 전략은 구성원 모두가 자신만의 좁은 길에서 물러날 것을, 즉 개인적인 자존심과 어젠다를 내려놓을 것을 요구한다. 물론 이런 전략을 완벽하게 수행해내는 사람은 없다. 코너는 이 세 가지 기본 전략이면 옹호하는 방법에 관한 설명이 다 끝났다고 생각했다.

적과 동지를 가르는 기준

하지만 얼마 지나지 않아 코너는 다른 차원의 고민도 필요하다는 사실을 깨달았다. 바로 '스탠스stance' 문제였다. 스탠스란 우리가 다른 사람이나 집단을 바라보는 태도를 가리키며 우리가 상대를 친구friend로 볼지 적foe으로 볼지 판단하도록 돕는다. 스펙트럼의 한쪽 끝에는 죽마고우 같은 친구가, 반대쪽 끝에는 철천지원수 같은 적이 놓여 있다(여기서 코너가 말하는 친구 사이란 상대에게 호감을 가지고 있다는 뜻이 아니라 설령 상대가 다른 의견을 가지고 있더라도 상대를 똑같은 인간으로 존중한다는 뜻이다).

사악한 동기를 품고 있다고 믿는 상대를 압도하고자 할 때 우리가 가장 흔히 사용하는 전략은 '적을 밀기push-foe'다. 반면 자신과 의견이 일치하는 공직자나 입법자에게는 '친구를 밀기push-friend' 전략을 사용할 것이다. 이 경우에 우리는 존중과 배려를 나타낸다. 상대가 일자리를 잃기를 바라지 않으며 상대에게 험담하기를 원하지도 않는다. '친구를 당기기pull-friend' 전략과 '친구와 협력하기collaboration-friend' 전략은 보통 안정적이며 오랜 시간에 걸쳐 지속된다. 그런데 적을 미는 전략 역시 마찬가지다. 왜 그럴까? 안타깝게도 우리 대부분이 상대가 우리에게 보이는 행동을 기준으로 우리의 태도를 결정하기 때문이다. 상대가 나의 적처럼 행동한다면 나는 상대를 적으로 받아들일 수밖에 없다는 식이다. 예컨대 코너 입장에서는 자기중심적이고 이윤만 추구하며 환경에 조금도 관심 없는 사람처럼 행동하는 상대, 코너를 거짓말쟁이라고 부르는 상대가 적이 될 것이다. 우리는 일반적으로 상대의 행동이 우리의 스탠스를 결정하도록 내버려둔다.

이런 성향은 옹호의 덫을 초래한다. 처음부터 적으로 시작하는 사람은 없다. 여러 단계에 걸쳐 적이 되어간다. 다른 사람이 우리 의견에 반대하면 우리는 일단 상대의 견해에 의문을 제기한다. 하지만 결국에는 상대의 동기와 의도를 의심하기에 이른다. 상대가 계속해서 우리 의견에 반대하면 우리는 점차 상대에게 공격을 당했다고 인식한다. 특히 상대가 우리의 명분이나 논리를 비판하거나 비난하는 순간 방어 기제가 작동한다. 우리는 불쾌해하면서 화를 내기 시작한다. 논쟁에 참여한 양측 모두가 눈에 보이는 상대의 행동을 바탕으로 자기 스탠스를 정한다면 결국 사람들은 서로가 틀렸다고 생각할 뿐만 아니라 서로를 악당으로, 적으로 인식하게 된다. 상황이 여기까지 이르면 이제 할 수 있는 일이라고는 아무런 결실이 나오지 않는데도 오랜 시간에 걸쳐 서로를 끊임없이 미는 일밖에 없다.

적대적인 스탠스 내려놓기

코너는 옹호의 덫이 겉으로만 달콤해 보일 뿐 실제로는 자기 파괴를 초래하는 쾌락과 닮은 구석이 많다고 지적한다. 단기적으로는 '온갖 유명 미디어'의 관심을 받으며 지지 기반으로부터 '찬사'를 받는다. 하지만 장기적으로는 이들이 애초에 공적 영역에 진출할 때 품었던 소명을 성취하지 못하도록 막는다.

자신의 주장을 효과적으로 표현하는 사람들은 변화하는 상황에 맞추어 밀기 전략 대신 협력하기 전략이나 당기기 전략을 택할 줄도 안다. 물론 신뢰할 수 없는 사람, 사악하고 비열하다고 생각하는 사람과 진심으로 협력하거나 타협하기란 매우 어렵다. 논쟁이 길어지는 와중에 눈에 보이는 행동을 바탕으로 상대에 대한 인상을 이끌어낸 경우 결국 사람들은 상대가 저지르는 중이라고 생각하는 행동을 거울처럼 모방하기 시작한다. 뿌리 깊은 불신에 사로잡혀 서로를 노려보기까지는 그리 오랜 시간이 걸리지 않는다. 일단 옹호의 덫이 작동하면 비난에 비난이 꼬리를 무는 악순환을 끊기가 극도로 어려워진다. 이런 악순환에서 빠져나오려면 말 그대로 일어서서 걸어 나오는 수밖에 없다. 코너는 30년 경험을 돌아볼 때 그처럼 가열된 상황에 다른 해결책은 없다고 말한다. 의식적으로 존중의 스탠스를, 더 나아가 공감과 연민의 스탠스를 명시적으로 나타내기란 보통 어려운 일이 아니다. 게다가 상대가 똑같이 해주리라는 기대를 하지 않으면서 그렇게 하기란 더욱 어렵다. 그럼에도 교착 상태를 깨부수려면 적대적인 스탠스를 내려놓는 수밖에 없다.

신념을 위한 투쟁을 그만두라는 말이 아니다. 우리 모두 자신의 태도를 의식적으로 감시함으로써 상황에 따라 때로는 밀고 때로는 당기고 때로는 협력해야 한다는 뜻이다. 마치 발이 가벼운 복싱 선수처럼 몸을 유연하게 앞뒤로 흔들 줄 알아야 한다. 코너는 우리가 지나친 공격성을 나타내는 경우 상대 역시 자연히 손에 힘을 꽉 준 채 사안에 달려들 수밖에 없다고 설명한다. 실제로 우리는 강력한 집단이 자기 힘을 과신해서 옹졸하고 적대적인 방식으로 사안에 접근하다가 괜한 반발을 불러일으키는 경우를 심심치 않게 목격한다.

옹호 전략 및 분쟁 해결 전문가인 로저 코너는 스탠스를 자기 외부가 아니라 내부로부터 형성하려면 의식적인 생각과 훈련이 필요하다고 강조한다. 자신이 상대에게 어떤 태도를 나타내는지 감시하면서 분개심이 끓어오르지 않도록 통제할 줄 아는 사람은 상대가 하는 말을 진정으로 들을 수 있다. 경찰이라면 화가 잔뜩 난 취객에게 자극받지 않을 수 있으며, 의사라면 여러 군데 총상을 입은 아이가 응급실에 오더라도 감정적으로 당황하지 않을 수 있다. 자녀를 기르는 부모 역시 마찬가지다. 물론 어떤 아이들은 영악해서 어떻게 해야 부모를 성가시게 할지 잘 알지만 영리한 부모라면 거기에 휘말리지 않는다. CEO도 예외는 아니다. 하지만 인식이 태도를 좌우하지 못하게 막는 기술을 실천하는 사람은 굉장히 드물다. 결과적으로 우리 대부분은 다른 누군가가 우리 인지 시스템의 중요한 부분을 통제하도록 내버려두고 있는 것이다.

코너의 2005년도 논문 〈전략과 스탠스Strategy and Stance〉에 따르면[2] 마틴 루서 킹 같은 리더는 옹호의 덫에 걸려들기를 거부했다. 자신의 스탠스가 상대의 행동을 거울처럼 반영하기를 원치 않았기 때문이다. 그는 자신의 태도를 결정할 권리나 힘을 다른 사람에게 넘겨주지 않았다.

마하트마 간디Mahatma Gandhi 역시 마찬가지였다. 간디는 자신을 옥에 가둔 사람들을 미워하지 않기로 결심했다. 이렇듯 모든 전략적 선택지를 골고루 활용하기를 원하는 공익 옹호자라면 상대를 적으로 생각하는 태도를 피해야 한다.

'나는 옳고 너는 틀렸다'라는 독선

코너는 착한 사람들이 선의로 나쁜 일을 벌이는 상황이 전혀 놀랄 일이 아니라고 말한다. 그럼에도 정치판에서는 옹호의 덫에 빠지는 일이 당연한 일처럼 여겨진다. 물론 의견이 충돌하라고 있는 곳이 정치판이니 수렁에서 악취가 나는 것만큼이나 자연스러운 일이다. 하지만 코너는 이렇게 지적한다. "제가 처음 일을 시작한 40년, 50년 전에 비해 요즘은 환경이 달라졌습니다. 환경 단체를 옹호하는 일에 참여하는 사람 수가 점점 늘어나고 있지요." 순전히 판이 커짐에 따라 서로를 적으로 대하는 사람들 역시 늘어남으로써 양극화 역시 점점 심각해지고 있다.

이런 상황을 해결하려면 모두가 자기인식 능력과 자기통제 능력을 길러야 한다. '분개'는 '마약'과 같기 때문이다. 집에 가서 "멍청한 놈들! 등신 같은 놈들! 좌파 녀석들! 우파 녀석들! 내가 맞고 걔들이 틀렸어!" 라고 말하면 기분은 좋다. 독선과 함께라면 '거의 무엇이든' 정당화할 수 있다.

코너는 서로를 향한 적의가 그리 크지 않던 집단 간에 어떻게 적대심이 자라날 수 있는지 관찰했다. 우선 우리는 상대가 정보를 오용하는 방식이나 부당한 비판을 가하는 방식을 두고 설전을 시작한다. 사실 불확실성으로부터 자유로운 사람은 아무도 없음에도 우리는 독선적인 태도를 취함으로써 스스로를 불확실성으로부터 보호하고자 한다. 물론 불의에 맞서 행동하려면 의분이 필수적이다. 그러나 자신의 견해에도 오류가 있을 수 있다는 사실을, 상대가 사악한 동기가 아니라 나름의 명분을 가지고 움직일 수 있다는 사실을 인정하지 않으면 의분은 독선으로 발전한다. 반면 상대가 백퍼센트 틀렸다고 생각하는 대신 이번 일만 오해하고 있을 뿐 사람 자체는 괜찮은 사람이라고 생각한다면 옹호의 덫에 걸려들지 않을 수 있다.

결론적으로 코너는 모든 정치적 옹호자들에게 적대적인 스탠스를 내려놓고 존중을 담은 눈빛으로 다른 모두를 바라보라고 촉구한다. "모두가 하느님의 자녀입니다"라는 식의 종교적인 논리가 필요하다면 그렇게 생각해보자. "이 사람이 유년 시절에 어떤 학대를 당했기에 이런 식으로 행동하는지 모르잖아"라는 식의 심리학적인 논리가 필요하다면 역시 그렇게 생각해보자. 대화에 임할 때면 상대의 의도가 선하다고 가정하자. 상대가 조직의 리더라면 존중받을 자격이 있다고 생각하자.

코너는 자신의 경험을 미루어볼 때 특정한 전략을 밀어붙이려면 냉철함을 유지하는 가운데 존중심 있는 태도를 보이는 편이 좋다고 말한다. 누군가를 일깨우고자 한다면 밀기 전략이 필요할 수 있지만 가능한 한 빨리 당기기 전략으로 선회한 다음 협력하는 단계로 나아가야 한다. 함께 미래를 개선할 수 있을 만큼 상대의 필요를 온전히 이해할 때에야 성공이 따라오는 법이다.

선택의 피라미드
꼭대기에 서서

｜

캐럴 태브리스

두뇌라는 구조물에는 맹점이 존재한다. 시각적 맹점도 있지만 심리적 맹점도 있다. 심리적 맹점이 불러일으키는 가장 교묘한 착각 중 하나는 내가 착각할 리 없다는 자기 위안의 착각이다. 어떤 면에서는 인지부조화 이론을 맹점 이론이라 부를 수도 있다. 결국 인지부조화란 인간이 의도치 않게 스스로의 정신을 눈 멀게 함으로써 자신의 행동이나 믿음에 의문을 제기할 수 있는 중요한 사건이나 정보를 놓치게 되는 원리와 이유를 설명하는 이론이기 때문이다.

• 캐럴 태브리스(Carol Tavris)와 엘리엇 애런슨(Elliot Aronson)

사람들이 눈에 보이는 상대방의 행동을 바탕으로 스탠스를 정한다는 로저 코너의 설명을 듣고 나니 도대체 인간 본성에 어떤 특징이 있기에 우리가 거듭해서 옹호의 덫에 걸려드는 것인지 궁금해졌다. 착한 사람이 나쁜 일을 하게 되는 원인은 무엇일까? 사람들이 확실한 증거를 마주하고도 고집스러운 행동, 비합리적인 논리, 모순적인 의견을 포기하지 못하는 이유가 무엇일까?

몇 해 전이었다. 데이비드 브룩스David Brooks의 《소셜 애니멀The Social Animal》이라는 흥미로운 책을 읽고 있었다.[1] 그런데 북클럽 멤버 몇몇이 이렇게 말하는 것이었다. "그 책도 훌륭하지요. 근데 캐럴 태브리스랑 엘리엇 애런슨의 《거짓말의 진화Mistakes Were Made (But Not by Me)》만큼은 아니에요."[2] 멤버들 말이 맞았다. 책을 집어 들고 세 번이나 읽었다. 태 브리스와 애런슨은 왜 우리가 상대가 뭐라고 말하든 상대 의견을 묵살 하고 반대 입장을 택하는지 간단하면서도 명쾌하게 설명하고 있었다. 둘의 설명에 따르면 사람들이 상대의 말을 듣지 않는 데에는 내가 이전 에 생각지도 못한 이유들이 있었다.

나는 캐럴 태브리스에게 연락해 기후변화를 부인하는 움직임을 어 떻게 생각하는지, 오늘날 사람들이 환경 문제를 두고 충돌하는 이면 에 어떤 심리가 작용하는지에 대해서 물어보았다. 태브리스는 내게 되물었다.[3]

"왜 그렇게나 많은 사람들이 지구온난화라는 메시지에 주의를 기울 이지 않는지 알고 싶으신 거죠? 제가 그런 의문들을 평생 고민했는데 그중에서도 지구온난화 문제는 최신판 의문이라고 할 수 있겠네요. 누 군가에게 '당신이 틀린 이유를 명명백백히 설명해주는 완벽한 증거가 여기 있습니다'라고 말하더라도 왜 그 사람은 '와! 캐럴, 고마워요. 제가 기다려온 증거가 바로 이런 거예요. 너무너무 감사합니다'라고 답하지 않는 걸까요?"

사람들이 기후변화의 증거를 받아들이지 않는 이유

과학자들은 자기 생각을 바꾸는 데 익숙하다. 자신이 세운 가설이 틀렸다고 밝혀질 수 있음에도 기꺼이 위험을 감수해 끊임없이 자기 생각을 시험대 위에 올려놓는다. 하지만 대부분의 사람들에게 '인지부조화cognitive dissonance'는 견디기 힘든 현상이다. 태브리스의 정의에 따르면 인지부조화란 '두 개의 인식(생각, 태도, 믿음, 의견)이 심리적으로 충돌할 때 일어나는 긴장 상태'를 가리킨다. 예를 들자면 '담배 때문에 죽을 수도 있지'라는 인식과 '하지만 나는 하루에 두 갑씩 피우는데'라는 인식이 충돌하는 상황인 셈이다. 이때 흡연자가 인지부조화를 줄일 수 있는 방법은 크게 두 가지다. 하나는 담배를 끊는 것이고 다른 하나는 담배가 유해하다는 증거를 부인하거나 축소해 흡연을 정당화하는 것이다.

인지부조화라는 심리 기제는 우리가 기존 신념에 고착하도록 만든다. 우리가 공개적으로 인정한 신념, 시간과 노력과 돈을 투자해 유지해온 신념일수록 특히 더 버리기 힘들다. 인지부조화를 겪을 때면 정신적 불안감이 발생하며 사람들은 독창적이면서도 자기기만적인 방식으로 불안감을 해소하고자 한다.

따라서 처음에 태브리스가 던진 질문에는 두 가지 답을 제시할 수 있다. 사회심리학(사회적 맥락, 즉 주변 세계에 벌어지는 일을 중심으로 인간을 탐구하는 학문)에 근거한 답이 있는가 하면 인간 내면(심리학적)에서 벌어지는 일에 근거한 답도 있다. 근본적으로 사람들이 기후변화의 증거를 받아들이지 않는 이유는 자기 생각을 바꾸지 않으려는 고집, 위협적인 메시지(특히 마땅히 대응할 방법이 없는 메시지)가 불러일으키는 심리적 반응, 인간의 인식에 내재하는 편향 때문이다. 사람들은 자신의 믿음을 확증하는 정보를 찾거나 되뇌려 하며 반대로 자신의 믿음을 반증하는 정보를 반박하거나 왜곡하거나 외면하려고 한다.

물론 경제적 요인이나 이념적 요인 역시 사람들의 행동에 영향을 미칠 수 있다. 여러 해 전《사이콜로지 투데이Psychology Today》의 편집자로 일한 태브리스는 일본 미나마타 산업공해 사건을 다룬 책을 검토했을 때를 떠올렸다. 주민들이 겪은 피해는 심각했다. 하지만 충격적이게도 주민들은 계속 미나마타에 머무르기로 결정했다. 직장, 가정, 살림이 모두 그곳에 있었기 때문이다. 심지어 기형아를 출산할 위험이 있는데도 떠나지 않았다. 태브리스는 '지구 전체를 보면 이런 일들이 비일비재' 하다며 이렇게 덧붙였다. "허리케인 샌디가 휩쓸고 간 뒤를 생각해보세요. 논리적으로 추론한다면 '여기에 재건하지는 말자. 해안선이 줄어들고 있으니 더 내륙으로 들어가자'라고 판단해야겠지요. 하지만 사람들은 변화를 거부했고 자기 동네에 계속 머무르기를 원했습니다."

태브리스는 기후변화 문제에서도 거대한 경제적·이념적 압력이 기존의 믿음에 고착하는 경향을 강화시킨다고 말했다. 사람들은 자기 직업, 가정, 일상에 경제적 악영향이 미칠까 봐 세계가 어떤 위기에 놓여 있는지 인정하지 않으려 한다. 이는 무시할 수 없는 현실적인 걱정이다. 더욱이 특정 활동에 막대한 돈을 투자한 사람들이 "좋습니다. 어마어마한 손실을 감수하더라도 그냥 가게를 접은 다음 다른 사업에 뛰어들도록 하지요"라고 말할 가능성은 낮다. 경제적 요인, 이념적 요인, 심리적 요인이 전부 결합해 편향을 불러일으키는 경우 인간이 대규모 사회적·경제적 변화를 받아들이기란 굉장히 어려워진다.

선택의 피라미드와 노력정당화 현상

나는 태브리스에게 《기후 은폐 공작》 홍보 강연을 다닐 때 기후변화를 부인하는 사람이 "그래요. 당신 말이 맞네요. 제가 틀렸어요. 인정할게요. 이제 마음이 바뀌었습니다"라고 말하는 것을 단 한 번도 본 적이 없다고 말했다. 태브리스는 싱긋 웃고는 설명했다. "우리는 판단을 내리기 전에는(예컨대 '나는 기후변화를 인정하는가? 하이브리드 자동차를 사야 하는가?'라고 고민하는 단계에는) 마음이 활짝 열린 상태이기 때문에 양쪽 선택지를 지지하는 정보를 모두 고려합니다. 하지만 일단 판단을 내린 후에는 자신의 판단이 옳은 이유만 눈에 들어오기 시작하죠. 우리가 틀렸음을 보여주는 정보라면 그것이 무엇이든 간과하거나 외면하기 시작합니다." 자신이 실수를 저질렀다는 인식은 인지부조화를 거쳐 불편한 감정으로 이어진다. 이 불편한 감정을 모면하기 위해 우리는 자기합리화를 한다. 하지만 우리가 처음에 내린 판단에 더 오래 고착하면 할수록 판단을 수정하기가 점점 더 어려워진다.

태브리스와 애런슨은 《거짓말의 진화》에서 '선택의 피라미드pyramid of choice'라는 도식을 소개한다. 피라미드 꼭대기에는 태도나 능력, 심리 상태 면에서 동등한 청년 둘이 서 있다. 친구 사이인 둘은 특정 사안들('시험에서 부정행위를 해도 되는가?', '둘 중 어떤 차를 살 것인가?', '제약회사 임상실험에 참여하고 돈을 받아도 되는가?')에 아무런 판단을 내리지 않은 상태다. 이제 둘 중 하나가 한쪽 방향으로 판단을 내리고 나머지 하나가 반대쪽 방향으로 판단을 내린다. 판단을 내리고 나면, 이후에는 자기가 내린 판단이 현명하다는 사실을 확증할 만한 증거를 찾기 시작한다. 각자의 결정과 신념을 정당화하는 과정에서 둘은 서로에게서 점점 멀어진다. 시간이 지나자 둘은 피라미드 바닥 양쪽 끝에 뚝 떨어진 채 서 있게 된다. 이제 둘은 서로를 싫어하거나 경멸하게 되었을지도 모른다.

태브리스는 도덕적 판단이나 인생의 기로 등 가장 중대한 결정을 내리는 과정을 묘사하는 데에도 이런 도식을 활용할 수 있다고 설명한다. 친구 사이였던 두 사람이 피라미드 반대 방향 바닥으로 내려감에 따라 둘 사이에 존재하던 모호성은 확실성으로 굳어진다. 둘은 예전부터 쭉 그렇게 느껴왔다고 믿기 시작한다. 자신의 행동과 노력에 믿음을 일치시키기 위해 자기합리화를 하는 것이다. 여기서 문제는 그들이 처음에 내린 결정이 충분한 생각을 거치지 않은, 즉흥적이고 충동적인 결정일 수 있다는 점이다. 그럼에도 일단 결정을 내린 뒤에는 자신이 선택한 길을 정당화하는 방향으로만 발걸음을 내딛게 된다.

세월이 흘러, 자신이 내린 판단에 고착하기 위해 더 많은 시간, 노력, 돈, 홍보를 투입하게 되면 "어휴, 아예 중간쯤 왔을 때 마음을 돌렸어야 했는데"라고 말하면서 다시 피라미드 꼭대기로 올라가기가 점점 더 어려워진다. 한마디로 '노력정당화 현상justification of effort phenomenon'이 발생한다. 이는 매우 강력한 정당화 기제다. 태브리스는 이렇게 말한다. "처음에는 딱히 중요하다는 생각도 없이 결정을 내리지요. 하지만 결정을 정당화하다 보면 그 결정에 스스로를 점점 더 강렬하게 옭아매게 됩니다." 노력정당화 현상에 따르면 완전히 망한 프로젝트에 투자한 사람들이 자신의 실수를 인정하는 대신 보통 자신의 선택을 옹호할 방법을 찾으려 애쓰는 것도 전혀 이상한 일이 아니다.

자기합리화의 위험성

더 나아가 태브리스는 인지부조화가 배고픔이나 목마름만큼 불편한 상태라고 지적한다. 인간 정신은 어떻게든 그런 불편함을 해소하고자 한다. 특히 자기 생각과 반대되는 정보를 맞닥뜨렸을 때 느끼는 부조화만큼 고통스러운 게 없다.

"사람들은 보통 자신이 평균보다 더 낫다고 생각합니다. 평균보다 똑똑하고, 매력적이고, 유능하고, 윤리적이라고 생각하지요. 정말 웃긴 사실인데 미국인 88퍼센트가 자신이 평균보다 운전을 잘한다고 생각한다고 해요. 그렇게 생각하는 편이 자신감에 도움이 되기는 하겠지요. 하지만 자신감이 하늘을 찌르는 사람들은 자신이 틀린 판단을 내렸다거나 해악을 끼쳤다거나 낡아빠진 신념을 가지고 있다는 사실을 받아들이는 데 어려움을 겪습니다."

태브리스의 설명을 듣다 보니 어떤 분야의 갈등을 논의하는 자리에서든 상대가 반대 의견에 고착하도록 몰아붙이지 않게 주의해야겠다는 생각이 들었다. 그러기 위해서는 사람들이 진실에 아무 반응을 보이지 않거나 아예 진실을 부인하는 이면에 어떤 심리적 기제가 작동하는지 이해하는 것이 너무나 중요하다.

태브리스는 이렇게 결론지었다. "오늘날 우리가 전례 없는 규모의 위기를 마주한 이유는 나쁜 사람들이 부패와 악행을 일삼기 때문이기도 하지만 착한 사람들이 자신이 선하고 친절하고 윤리적이라는 믿음을 지키기 위해 부패와 악행을 정당화하기 때문이기도 합니다." 그렇기 때문에 의사들은 의료 실수를 바로잡는 것을 어려워하고 검사들은 부당하게 유죄 판결을 받은 사람들을 풀어주는 것을 어려워한다. 다시 말해 사람들은 자기 전문 분야일수록 걷잡을 수 없을 만큼 중대한 실수를 저지르고도 그것을 바로잡기 어려워한다.

《거짓말의 진화》에 따르면 자기합리화는 다른 이들에게 고의적으로 거짓말을 하는 행위보다 위험하고 강력하다. 자기합리화를 하는 사람은 자신이 저지른 행동이 옳았다고 진심으로 믿기 때문이다. 사고 과정은 보통 이런 식으로 흘러간다. "내가 할 수 있는 일이 달리 없었잖아. 오히려 내 판단이 훌륭했지. 난 국가를 위해 최선을 다한 거야. 난 특별해." 스스로에게 이런 말들을 되뇌다 보면 자신이 저지른 실수나 오판이 별일 아닌 것처럼 느껴지기 때문에 잘못을 제대로 교정하기가 어려워진다. 거짓말, 변명, 탈세, 불법, 악행 등은 전부 잘못을 자각한 상태에서 이루어진다. 처벌을 피하기 위해, 연인의 분노를 달래기 위해, 기소나 투옥을 면하기 위해 거짓말을 할 때 우리는 자신이 거짓말을 하고 있다는 사실을 의식한다. 하지만 자기합리화는 전혀 다르다. 자기합리화는 우리를 은밀히 잠식한다. 자기 자신을 속이는 행위이기 때문이다. 자기합리화는 자아상이 손상되지 않도록 막고자 할 때 작동하는 무의식적인 심리 기제다. 태브리스는 특히 자신에게 소중한 자아 개념을 반증하는 증거를 맞닥뜨렸을 때 가장 강렬한 인지부조화가 발생한다고 설명한다. 다시 말해 누군가 나를 비난하더라도 내 자아 개념이랑 상관없는 내용이라면 괜찮다. 하지만 내가 잘 해내고 싶은 영역이 있는데 거기다 대고 비난을 한다면 정말 쓰라릴 것이다. 태브리스는 우리가 바로 그 쓰라림에 주의를 기울여야 한다고 강조한다. 인지부조화가 발생했다는 신호이기 때문이다.

인지부조화와 노력정당화 현상은 정치판에서도 그 모습을 드러낸다. 사람들은 우리편 당원이 멍청하거나 부패한 행동을 저지르면 잘못을 최대한 축소하려고 애쓰지만 상대편 당원이 똑같은 행동을 저지르면 "저놈들이 하는 짓이 다 그렇지"라고 말한다. 대표적으로 대통령 집무실에서 불륜을 저지른 빌 클린턴을 비난한 뉴트 깅리치Newt Gingrich 역시 자신의 인턴과 불륜을 저질렀다. 그럼에도 클린턴을 비난하는 동시에 스스로를 예외로 두는 깅리치의 모습은 인간이 인지부조화를 줄이기 위해 어디까지 합리화할 수 있는지를 단적으로 보여준다.

태브리스와 애런슨은 사람들을 다그치거나 잘못했다고 몰아붙이는 것이 무의미한 행동이라고 설명한다. 인지부조화가 작동하는 방식을 이해하는 사람이라면 "대체 무슨 생각을 하신 거예요?"라고 소리쳐 봐야 역효과를 불러일으킬 뿐임을 잘 안다. "아이고, 너 참 멍청하구나"라는 말이나 다름없기 때문이다. 안 그래도 실수 때문에 창피한데 이런 추궁까지 더해지면 상대는 무슨 생각이었는지 대답하기는커녕 입을 꾹 다문 채 구석에 틀어박혀서 '무슨 생각이었냐고? 나야 내가 옳은 일을 한다고 생각했지'라고 혼잣말을 할 것이다. 사람들은 비난이 아니라 존경과 지지를 받는다고 느껴야 한다. 이런 관점에서 보자면 '옹호'라는 행위에는 내재적인 위험이 존재한다. 옹호하는 와중에 상대에게 어리석다는 비난을 가하면, 즉 상대로 하여금 스스로가 둔하거나 멍청하다는 생각이 들도록 만들면 상대는 오히려 기존 입장에 더욱 강하게 고착한다. 자기합리화에 빠지는 것이다.

사람들이 피라미드 꼭대기에서 뛰어내려 확고한 입장을 취하도록 만드는 요인에는 무엇이 있을까? 특히 더 중요한 점으로, 이미 양쪽 진영이 피라미드 바닥 양끝에 갈라선 채 자기가 내린 선택을 정당화하고 있을 때 우리는 어떻게 해야 할까?

태브리스는 이번에도 두 측면을 고려해야 한다고 강조한다. 한쪽에는 애초에 우리가 특정한 믿음을 갖도록 만드는 요인들이 있고 다른 한쪽에는 그 믿음을 고수하도록 만드는 요인들이 있다. 실제로 어떤 사회운동에 참여하든 우리는 우리가 정한 입장을 정당화하는 데에서 그치지 않는다. 비슷한 생각을 가진 사람들 사이로 들어가 자신이 옳다는 말을 끊임없이 되풀이해서 듣는다.

피라미드의 꼭대기에서 의견 형성하기

사람들이 기후변화의 증거를 받아들이지 않는 현상을 이해하기 위해 우리는 안전벨트 착용 의무화 법안, 실내 흡연 금지 법안, 환경보호 법안 등 시행이 불가능하리라 생각했던 법안들의 역사를 떠올려볼 수 있다. 사람들의 흡연 습관을 개혁하는 데에는 '담배가 나를 죽음에 이르게 할 수 있다'는 믿음을 주입하는 일 이상이 필요했다. 어차피 주변에 매일 담배를 피우고도 90세를 넘긴 정정한 어르신 한 분쯤은 다들 알고 있었기 때문이다. 사람들의 습관을 바꾸기 위해 우리는 흡연자에게 따가운 눈초리를 보내야 했고, 법을 고치고 세금을 올려야 했으며, 사회규범을 바꾸고, 흡연자를 실외로 쫓아내야 했다.

이렇듯 태브리스는 사회를 바꾸려면 마음을 움직이는 것만으로는 충분하지 않다고 말한다. 우선 법을 고쳐야 하고, 대중이 어떤 행동을 '받아들일 만한 행동'으로 여기는지 통념을 바꿔야 하며, 변화에 응하지 않은 사람이 경제적 대가를 치르도록 만들어야 한다. 이런 일들이 국가적·구조적 차원에서 이루어질 때 사람들은 태도를 바꾸기 시작한다. 피라미드 도식으로 설명하자면 결국 우리의 목표는 사람들이 피라미드 꼭대기에서 의견을 형성하도록 돕는 것이다. 만약 사람들이 자기 입장을 완강하게 고집하고 있다면 그들이 마음을 돌리도록 만들기 위해 무엇을 해야 하는지 고민해야 한다.

나는 태브리스에게 "사람들이 피라미드 꼭대기에서(선택의 시점에서) 그리 많은 시간을 보내는 것 같지 않다"고 말했다. 태브리스도 동의했다. 환경 문제에서도 이미 많은 사람들이 피라미드 모서리를 따라 왼쪽으로든 오른쪽으로든 미끄러져 내려갔다. 즉 이미 자신만의 완고한 믿음을 가지고 있다. 따라서 설득의 힘을 제대로 발휘하려면 이미 사회 정의와 환경보호를 지지하는 사람들로 하여금 정부의 규제안과 시민의 수동성을 바꾸는 데 적극적으로 참여하도록 북돋을 필요가 있다.

태브리스의 설명에 따르면 사회심리학의 가장 중요한 발견 중 하나는 '섹스를 하면 에이즈에 걸립니다'라거나 '담배를 피우면 죽습니다'라는 식의 위협적인 메시지를 전달하는 경우 사람들이 오히려 귀를 닫는다는 사실이다. 하지만 그런 메시지에 더해 재난을 피하기 위해 어떻게 할 수 있는지 함께 제시한다면, 예컨대 '콘돔을 사용하면 에이즈를 예방할 수 있습니다'라는 메시지를 함께 제시한다면 사람들이 귀를 기울일 가능성이 높아진다.

스스로를 의심하라

나는 사회운동가들이 종종 사람들의 자기정당화 반응을 자극함으로써 상황을 악화시키지는 않는지 궁금했다. 태브리스는 그렇기 때문에 우리에게 두 부류의 운동가가 필요하다고 말한다. 하나는 과격파 운동가고 다른 하나는 설득파 운동가다. 셸오일(세계 2위 규모 석유회사인 로열더치셸의 미국 자회사 — 옮긴이)이 논리 정연한 설득에 귀를 기울인 다음 "와, 저희가 환경을 어떻게 망치고 있는지 알려주셔서 정말 감사합니다. 전혀 몰랐어요"라고 말할 리가 없다. 거대 제약회사가 "어머, 저희가 내놓은 약이 사실 어마어마하게 많은 사람들의 목숨을 앗아가고 있었군요. 데이터를 제공해주셔서 감사합니다"라고 말할 리도 없다. 오히려 이런 기업들은 정보와 데이터를 은폐하려고 한다. 따라서 과격파 운동가들은 이에 대응하는 한 가지 전략으로서 가장 대표적인 범죄 기업이나 공해 유발 기업을 추적해왔다. 그런 기업들은 누군가 강제하기 전까지 결코 옳은 일을 행하지 않을 것이다. 다시 말해 변화를 가져오려면 규제와 처벌을 마련해야 하고 충분히 많은 소비자들이 항의해야 한다.

반면 설득이라는 수단을 사용해 변화를 이끌어낼 수도 있다. 대중으로 하여금 기업들이 어떤 만행을 저지르고 있는지 알아차리도록 돕는 것이다. 하지만 이때 운동가가 마치 골리앗을 상대하는 용맹한 다윗처럼 스스로를 정의의 사도라고 생각한다면 문제가 발생한다. 오히려 우리 모두는 자신의 신념, 목표, 방법론을 계속 재평가할 필요가 있다. 우리 역시 '이게 우리가 할 수 있는 최선일까?' 자문하지 않은 채 얼마든지 자신의 신념과 방법론을 정당화할 수 있기 때문이다.

64

물론 스스로를 의심하기가 쉽지는 않다. 요점을 뒷받침하기 위해 태브리스는 자신 역시 인지부조화에 빠진 적이 있다며 개인적인 경험을 소개했다. 태브리스는 한때 '호르몬 대체 요법HRT(에스트로겐을 보충해 여성의 폐경기 질병을 예방하고 치료하는 요법—옮긴이)'을 반대했다고 한다. 불필요하고 위험해보이기도 했지만 무엇보다도 제약회사들이 필요 이상의 약을 판매하려고 또 수작을 부리는 것처럼 느껴졌기 때문이다. 하지만 태브리스는 이 문제를 여러 해 동안 연구한 종양학자 동료와 함께 수십 년에 걸쳐 쌓인 증거를 들여다본 결과 대부분의 여성은 호르몬 대체 요법을 통해 수명을 연장하고 삶의 질을 높이는 등 유익을 얻을 수 있음을 알게 되었다. 태브리스는 이렇게 경험담을 마무리했다. "심한 인지부조화를 유발하는 발견이었지요. 저는 거대 제약회사를 열렬히 비판하는 사람인 데다가 제약회사에서 하는 말이면 거의 믿지 않았으니까요. 그래서 저도 '내가 몇 년을 믿은 사실인데 내가 틀렸네'라고 말해야 할 때 얼마나 불편한지 잘 압니다."

독선은 스스로를 변화시키지 못하게 막는 장벽이자 다른 사람을 설득하기 어렵게 만드는 방해물이다. 우리는 누가 우리 처지나 필요를 알아보지도 않은 채 일단 설득부터 하려고 훈수를 두거나 충고하면 썩 유쾌해하지 않는다. 물론 열정적인 신념은 세계를 더 나은 곳으로 만들고자 하는 동기를 자극한다는 점에서 중요하다. 하지만 핵심은 그런 신념을 '가볍게 붙들고 있는 것'이다. 그래야 우리가 틀렸다는 증거를 마주할 때 스스로를 바보처럼 생각하지 않으면서도 신념을 포기할 수 있다.

태브리스는 인지부조화를 안고 살아가는 이상적인 방법 한 가지가 우리가 좋은 사람이면서 동시에 나쁜 행동을 할 수 있음을 이해하는 것이라고 말한다. 우리는 실수를 인정한 뒤 미래에 대비해 실수를 바로잡는 법을 배울 수 있다. 인지부조화는 우리의 아집을 강화하고 편견을 부추기는 맹점 중 하나다. 태브리스는 우리가 말할 때 (실력이 뛰어난 운전자가 사각지대를 확인하듯) 그런 맹점에 주의를 기울여야 하며 혹시 결정을 내린 후에 인지부조화의 징후가 없었는지 확인해야 한다고 촉구한다. 우리는 주의력과 열린 마음을 유지하기 위해 주기적으로 이렇게 자문할 수 있다. "내가 이 결정을 내린 지, 혹은 내가 이 사실을 믿은 지 3년이 지났지. 여전히 맞는 판단이라고 할 수 있나? 나랑 다른 생각을 가진 사람들은 지금 내게 뭐라고 말할까?"

또한 우리는 '소박 실재론naïve realism(자신이 세상을 객관적으로 바라본다고 생각하는 경향을 뜻하는 사회심리학 용어―옮긴이)'에 빠지지 않기 위해 조심해야 한다. 즉 우리가 편견에 사로잡히지 않았다는 타고난 편견을 조심해야 한다. 소박 실재론은 중동 문제에서든 기후변화 문제에서든 양측 진영의 사람들로 하여금 자기 견해만이 합리적인 견해라고 생각하게 만든다. 사회심리학자 리 로스Lee Ross는 한 실험에서 팔레스타인 사람들로 이루어진 표본 집단에 팔레스타인 측에서 작성한 평화안을 보여주었다. 다만 평화안을 이스라엘 측에서 작성한 것처럼 표시해서 보여주었다. 반대로 이스라엘 사람들에게는 이스라엘 측에서 작성했지만 팔레스타인 측에서 작성한 것처럼 표시한 평화안을 보여주었다. 양쪽 모두 평화안에 철저히 거부 반응을 보였다.[4] 그들은 평화안에 담긴 생각을 거부한 것이 아니라 평화안을 작성한 주체를 거부한 것이었다.

우리 머릿속에 자리 잡은 덫을 피하는 한 가지 방법은 최선을 다해 반대 진영의 견해를 듣고 되뇌는 것이다. 더 많은 사람들이 기후변화에 관심을 갖도록 만들고자 하는 이들이라면 기후변화를 부인하는 사람들의 주장에 귀를 기울여야 한다. 그래야 그들 역시 우리 이야기를 듣도록 설득할 수 있다. 열린 마음으로 상대방의 이야기에 귀 기울여보자. 그러다 보면 사람들의 두려움과 염려가 어디서 나오는지 이해할 수 있게 될 것이다. 충분히 이해했다면 그들이 자기 견해를 반복해서 말하도록 만들지 말자. 오히려 나 자신이 그들의 견해를 되뇔 수 있는지 살펴보자.

도덕 매트릭스 밖으로
빠져나가기

조너선 하이트

눈앞에 진실을 바로 세우고 싶다면 절대 찬성하지도 반대하지도 말라. '찬성'과 '반대' 사이의 갈등이 가장 큰 마음의 병이다.

• 승찬대사(僧璨大師 Seng-ts'an)

뉴욕 대학교 스턴경영대학원에서 윤리적 리더십을 가르치는 조너선 하이트Jonathan Haidt는 부족 사회 때부터 우리의 본능으로 자리 잡은 행동들이 어떻게 우리를 얽매이게 하고 눈 멀게 하는지, 그리하여 어떻게 열린 사고를 가로막는지 연구해왔다. 하이트와 대화를 나누면서 특히 유익했던 점은 양극화의 메커니즘을 부족 및 팀 차원에서 이해하는 법을 깨우쳤다는 것이다.

전작《기후 은폐 공작》을 읽은 많은 독자들은 도대체 왜 사람들이 과학계에 의혹을 불러일으키고 대중을 혼란시키며 기후과학을 부인하는지 궁금해한다. 그런 활동을 벌이는 동기가 무엇일까? 사주를 받은 로비스트들이나 전문가 행세를 하는 사기꾼들이 밤에 발을 뻗고 잘 수 있는 이유가 무엇일까? 나는 그 답이 돈이라고 생각했다. 하지만 이제 그리 단순한 문제라고 생각하지 않는다. 단지 돈이라고 하기에는 진실을 은폐하려는 자들이 너무도 열정적이고 끈질기게 활동하고 있기 때문에 좀 더 깊이 있는 통찰이 필요해 보인다. 즉 확실한 증거를 마주하고도 기존의 신념을 고집하는 사람들이 어떤 도덕률과 정신 구조를 가지고 있는지 확인해야 한다. 그리고 바로 이쪽 분야 전문가가 조너선 하이트다.

인간이 공통적으로 가진 여섯 가지 도덕성

하이트는 인간이 부족 생활을 하도록 진화한 동물이라고 설명한다.[1] 무리나 팀을 이루기 위해 함께 뭉치고자 하는 성향을 타고난다는 것이다. 물론 장점도 많지만 이 오랜 욕구는 우리를 얽매이게 하고 눈을 멀게 할 수 있는 위험한 특성이기도 하다. 사람들이 한데 뭉치면 합리성, 사실 여부, 설득력을 판단 기준으로 삼기가 어려워지기 때문에 비합리적인 행동, 의견 충돌, 폭력적인 갈등이 벌어질 수 있다. 하이트와 그의 동료들이 밝혀낸 바에 따르면 무리를 짓는 행위는 특정 무리의 사람들이 다른 무리의 사람들과 갈라서도록 만든다. 갈라선 사람들은 서로 다툼을 벌일 뿐만 아니라 총기 규제 문제에서든 오일샌드 개발 문제에서든 뚜렷한 경계를 따라 양극단으로 나뉜다.[2] 분열은 위험할 수 있다. 가치관과 도덕성을 공유하는 사람들은 팀을 이루며 '일단 자신이 팀에 속한다는 심리'에 빠지면 '열린 사고'가 닫히기 때문이다.

하이트는 이런 위험한 덫을 가리켜 '도덕 매트릭스moral matrix'라 부른다. 영화 〈매트릭스The Matrix〉처럼 우리 모두에게는 선택지가 주어진다. 파란 알약을 먹고 계속 망상 속에 안주하기로 선택할 수도 있고 빨간 알약을 먹고 도덕심리학을 깨우친 뒤 도덕 매트릭스 밖으로 발을 내딛기로 선택할 수도 있다.

도덕성의 심리적 기반에 관한 하이트의 연구에 따르면 우리는 도덕성의 뿌리를 이해할 때 더욱 교양 있고 열린 마음을 가진 사람이 될 수 있고, 주변 세계에 더 깊이 감사할 수 있으며, 서로 대립하는 힘을 조율할 수 있게 된다. 우리가 왜 도덕 매트릭스 안에 갇히게 되었으며, 어떻게 도덕 매트릭스를 벗어날 수 있는지 이해하게 된다. 진화에 의해 설계된 '바른 마음'은 우리가 집단으로 뭉치고 다른 집단과 갈라서도록 만든다. 결과적으로 진실을 보지 못하도록 우리 눈을 멀게 한다. 하지만 도덕 매트릭스 밖으로 빠져나갈 수 있다면 우리는 균형을 찾고 서로를 더 잘 이해할 수 있게 된다.

내가 처음 하이트의 연구를 알게 된 것은 하이트의 2008년도 TED 강연 '진보와 보수의 도덕적 뿌리The Moral Roots of Liberals and Conservatives'를 시청했을 때였다.[3] 뒤이어 나는 어떻게 그리고 왜 선한 사람들이 정치와 종교에 따라 갈라서게 되었는지를 다룬 하이트의 저서 《바른 마음The Righteous Mind》을 읽었다.[4]

하이트는 TED 강연 도입부에서 심리학 역사상 최악의 가정이 '우리의 마음이 태어날 때 백지 상태에 가깝다는 생각'이라고 밝힌다. 실제로 아이들은 백지 상태의 마음이 아니라 어떤 지식은 쉽게 습득하고 어떤 지식은 쉽게 습득하지 못하도록 프로그래밍이 이루어진 신경 시스템을 가지고 세상에 나온다. 뇌과학자 개리 마커스Gary Marcus도 우리 뇌의 초기 구조가 경험에 그다지 크게 의존하지 않는다고 말한다. 오히려 '자연이 초안을 제공하면 우리가 경험을 통해 초안을 수정해나가는 식'이다.[5]

따라서 하이트가 밝히고자 했던 점은 '도덕심의 초안에는 뭐라고 쓰여 있을까?'였다. 하이트와 그의 동료들은 이 개념을 여러 문화에 걸쳐, 심지어 여러 종에 걸쳐 연구했으며 결론적으로 모두가 공통적으로 가지고 있는 여섯 가지 도덕성 기반을 밝혀냈다.[6] 바로 돌봄care/위해 harm, 공정fairness/부정cheating, 자유liberty/억압oppression, 충성loyalty/배신 betrayal, 권위authority/전복subversion, 정결sanctity/오염degradation이다. 예컨대 충성/배신 기반은 애국심이나 자기희생과 관련되어 있으며 사람들이 다른 집단과 싸우기 위해 그토록 쉽게 뭉치는 이유도 바로 이 때문이다. 이런 특성은 부족 간의 오랜 다툼의 역사 속에서 진화한 것으로 보인다. 더 이상 서로 싸울 만한 부족 구분이 사라지자 인간은 스포츠를 창조해 경기장에서 자신이 응원하는 팀들이 싸우도록 만들었다. 반면 정결/오염 기반은 인간이 자신의 몸을 제어하고 자신의 몸에 무엇을 집어넣을지 결정함으로써 도덕성을 달성할 수 있다고 믿게 만드는 이념이다.

정치권은 왜 양극화되었는가?

이렇듯 인간은 태어날 때부터 뇌에 직관과 감정을 뒷받침하는 여섯 가지 도덕성 기반이 미리 각인되어 있기 때문에 빠르게 뭉치고 공감을 느끼며 종교를 찾고 스스로를 변호한다. 물론 이런 도덕심의 초안은 인생 경험이나 문화에 따라 수정되고 조정된다. 마치 복잡한 음향 장치에 달린 이퀄라이저가 음성 신호를 조절하는 것과 비슷하다. 하지만 도덕 매트릭스의 기본 틀은 변하지 않는다. 하이트의 연구에 따르면 진보주의자들은 다양성을 예찬하고 새로운 경험을 환영하며 신선함을 추구하고 권위에 의문을 제기하며 설령 혼란을 초래하더라도 약자나 억압받는 자를 위해 목소리를 낸다. 반면 보수주의자들은 질서를 위해 목소리를 낸다. 그들은 익숙하고 안전하고 믿을 만한 것을 선호하며 그렇기 때문에 제도나 관습을 지지한다.

하이트는 양쪽 입장을 모두 인정하고 소중히 여길 필요가 있다고 말한다. 둘이 조화를 이룰 때 세계에 균형이 찾아오기 때문이다. 진보와 보수 양쪽 모두 가치 있는 무언가에 기여한다는 사실을 받아들인다면 도덕 매트릭스 밖으로 빠져나갈 길 역시 활짝 열린다. 음과 양은 서로 경쟁하는 적이 아니다. 밤과 낮처럼 둘 다 필요하다. 하이트는 힌두교 신앙에서도 유지의 신인 비슈누Vishnu와 파괴의 신인 시바Siva가 같은 몸을 공유한다고 강조한다. 다양성을 이해하고 가치 있게 여길 때 우리는 선과 악의 투쟁에서 벗어날 수 있으며 연장통에 들어 있는 연장을 골고루 사용해 서로 협력할 수 있다. 우리 모두에게 더 나은 미래를 만들고자 한다면 함께 진실을 찾기 위해 열정적으로 전념해야 한다.

나는 하이트에게 정치권이 양극화되는 현상을 어떻게 생각하는지 물어보았다. 하이트의 설명에 따르면 미국에서 정치적 양극화는 1980년대 이후로 심화되어왔으며 특히 지난 10년간 가파르게 악화되었다. 이런 원인 중 하나는 두 정당이 '정화'되었기 때문이다. 1960년대나 1970년대, 심지어 1980년대로 돌아가 보더라도 진보적인 공화당원이나 보수적인 민주당원이 존재했다. 하지만 오늘날에는 더 이상 중도가 존재하지 않는다. 하이트는 이제 양쪽 진영이 도덕적 시각은 물론 성격 면에서도 완벽히 구분된다고 지적한다. 양극화 흐름이 점점 더 거세지고 정책에 영향을 미치려는 로비 자금이 점점 더 늘어남에 따라 최소한의 '유인성valence(감정적 전하電荷)'만 가지고 있다면 무엇이든 한쪽 혹은 반대쪽으로 끌려간다.

하이트는 광고 캠페인 역시 양극화를 심화시키는 요인 중 하나라고 지적했다. PR이라는 도구는 믿을 수 없을 만큼 강력하고 교묘하며 기만적이다. 2005년에서 2006년경에는 여러 요인들이 복합적으로 작용해 결국 기후변화가 사기라는 주장을 믿는 사람들이 한데 뭉치고 말았다. 하이트는 미국 라디오 진행자이자 논평가인 글렌 벡Glenn Beck이 "기후변화는 환경에 관한 문제가 아닙니다. 통제에 관한 문제이지요"라고 말하는 것을 들었다고 한다. 미국인들은 행동을 통제받기 싫어한다. 국민을 과보호하는 정부를 싫어한다. 보수 진영은 능숙하게도 바로 그 도덕 스위치를 건드려 미국인들의 정신에 뿌리 깊은 의혹을 심은 셈이다.

편견을 제거하기 위해서는 상대의 옳은 점을 인정하라

나는 보수주의자들이 마음을 돌려 환경 문제를 진지하게 받아들일 가능성이 조금이라도 있느냐고 물어보았다. 하이트는 그런 변화를 이끌어내고 싶은 사람이라면 직접적인 방법보다는 간접적인 방법을 고려해야 한다고 제안했다. 도덕심리학의 일반 원칙은 일단 직관적으로 판단한 다음 전략적 합리화를 한다는 것이다. 사람들이 환경 단체나 과학계를 신뢰하지 않는다면 불신의 근거를 끌어당기는 힘은 한층 더 강해진다. 그들은 환경운동가나 과학자가 진보 진영에 속하는 것처럼 보인다는 사실만으로 신뢰를 잃어버린다. 하이트의 설명에 따르면 사람들은 캐럴 태브리스가 제시한 선택의 피라미드 도식에서 그랬던 것처럼 확증 편향confirmation bias에 빠진다. 다시 말해 마음속으로 무언가를 의심하거나 싫어하거나 불신한다면 의심, 불호, 불신을 확증하는 증거를 찾기 시작한다. 인간의 사고 과정은 이렇게 흘러간다. "나는 X라는 명제가 참이라고 생각해. 뒷받침하는 증거가 있나? 있지. 방금 폭스뉴스에 증거가 좀 나왔잖아. 좋아. 참이 분명해." 따라서 직접적인 공격은 효과적일 수 없다. 그보다는 사람들의 열정을 가라앉히고 감정을 변화시켜야 한다. 합리적인 추리를 할 수 있는 여지를 마련해야 한다.

하이트는 동성 결혼 합법화 운동을 단적인 예로 언급했다. 여러 해에 걸쳐 진보 진영은 "다른 사람들이 결혼한다고 당신 결혼 생활에 무슨 해가 가나요? 그러니 그들도 결혼할 권리가 있는 거 아닙니까?"라고 주장했다. 하지만 진정한 변화가 일어나기 시작한 것은 주장이 강력해지면서가 아니라 점점 더 많은 사람들이 동성애자를 알게 되면서부터였다. 동성애자 역시 단지 동성애자일 뿐인 '사람'이라는 점을 이해하게 된 것이다. 그러자 동성애자의 권리를 부정하고자 하는 열정 역시 줄어들었다. 20년 전만 하더라도 동성애자는 비웃음과 증오와 생소함의 대상이었다. 하지만 이제는 동성애자를 모르는 사람이 없다. 결과적으로 동성 결혼 합법화 문제 역시 감정적 전하를 잃어버렸다.

하이트는 양극화가 다분히 예측 가능한 현상이라고 설명한다. 사람들이 사안을 제대로 바라보지 못한 채 눈이 머는 주된 이유 중 하나는 사안을 점점 위협으로서 인식하기 때문이다. 어떤 문제를 자기 집단만의 사명인 것처럼 생각하면 할수록 문제를 제대로 바라보기 힘들며 이는 상대 집단 역시 눈이 멀게 만든다. 예를 들어 현재 미국에서는 이혼이나 미혼모 출산과 같은 이유 때문에 생물학적 부모 양쪽과 함께 살지 못하는 아동이 전체 아동 중 50퍼센트 이상에 달한다. 이는 많은 사람들의 염려를 불러일으키고 있다. 하지만 하이트는 이렇게 지적한다. "진보 진영 사람들은 결혼이 좋은 일이라거나 필요한 일이라고 말하기를 꺼립니다. 페미니스트, 흑인, 동성애자 들의 심기를 건드리고 싶지 않은 거지요. 사실상 진보 진영은 이 문제에 있어서 눈을 감은 거예요. 만약 의견이 양극단으로 분열된 사안이 있는데 당신이 거기에 환경보호주의 이념을 끌어넣는다면 그 사안에 투명화 물질을 칠하는 것이나 마찬가지입니다. 상대 진영에서는 당신 관심사가 보이지도 않을 거예요."

하이트는 예수의 말을 인용해 이렇게 말했다. "어째서 당신은 이웃의 눈 속에 있는 티는 보면서 자기 눈 속에 있는 들보는 보지 못합니까?"[7] 일반적으로 우리의 사회 인지 능력은 타인을 인식하는 면에서는 지극히 정확하지만 자신을 인식하는 면에서는 지극히 부정확하다.

물론 사람들의 편견을 제거하는 일이 무척 어려운 일이기는 하지만 개인이나 집단과 갈등이 생겼을 때 '상대의 옳은 점을 인정하는 것'은 아주 유용한 도구가 된다. 어떤 갈등에서든 양쪽 모두 옳은 점이 하나는 있기 마련이기 때문이다. 만약 셸오일 측이라면 이렇게 논의를 시작할 수 있다. "환경운동가 여러분, 여러분이 걱정하시는 것도 이해합니다. 여태까지 석유회사들이 나쁜 짓을 좀 하기는 했지요. 저희도 큰 사고를 쳤습니다. 저희 때문에 바닷새가 떼죽음을 당했지요." 그러면 진보 진영에서는 이렇게 말할 수 있다. "시장을 숭배한다고 해서 미친 건 아닙니다. 실제로 시장이 얼마나 놀라운 일들을 해내는데요."

이것이 진정으로 상대를 인정하고 공감하는 태도다. 결국 하이트가 전하는 메시지의 중심에도 그런 태도가 놓여 있다. 만약 우리의 목표가 주변 세계를 깊이 이해하고 광장을 깨끗이 만드는 것이라면 우리는 독선을 벗어던지고 도덕적 겸손을 입어야 한다. 핵심은 서로를 비난하는 느낌이 들지 않도록 어조를 바꾸는 것이다. 결국 우리 각자가 신성하게 여기는 신념의 기반에는 민감한 도덕 매트릭스가 깔려 있기 때문이다.

기꺼이 속으려는
사람들

댄 카한

사람들은 가치관이 비슷한 사람을 신뢰할 만한 사람이라고 생각한다. 무엇을 믿을지 판단하는 과정도 그와 같다. 사람들은 자신과 닮은 사람을 신뢰하기 마련이다.

• 댄 카한

책을 준비하면서 처음 인터뷰한 사람 중에는 예일 대학교 법학대학원 교수 댄 카한이 있었다. 학제 간 교류를 강조하는 예일 법학대학원에는 경제학부터 정신의학까지 다양한 분야를 전공한 교수와 학자가 포진해 있다. 카한은 주로 위험 인식, 과학 커뮤니케이션, 결정 이론을 응용한 법·정책 수립과 같은 분야를 연구해왔다. 내가 카한을 인터뷰하기로 마음먹은 계기는 카한이 '문화적 인식 프로젝트Cultural Cognition Project'의 일환으로 진행한 연구에 관해 읽고 나서였다. 다양한 분야의 학자들이 팀을 이루어 참여하는 문화적 인식 프로젝트는 문화적 가치가 인간의 신념과 위험 인식에 어떤 영향을 미치는지 연구하는 모임이다. 나는 집단적인 가치가 위험 인식에 어떤 영향을 미치는지, 문화가 과학적인 증거를 해석하는 방식에 어떤 영향을 미치는지 알고 싶었다.

문화적 인식 이론에 따르면 개인은 논란이 있는 사실 문제('지구온난화는 심각한 위기인가?'라든가 '살인을 억제하기 위해 사형 제도를 활용해야 하는가?'와 같은 문제)에 어떤 입장을 취할지 판단할 때 자신의 문화적 정체성을 결정하는 가치들에 순응하는 경향이 있다. 카한과 동료 연구진은 사회심리학, 인류학, 커뮤니케이션학, 정치학 등 다양한 분야의 지식을 활용해 문화적 인식 현상이 어떤 영향을 초래하는지 기술하고자 했으며 작동 원리를 밝혀내고자 했다. 2010년에 발표한 연구에서는 어째서 일부 대중이 전문가 대다수가 동의하는 사실에 '격렬하면서도 꾸준하게' 반대하는지 탐구했다. 결론적으로 그들은 기후변화 문제에서든 핵폐기물 처리 문제에서든 과학적 합의가 이루어진 문제에서 문화적 인식이 실제로 개인의 신념을 틀 잡을 수 있음을 확증했다.[1]

인터뷰는 카한의 사무실에서 두 시간에 걸쳐 진행되었다(지금은 이 두 시간을 가리켜 '소중한 예일 법대 강좌'라고 부르게 되었다).[2] 처음에는 기업이 거짓 정보를 퍼뜨리는 행위가 대중이 기후변화를 부인하는 데 어떤 영향을 미치는지 인터뷰하기 위해 마련한 시간이었는데 결국은 대중이 위험을 마주하거나 과학적인 사실을 접할 때 어떤 식으로 의견을 형성하는지 배울 수 있는 흥미로운 시간이 되었다. 그 덕분에 '광장'에서 사실과 증거를 바탕으로 논증을 펼치는 것이 얼마나 무익한 일인지 다시금 확인할 수 있었으며 잘못된 정보를 퍼뜨리는 기업의 행위가 어떻게 혼란을 불러일으킬 수 있는지 더 깊이 이해할 수 있었다. 물론 거짓 정보나 프로파간다가 사람들을 어떤 식으로 오도할 수 있는지는 인터뷰 전부터 잘 알고 있었다. 하지만 나는 우리가 어떻게 우리 자신을 속일 수 있는지, 또 부패한 문화적 연결망이 어떻게 우리의 이해와 판단에 영향을 미칠 수 있는지 더 자세히 배우고 싶었다.

'누구를 믿을 것인가'의 문제

카한은 기업의 역정보(일부러 유출한 허위 정보―옮긴이) 작전이 대중의 혼란을 부추기는 데 일조하는 것은 분명하지만 그 이면에는 훨씬 더 강력한 힘이 작동하고 있다고 말한다. 그런 상황에서 더 정확한 정보를 전달하는 것만으로는 기후변화라는 위험을 과소평가하거나 부인하게 만드는 '사회 병리social pathology' 현상을 고치기에는 역부족이다. 더군다나 기후변화를 부인하는 병리 현상이 한쪽은 진짜 기후학자들에게 동조하고 있는데 다른 한쪽은 가짜 기후학자들에게 동조하고 있다는 식으로 단순하게 설명할 문제도 아니다.

카한은 사람들이 기꺼이 속고자 하는 데에는 나름의 이유가 있다고 말한다. 이런 약점을 파고드는 요인은 크게 두 가지다. 하나는 '확증 편향'이고 다른 하나는 '의도적 합리화motivated reasoning'다. 확증 편향에 따르면 사람들은 자신의 믿음과 충돌하는 정보를 무시하거나 내치는 반면 자신의 믿음을 확증하는 정보를 보거나 찾으려는 경향이 있다. 의도적 합리화에 따르면 개인은 '정확한 믿음을 형성하기보다는 특정한 목표나 목적에 부합하는 방식으로 정보를 처리하려는 무의식적인 경향'을 가지고 있다. '의도적 합리화'는 사람들이 자신의 정체성을 위협하는 정보를 거부하게 만드는 심리 기제를 아우르는 포괄적인 용어라 할 수 있다.

이런 요인들은 사람들이 기존의 믿음을 위협하는 데이터를 무시하는 반면 기존의 믿음을 확증하는 데이터에 주의를 기울이도록 부추긴다. 이 때문에 사람들은 설령 자신의 믿음이 틀렸더라도, 설령 논리와 증거가 정반대편을 가리키더라도 믿음을 합리화하기 위해 정교한 설명을 만들어낸다.

〈의도적 산술 능력과 계몽된 자치 정부Motivated Numeracy and Enlightened Self-Government〉라는 논문을 집필하면서 카한은 피험자들에게 까다로운 문제 하나를 제시했다.[3] 그들은 문제를 풀기 위해 경험적인 데이터를 보고 인과적으로 타당한 추론을 이끌어내야 했다. 새로운 뾰루지 치료법에 관한 데이터를 해석할 때에는 산술 능력(양적 정보를 활용하는 능력)이 뛰어난 피험자들이 다른 피험자들보다 높은 점수를 기록했다. 하지만 흥미롭게도 총기 규제에 관한 데이터를 해석할 때에는 피험자들의 응답이 정치적으로 양극화되었으며 정확도 역시 떨어졌다. 특히 양극화는 산술 능력이 뛰어난 피험자들에게서 더 뚜렷이 나타났다. 뛰어난 추론 능력에 의지해 자신의 정치적 입장에 일치하는 해석을 이끌어낸 것이다.

카한이 언급한 또 다른 논문에 따르면 두 명의 전문가가 특정 사안을 놓고 논쟁을 벌이면 설령 논쟁에서 충돌하는 가치가 사안과는 별 관련이 없더라도 '사람들은 가치관이 비슷한 사람을 신뢰할 만한 사람이라고 생각'한다. 카한은 이렇게 덧붙였다. "무엇을 믿을지 판단하는 과정도 그와 같습니다. 사람들은 자신과 닮은 사람을 신뢰하는 법이거든요."[4]

카한은 인간이 특정 사안과 관련해 누구를 믿어야 할지 파악하는 면에서 '매우 뛰어난 존재'라고 강조한다. 이는 굉장히 중요한 능력이다. 어떤 인간도 혼자서는 세상의 모든 지식을 복제할 수 없기 때문이다. 모든 과학자는 이전 과학자들이 연구한 결과물 위에 자신의 연구를 쌓아 올린다. 아이작 뉴턴이 스스로를 가리켜 거인의 어깨 위에 올라서 있다고 한 까닭도 바로 그 때문이다. 요점을 부연하기 위해 카한은 자신이 북극에 직접 가본 적이 없으며 설령 간다고 하더라도 정말 빙하가 녹고 있는지 측정하는 법을 모를 것이라고 말한다. 누가 측정 장비를 주면 장비에서 값을 읽어내기는 하겠지만 여전히 그게 무슨 뜻인지는 모를 것이다. 따라서 누군가 우리를 대신해 믿을 만한 방식으로 무엇이 참인지 확인해주면 그 사실을 받아들이기로 결정하는 게 당연한 일이다.

우리 모두는 올바른 선택을 내리기 위해 그처럼 신뢰로 연결된 증명 및 소통 시스템에 의존한다. 하지만 안타깝게도 이런 시스템이 왜곡되거나 부패하는 경우가 있다. 카한은 오늘날 현실을 이렇게 평한다. "분열을 일으키려는 결연하고도 체계적인 노력이 없었다면 오늘날 우리가 겪고 있는 문제를 겪을 일은 없었을 겁니다. …… 우리는 마치 자연환경을 오염시키듯이 광장을 오염시킬 수 있습니다."

믿음은 의지의 영역에 속하지 않는다

기후변화 문제를 두고서 대중의 의견이 갈린다고 하면 흔히들 그 이유가 일반 시민이 과학 지식이 부족하다거나 추론 능력이 떨어진다거나 전문적인 정보를 평가하는 법을 모르기 때문이라고 생각하기 쉽다. 하지만 이는 《자연 기후변화Nature Climate Change》 저널에 실린 문화적 인식 프로젝트 팀의 연구에 따르면 전혀 근거 없는 생각이다. 전반적으로 볼 때 과학적 지식이 풍부하고 산술적 사고 능력이 뛰어난 피험자들이 기후변화를 심각한 위협으로 인식할 가능성이 다소 떨어지는 것으로 나타났다. 과학적으로 박식하고 추론 능력이 뛰어난 사람들이 오히려 의견이 가장 양극화된 집단에 속했다.[5] 결국 카한은 의견 양극화가 신념의 충돌 때문에 발생한다고 이론화했다. 개인적으로는 끈끈한 유대감을 공유하는 이들과 동일한 신념을 형성하려고 하는 데 반해 집단적으로는 공공의 복지를 향상시키기 위해 다 함께 최선의 과학 지식을 활용하고자 하는 것이다.

나는 카한에게 물었다. "비판적 사고를 한다면 믿음이 사실과 증거를 가로막지 못하게 조심해야 하지 않나요?"

카한은 그렇기는 하지만 "믿음이 의지의 영역에 속하지 않는다"고 말한다. 우리는 무엇을 믿을지 선택하지 않는다. 단지 특정한 종류의 인식을 할 수밖에 없도록 만드는 증거들을 마주했기 때문에 무언가를 믿게 될 뿐이다. 카한의 설명에 따르면 우리는 감수성, 가치관, 딜레마 등 의사 결정 과정에 영향을 미치는 요인들의 '연합체'를 가지고 있으며 이는 의지와 상관없이 우리를 통제해 사안을 잘못 이해하도록 만들 수 있다. 우리 모두는 자신의 생각을 대신 확증해줄 사람을 믿으며 증명 시스템에 의존한다. 하지만 우리의 믿음은 자신은 물론 자신의 역사와도 연결되어 있기 때문에 때때로 왜곡될 수밖에 없다.

과학적 합의에 관한 문화적 인식 연구에 따르면 사람들은 새로운 정보를 접할 때 기존의 믿음을 수정할 수 있다. 하지만 수정은 오로지 새로운 정보가 타당하다고 여겨질 때에만 이루어진다. 카한의 설명은 이러했다. 한 무리의 사람들을 방에 집어넣은 다음 무척 어려운 수학 문제를 풀게 해보자. 90퍼센트가 정답을 모른다. 이때 전형적으로 발생하는 일은 수학에 무지한 사람들이 수학에 능통한 10퍼센트의 사람들 주위로 모여드는 것이다. 10퍼센트가 수학 문제를 푸는 법을 알려주겠다고 말해서가 아니라 90퍼센트가 사안을 이해하는 사람을 파악하는 법을 알고 있기 때문이다.[6]

이 과정은 신뢰 연결망 조직 능력과 누구와 제휴를 이루어야 하는지 파악하는 기술에 달려 있다. 다시 말해 각 사람이 '서로 다른 증명 네트워크'에 플러그를 꽂는 셈이다. 과학 커뮤니케이션이 이루어지는 방식도 보통 그와 같다. 예컨대 우리는 실력이 좋은 의사를 선택하기 위해 의학 전문가가 될 필요는 없다.

다원적인 담론 환경 조성과 상대방 인정

하지만 카한은 무슨 일 때문인지 최근 광장에서는 증명 시스템이 흔들리고, 신뢰 연결망이 변질되고 있다고 지적한다. 때때로 그 원인은 사람들이 조종을 당하기 때문이거나 "과학 따위는 집어치워!"라고 외치는 일부 비주류 그룹이 있기 때문이다. 하지만 카한의 설명에 따르면 그보다 훨씬 중요한 두 가지 요인이 손을 맞잡고 문제를 일으키고 있다. 한 가지는 '고의적으로 그리고 체계적으로 역정보를 퍼뜨리려는 시도'이고 다른 하나는 '기꺼이 속고자 하는 사람들의 취약한 성향'이다. 결국 역정보가 얼마나 큰 위력을 발휘할지도 상당 부분 사람들의 성향에 달려 있다.

카한은 우리가 과학 커뮤니케이션 학문을 발전시킴으로써 지식을 정확히 전달하는 법을 깨우쳐야 한다고 말한다. 오늘날 사람들이 과학계에서 벌어지는 논쟁에 관심을 기울이지 않고 있기 때문에 특히 더 시급한 일이다. 게다가 세상에는 대중이 과학을 오해하도록 만드는 법을 연구하는 전문가들이 있으며 분열을 부추기는 데 큰 관심을 가진 사람들 역시 많이 존재한다. 그들은 이해관계가 걸려 있기 때문에 혹은 '광신의 오류'에 빠졌기 때문에 건설적인 역할을 수행하기를 거부하고 있다.

나는 카한에게 어떻게 해야 건전한 대화와 합의에 이를 수 있는지 물어보았다. 카한은 의사소통이라는 황금을 효과적으로 얻으려면 다양한 이야기 광맥을 공략해야 한다고 역설한다.

우리는 인지심리학 연구를 통해 사람들이 이야기 형식으로 정보를 처리한다는 사실을 알게 되었다. 사람들은 주인공과 악당이 등장할 때, 일종의 드라마를 식별할 수 있을 때, 시작과 중간과 끝이 있을 때, 교훈이나 결론을 얻을 수 있을 때 이야기에 공명하며 상대가 무슨 말을 하는지 이해한다. 사람들은 제각기 출신 문화가 다르기 때문에 저마다 다른 이야기, 캐릭터, 드라마에 자극을 받는다. 따라서 다양한 집단에 정보를 정확히 전달하고 싶다면 구사하는 이야기의 종류 역시 늘려야 한다.

또한 카한은 모든 이야기에는 화자가 전제되어 있으며 청중은 화자가 누군지에 깊은 주의를 기울인다고 강조한다. 따라서 화자라는 요소 역시 사람들의 정체성에 긍정적으로 호응해야지 정체성을 위협해서는 안 된다. 다원성을 이해하는 옹호자라면 다양한 집단에 의사를 전달할 때 어떤 메시지를 전달할 것인지는 물론 누가 메시지를 전달할지도 고려한다. 적절한 이야기 방식뿐만 아니라 적절한 화자 역시 선택한다. 이런 요소들이 모두 조화를 이룰 때 각 사람은 자기만의 방식으로 진실에 다가갈 수 있다. 다원적인 담론 환경에서 사람들은 양측 모두에서 '자신과 비슷한 사람'을 찾을 수 있을 뿐만 아니라 '자신과 다른 사람' 역시 찾을 수 있다. 결국 목표는 사람들이 공감할 만한 이야기 방식을 파악한 뒤 열린 마음으로 고려할 만한 메시지를 담아 전하는 것이다.

우리는 진실을 중심으로 뭉쳐야 하며 서로를 존중하고 참을성을 나타내는 방식으로 문제에 접근해야 한다. 자기 이야기나 명분만 중시하는 독선적인 태도를 취하는 것은 건전하지 않다. 다른 사람들이 다른 부류의 가치관을 가지고 있음을 인정해야 하며 자신이 옳다고 주장하려는 욕구를 내려놓아야 한다. 그러지 않으면 광신이나 다름없다. 카한은 이렇게 마무리했다.

"우리는 생각하는 동물인 인간이고 다 나름의 생각이 있지요. 그러니 사람들이 생각하는 방식에도 다양성이 있을 것입니다. …… 바로 그 다양성을 증진하기 위해 힘써야 한다는 점에 모두가 동의해야 합니다."

2장

진실,
힘을 잃다

'사실'만으로는
사람들의 마음을 바꿀 수 없다

조지 레이코프

자신이 어떤 가치를 소중히 여기는지 분명히 파악하라. 정책의 언어가 아니라
가치의 언어를 사용하라.

• **조지 레이코프**(George Lakoff)

캘리포니아 대학교의 언어학자이자 인지과학자인 조지 레이코프의 연
구를 처음 접한 건 약 15년 전이었다. 지금은 유명해진 레이코프의 프
레임 이론은 당시에는 무척 충격이었다. 우리 PR 전문가들이 파는 상
품은 메시지라고 할 수 있다. 우리가 전달하는 내용을 상대가 최대한
명료하면서도 간결하게 이해하도록 만들어야 한다. 그러다 보니 주로
짧고 굵은 슬로건이나 엘리베이터 피치(엘리베이터를 타고 내릴 만한 짧은
시간 안에 상품이나 기업의 가치를 요약 설명하는 일—옮긴이)를 구사할 수밖
에 없다. 프레임을 자세히 연구하거나 이야기로 깊은 감동을 주기에는
시간도 예산도 허락되지 않는다.

나는 메시지와 프레임의 차이를 더 잘 이해하고 싶었다. 또 프레임이 어떤 식으로 작동하는지, 프레임을 어떤 식으로 다룰 수 있는지, 광장에서 의견을 형성할 때 프레임이 사실과 증거에 어떤 영향을 미칠 수 있는지 알고 싶었다.

레이코프는 '프레임'이란 우리가 세계를 해석하거나 이해하기 위해 사용하는 비유 혹은 인식 틀을 가리키는 것[1]이라고 말한다. 말이 프레임에 의미를 부여한다기보다는 프레임이 말에 의미를 부여한다. 사실 비유의 틀을 빼놓고 보면 말 자체는 객관적인 의미를 지니고 있지 않기 때문이다. 결국 프레임은 의미를 판단하기 위해 우리 모두가 매일 사용하는 사고의 틀이다. 프레임은 우리가 행동하는 방식을 관장하며, 궁극적으로는 우리가 세상을 이해하는 방식과 관련된 감정, 가치, 정보의 혼합체다.

프레임의 중요성

레이코프의 설명에 따르면 프레임 없이 생각하는 것은 불가능하다. 우리가 떠올리는 생각, 내뱉는 말은 전부 프레임에 따라 정의된다. 프레임을 활성화하지 않고는 의미 있는 말을 한 마디도 할 수 없다. 우리가 하는 모든 생각과 말에 프레임이 스며들기 때문에 언어를 통제하고 프레임을 설정하는 사람들은 어마어마한 권력을 쥐게 된다.

레이코프는 만약 우리가 이야기를 전달할 때 프레임을 제대로 설정하지 못한다면 다른 누군가가 우리를 대신해 프레임을 설정할 것이라고 설명한다. 레이코프의 이야기를 듣자 PR 업계 멘토인 마이크 설리번Mike Sullivan이 예전에 했던 말이 생각났다. "만약 여러분이 말하지 않으면 다른 누군가가 말할 겁니다. 그럼 결과가 안 좋을 거예요." 다시 말해 내가 의사 전달을 마지못해 하거나 효과적으로 하지 못하면 다른 누군가가 내게 막대한 손해를 입힐 가능성이 활짝 열린다는 것이다.

무수한 가치가 존재하는 세계를 바라보는 틀인 프레임은 마치 비유처럼 온갖 종류의 생각과 감정을 불러일으킨다. 예컨대 자신의 삶을 캐멀롯이라고 신화화한 재클린 케네디Jacqueline Kennedy는 프레임을 사용한 것이다. '윤리적 기름ethical oil(캐나다의 석유산업을 옹호하기 위해 2010년에 출판된 동명의 책에서 비롯된 용어─옮긴이)'이라든가 '세금 감면tax relief('relief'라는 영어 단어는 '안심'이나 '완화' 등 긍정적인 뉘앙스를 전달한다─옮긴이)'이라는 표현 역시 프레임이다. 2014년 2월 밴쿠버섬 지역 신문에 실린 "가리비 천만 마리가 떼죽음을 당하다"라는 헤드라인[2]처럼 사실을 진술하는 표현과 달리 프레임을 담은 표현은 잠재의식 속에 이미지와 의미를 불러일으킨다.

2009년 코펜하겐 기후변화회의 직전에 터진 기후게이트Climategate(기후연구소 전자우편 해킹 및 유포 사건─옮긴이)는 아메리카와 유럽의 과학자들에게 의혹을 불러일으키려는 국제적인 시도였다. 결국 기후변화 회의는 감축 목표를 새롭게 수립하고자 했던 추진력을 잃어버렸다. 자격을 갖춘 기후학자들이 동료 심사를 거친 과학적 증거를 옆에 무더기로 쌓아 놓고도 문외한인 사람들과의 싸움에서 패배하다니 깜짝 놀랐다. 순전히 이간질하는 사람들이 만들어낸 프레임에 당한 것이다. 기후게이트는 프레임과 사실이 맞붙은 사건이었으며 결과는 프레임의 승리

로 끝났다.[3]

조지 레이코프는 사실만으로는 사람들의 마음을 바꿀 수 없다고 말한다. 《코끼리는 생각하지 마 Don't Think of an Elephant》에서도 레이코프는 사실이 아니라 가치를 기준으로 정치적 논쟁에 프레임을 씌우는 법을 설명한다.

레이코프의 주장에 따르면 진보 진영은 이성을 구식으로 이해하는 데에다가 결과적으로 설득력 있게 소통하는 법을 모르기 때문에 광장에 혼란을 불러일으키는 데 기여하고 말았다. 레이코프는 진보 진영이 단순히 현실에 직결되는 냉철하고 논리적인 메시지를 전달하는 것 이상의 심적 모형을 발달시킬 필요가 있다고 말한다. 비유를 끌어안음으로써 감정과 논리를 결합시켜야 한다는 것이다.

'사실'에 프레임을 씌우다

프랑스 철학자 데카르트 때부터 진보주의자들은 이성으로부터 감정을 배제해왔다. 레이코프의 설명에 따르면 보수주의자는 정계에 나갈 때 경영이나 마케팅 등 사람들의 스위치를 건드리는 법을 공부하는 반면 진보주의자는 정치학, 법학, 정책학을 공부한다. 진보주의자는 인지과학이나 신경학 등 인간의 뇌가 작동하는 방식을 탐구하는 학문을 공부할 생각이 없는 것이다. 레이코프는 진보 진영의 이성관을 이렇게 평한다. "진보주의자들은 기원이 1600년대까지 거슬러 올라가는 잘못된 이성관을 학습합니다. …… 그런 이성관에 따르면 이성이란 의식적이고 논리적이며 감정과는 상관이 없는 능력이지요."

얼마 전까지만 하더라도 위험 커뮤니케이션 전문가들 역시 사실의 힘을 탐구하면서 사람들에게 더 많은 정보와 증거를 제공하면 사람들이 더 나은 결정을 내리리라 확신했다. 하지만 연구 결과에 따르면 '사실'은 사람들의 마음을 바꾸지 못한다. 적어도 우리가 생각하는 대로는 바꾸지 못한다.

인지과학 및 뇌과학 연구에 따르면 이성이 감정 없는 합리성, 가치 판단을 배제한 사실 이해를 가리킨다는 생각은 틀렸다. 오히려 요점만 말하자면 프레임이 사실을 능가한다. 레이코프는 이렇게 말한다. "우리는 뇌를 구성하는 수천 가지 비유를 가지고 있습니다. 그리고 늘 그런 비유를 중심으로 생각하지요. 비유는 임의적이지도 않고 신비로운 무언가도 아닙니다. 비유는 우리가 세계를 살아가도록 돕지요. 우리는 비유를 사용해야 합니다. 어떤 말도 중립적일 수 없어요. 비유는 우리가 생각하기 위해 사용하는 틀입니다."

레이코프는 우리가 진실을 찾기 위해 전념해야 한다고 말한다. 하지만 사실을 이해하는 작업이 우리의 사명을 압도하게 내버려두어서는 안 된다. 레이코프는 우리의 사명이 실제 세계를 살아가는 사람들의 두뇌를 바꾸는 것이라며 이렇게 말한다. "당신이 논쟁에 참여할 때마다 당신은 두뇌를 바꾸고 있는 겁니다. 누군가에게 무언가를 말할 때마다 역시 두뇌를 바꾸고 있는 거예요. 인간이 생각하는 모든 건 물리적인 근원에서 나오기 때문이지요. 생각은 전부 뇌의 회로망 속에서 나옵니다."

하지만 진실을 말하는 것만으로는 사람들에게 새로운 생각을 확신시킬 수 없다. 어떤 사실을 이해시키려면, 긴급한 것으로 인식시키려면 반드시 근원적인 가치를 중심으로 그 사실에 프레임을 씌워야 한다.

레이코프의 조언은 짧지만 강력했다. "자신이 어떤 가치를 소중히 여기는지 분명히 파악하라. 정책의 언어가 아니라 가치의 언어를 사용하라. 사람들이 반드시 자기이익에 따라 투표하지는 않기 때문이다. 그들은 자신의 정체성과 가치관에 투표한다."[4]

진보와 보수의 프레임

레이코프의 설명에 따르면 대중이 무반응이나 무관심을 보이는 경우 "우리 모두 한 배를 탔다"라고 주장하는 진보 진영과 "각자 자기 일만 신경 쓰면 된다"라고 주장하는 보수 진영 간의 소통 싸움에서 보수 진영이 승리하고 있다는 뜻이므로 진보 진영은 경각심을 느껴야 한다.

진보 진영의 도덕관은 인프라, 교육, 의료, 교통, 기초연구 등의 기회를 모두에게 제공하기 위해 시민들이 책임감 있게 행동할 것을 요구한다. 또한 주식 시장을 제한하며 은행계좌를 보호하고자 한다. 진보 진영은 사적인 이익이 공적인 공급에 달려 있다고 믿는다. 반면 보수 진영 도덕관의 핵심은 개인의 책임이다. 사적 이익의 중요성이 공적 서비스의 중요성에 우선한다. 보수 진영은 주식 시장을 촉진하고 은행을 규제하고자 한다. 또한 인간의 노력이 부를 창조한다고 믿는다.

물론 어떤 사안에서는 보수적이지만 다른 사안에서는 진보적인 사람도 존재한다. 레이코프는 이를 '이중개념주의bi-conceptualism'라 부른다.

하나의 뇌에 양쪽 도덕 체계가 둘 다 작동할 수 있다는 뜻이다. 이따금 하나의 도덕 체계가 다른 도덕 체계를 억제하기도 한다. 각각의 도덕 체계는 활성화되면 될수록 더욱 강화된다. 그리고 바로 이 지점에서 언어와 소통이 작용한다. 그렇기 때문에 우리가 소통하는 방식은 물론 미디어가 미치는 영향이 너무도 중요하다.

정치적·사회적 문제에 있어서 프레임은 계층 구조를 이루고 있으며 계층 구조의 꼭대기에는 도덕 프레임이 자리 잡고 있다. 따라서 우리는 이렇게 자문해야 한다. "사안을 전달하는 방식이 공공선이 중요하다는(혹은 시민들이 서로에게 관심을 갖고 책임감 있게 행동해야 한다는) 프레임에 근거하고 있는가? 아니면 시민들에게 자기이익을 취할 자유가 있을 뿐 타인의 이익에 관심을 가질 필요는 없다는 프레임에 근거하고 있는가?"

모든 언어 표현은 개별 프레임이 정의한다. 프레임은 곧 신경회로에 해당한다. 시냅스로 연결된 뉴런의 집합체인 신경회로가 활성화되면 시냅스가 강화된다. 신경회로가 활성화되면서 다른 신경회로를 억제하면 억제당한 신경회로의 시냅스는 약화된다. 시냅스가 강화되면 그 사람의 머릿속에 특정한 생각을 불러일으키기가 쉬워지며 따라서 그 생각을 다른 사안들로 퍼뜨리기도 쉬워진다. 쉽게 말해 '반복'이 시냅스를 강화시킨다. 그리고 반복하는 내용이 정확한지는 중요하지 않다.

당신이 보수주의자라고 해보자. 당신은 당신의 도덕 체계에 어울리는 프레임을 만들어내기를 원한다. 하지만 그 프레임은 진실과 아무런 상관이 없다. 예컨대 당신은 기업에 부과하는 세금을 감면함으로써 일자리를 창출할 수 있다고 주장할 수 있다. 사실 기업 입장에서는 이전보다 이윤이 늘어난다고 해서 사람을 새로 뽑을 필요는 없다. 외주나 하청을 맡기거나, 타국의 값싼 노동력을 이용하거나, 높은 기술력을 사용하면 그만이다. 세금을 감면한다고 해서 '일자리가 창출'되지는 않는다. 따라서 이는 거짓 주장이다. 하지만 당신은 스스로를 '일자리 창출자'라고 부르는 등 동일한 언어 사용을 반복할 수 있다. 그러면 사람들은 기업에 부과하는 세금을 감면하는 것이 더 많은 일자리를 창출할 수 있다고 생각하게 된다. 언어 표현은 마치 귀에 착 붙는 연호처럼 반복하면 반복할수록 시냅스를 자극해 새로운 사고 패턴을 만들어낸다.

나는 레이코프에게 그런 오해를 바로잡을 방법이 있는지를 물어보았다. "저들은 일자리 창출자가 아니에요"라고 말할 때마다 오히려 '일자리 창출자'라는 프레임을 활성화시켜 다시 한 번 머릿속에 각인시키지는 않을까? 논리적 모순을 일으키는 진술을 통해 사실을 전달하더라도 오히려 상대 진영이 주입하려는 관점을 강화시키지는 않을까?

레이코프 역시 내 의견에 동의했다. 상대 진영이 구축한 프레임에 들어가서는 소통 대결을 이길 수 없다는 것이다. 오히려 대중의 머릿속에 상대 진영의 도덕관과 논증을 각인시킬 뿐이다. 따라서 프레임 공작에 대응하는 방법은 상대 프레임을 언급하지 않는 것이다. 오직 자기 진영의 프레임만을 언급해야 한다. 언제나 자기 프레임으로 설득을 시작해 자기 프레임 밖으로 벗어나지 말아야 한다. 늘 공격을 취해야지 결코 방어전을 펼쳐서는 안 된다.

레이코프는 프레임이 일상적으로 사용되는 만큼 고도로 발달할 수밖에 없는 시스템이라고 강조했다. 《자유는 누구의 것인가? Whose Freedom?》에서도 이렇게 말한다. "우리에게 자유의지가 있다고 해서 우리가 완전히 자유로운 건 아니다. 오히려 프레임과 비유가 우리의 뇌를 틀 잡고 우리가 세계를 바라보는 방식을 통제한다는 점에서 우리의 자유는 극도로 제한된다. 미디어를 통해 반복되는 프레임과 비유는 놀라운 일들을 해낼 수 있다."[5]

레이코프는 우리가 배운 모든 지식이 두뇌에 물리적으로 저장된다는 점을 강조한다. 프레임도 비유도 이미지도 전부 신경회로에 저장되어 있다. 도덕 체계 역시 머릿속에 들어가 있다. 만약 우리가 듣는 내용이 두뇌 속에 저장된 정보와 일치하지 않으면 기억에 남지 않는다. 물론 두뇌 속의 정보와 일치하지 않는 내용을 곱씹으면서 걱정하는 유형의 사람이라면 이야기가 다르겠지만 대부분의 사람은 그렇지 않다.

진보주의자라면 이성을 바라보는 구식 관점이 틀렸다는 사실을 깨달아야 한다. 데카르트적인 이성관이나 상대에게 정보를 주입할 수 있다는 식의 사상은 줄곧 실패해왔다.

사실 문제에서 관심 문제로 전환하기

브뤼노 라투르

그건 사실을 바로잡거나 레토릭으로부터 진실을 가려내는 문제가 아닙니다. …… 사람들의 실존 조건을 바꾸는 문제이지요. 그것도 몇 명이 아니라 70억 명의 실존 조건을요.

● 브뤼노 라투르

프랑스 철학자 브뤼노 라투르는 사실을 가지고 사람들의 마음을 돌릴 수 없다는 점에 동의한다. 사실을 들이댄다고 해서 논쟁이 정리되지도 문제가 해결되지도 않는다. 특히 환경 문제를 다루는 과학 커뮤니케이션에서는 더더욱 그렇다. 사실을 중심으로 전개되는 논증은 오히려 대중을 혼란시키며 행동을 가로막는다. 라투르는 그와는 다른 접근법이 필요하다고 생각한다.[1] 브뤼노 라투르는 파리정치대학교의 교수이며 대학 내에 미디어랩이라는 혁신적인 사회과학 연구 시설을 설립해 지도를 맡고 있다. 미디어랩은 첨단 연구의 중추로서 디지털 장비와 기술을 활용해 질 높은 사회과학 연구를 수행하고 있다.

파리에서 진행한 인터뷰에서 라투르는 환경 위기부터 민주주의 현황까지 온갖 문제를 연구한 결과 우리가 사실 문제matters-of-fact를 제쳐놓고 관심 문제matters-of-concern에 초점을 맞추어야 한다고 말했다. 그렇다면 관심 문제에 초점을 맞춘다는 것은 무엇을 의미할까?

라투르는《실험실 생활Laboratory Life》,《판도라의 희망Pandora's Hope》,《우리는 결코 근대인이었던 적이 없다We Have Never Been Modern》,《젊은 과학의 전선Science in Action》,《자연의 정치Politics of Nature(국내 미출간)》등 과학과 정치가 교차하는 지점을 다루는 수많은 책을 집필했다.[2] 2013년에는 근대성을 야심차게 분석하고 재해석한 공로로 홀베르그상을 수상했다. 수상 위원회는 라투르의 연구가 과학사, 예술사, 역사, 철학, 인류학, 지리학, 신학, 문학, 법학 훨씬 너머까지 영향을 미쳤다고 평했다.[3]

진실을 버리고 주장을 비교할 때

2005년에 발표한 에세이 〈현실 정치에서 사물 정치로From Realpolitik to Dingpolitik〉에서[4] 라투르는 전 미국 국무부 장관 콜린 파월Colin Powell이 2003년 UN에서 발표한 악명 높은 연설을 언급한다. 연설에서 파월은 '이라크에 대량 살상 무기가 존재한다는 확고부동한 사실'에 관해 증언했다. 물론 얼마 지나지 않아 그가 말한 '사실'에 아무런 근거가 없음이 밝혀졌다. 하지만 당시 파월은 이런 말로 연설을 시작했다. "여러분, 오늘 제가 하게 될 진술은 모두 믿을 만한 출처에 근거를 두고 있습니다. 그냥 하는 주장이 아닙니다. 제가 전해드릴 내용은 믿을 만한 정보통에서 나온 사실이자 결론입니다."

라투르는 '사실'과 '주장'이라는 단어 사이의 경계가 그날만큼 흔들린 적이 없다고 지적하면서 이렇게 덧붙였다. "파월은 사실이 지닌 반박 불가능한 힘으로부터 주장의 레토릭을 구분하고자 했다. 물론 처참히 실패했다. 그의 말에는 진실도 없었거니와 감동도 없었다. 과연 우리가 정치의 장으로 진실과 증거를 운반할 낡은 도관을 다시 찾아낼 수 있을까?"[5]

라투르는 사실상 고려할 가치도 없는 질문이라고 덧붙였다. 해결책은 단순히 사실을 바로잡거나 레토릭으로부터 진실을 가려내는 데 놓여 있지 않기 때문이다. 오늘날 '투명하고 확고부동한 사실'은 너무나 희귀해졌다. 따라서 대중에게 확실한 증거를 제시하기란 거의 불가능한 일처럼 보인다.

라투르는 그러므로 이제 '진실'이라는 이견의 여지가 있는 낡아빠진 개념을 포기하고 그 대신 주장을 비교해야 할 때라고 말한다. 사실에 비하면 비록 열등한 증거이기는 하지만 우리는 주장을 비교함으로써 결론에 이를 수 있다. 라투르의 설명에 따르면 현대에는 관심 문제에 주의를 기울이는 편이 더 낫다. 우리가 과학과 객관성의 개념이 급변하는 거대한 변화의 시기를 살아가고 있기 때문이다. 과학 연구와 정치 활동이 모든 면에서 무척 복잡해짐에 따라 우리는 사물과 사안이 이전 어느 때보다 '훨씬 더 흥미롭고 다양하고 불확실하고 복잡하고 폭넓고 이질적이고 위험'하다고 인식하게 되었다.

심지어 오늘날에도 파월 같은 사람들은 으레 사실이 지닌 우월성을 내세움으로써 반대를 일축하고는 한다. 현직 과학자들을 40년간 연구한 라투르의 설명에 따르면 과학계에서는 사실이 언제나 신중한 조사, 탐구, 논의의 근원으로 여겨지는 반면 정계에서는 사실 문제가 논의나 대화를 촉진하기보다는 논쟁을 끝낼 때 사용하는, 따로 증명이 필요 없는 무기쯤으로 여겨진다.

기후변화 문제에서 과학자의 역할

나는 라투르와 기후변화 문제의 복잡성에 관해서도 대화를 나누었다. 라투르는 기후과학이 수천수만 과학자들의 지식과 노력을 아우르는 거대한 연구 분야이자 셀 수 없이 많은 개인들이 다면적으로 기여한 결과물이라고 설명한다. 그러면서 정보나 사실이 부족한 것이 문제가 아니라고 강조한다. 오히려 정반대다. 기후과학은 어마어마한 규모의 정보를 만들어냈다. 하지만 라투르는 앎은 수많은 반복과 층위로 이루어져 있기 때문에 우리가 아는 것을 가늠하는 데에는 너무 많은 시간이 들어간다고 지적한다. 라투르가 보기에는 데이터를 평가하고 데이터에 담긴 함의를 논의하고 추정하며 그로부터 얻은 지식을 바탕으로 어떻게 행동할지 고려하는 데에 지나치게 많은 시간이 소요되기 때문에 우리가 아는 것(사실이 무엇인지, 지식이 무엇을 의미하는지, 그 사실이 왜 중요한지 등) 사이에 괴리가 발생할 수밖에 없다는 것이다. 라투르는 지금 우리가 모은 기후변화 데이터가 그나마 최선이라고 강조한다. 우리가 지구의 기후 균형을 완전히 '망쳐 놓았기 때문'이다.

라투르의 생각에 따르면 기후변화에 대응하는 움직임이 지체되고 있는 이유는 우선 우리의 지식이 정치적 다툼 때문에 엉망이 되었기 때문이고 다음으로 기후변화에 대응하는 데 요구되는 행동의 규모가 너무나 압도적이기 때문이다. 우리는 '70억 명의 실존 조건을 모든 면에서 완벽히 변화'시켜야 한다. 전 세계의 사람들에게 생활방식을 전면적으로 바꾸라고 요구하는 일은 결코 쉬운 일이 아니다. 사람들이 우리가 바뀌어야 한다는 사실을 믿지 않으려고 애쓰는 것도 충분히 이해가 간다. 우리 모두는 오스트레일리아의 공공윤리학 교수 클라이브 해밀턴 Clive Hamilton이 지적하는 대로 기후변화 회의주의자가 되었다. 그런 태도를 취할 때 책임을 회피할 수 있기 때문이다.[6] 단지 알면서도 행동하지 않는 정도의 문제가 아니다. 우리 앞에 놓인 문제는 변화에 저항하려는 전 세계적인 움직임이다.

우리에게 필요한 변화는 마르크스, 레닌, 스탈린 등 가장 급진적인 혁명가들조차 상상하지 못했을 규모의 변화다. 라투르는 그들이 제시한 혁명적인 생각이 오늘날 우리에게 필요한 거대한 변화에 비하면 피상적인 수준에 불과하다고 말한다. 사실 라투르는 기후변화 문제가 논쟁의 주제로 떠오른 것이 오히려 다행이라고 생각한다. 최소한 우리가 직면한 문제의 현실을 납득하게 만들었기 때문이다.

라투르는 지난 30년간 나름 긍정적인 발전도 있었다고 지적한다. 예컨대 미국에서 공화당과 민주당은 기후 및 환경과 관련된 여러 법을 제정하는 면에서 합의에 이르렀다. 그럼에도 오늘날 사람들은 기후변화 문제를 두고서 이전 어느 때보다 양극단으로 치우쳐 있다. 그런 양극화는 점점 기후변화 문제를 정치판의 싸움거리로 둔갑시키고 있다.

그리고 바로 이 지점에서 '사실 문제'와 '관심 문제'의 간극이 명확히 드러난다. 라투르의 설명에 따르면 과거에 우리는 사실 다음에 행동이 뒤따라야 한다고, 행동을 취하지 않는 사람은 무지하거나 비합리적인 사람이라고 생각했다. 하지만 과학사를 통틀어 실제로 그랬던 적은 없다. 단지 사실을 확립한 다음 정치나 가치의 문제를 논의한다고 '생각' 했을 뿐이다. 설령 실제로 그랬다 하더라도 행동이 지식을 뒤따른다는 생각을 기후변화 문제에 적용시킬 수는 없다. 기후변화의 경우 사건이 여러 세기에 걸쳐 전개되어왔으며 지금도 진행 중이기 때문이다. 행동이 지식을 뒤따른다는 식의 일반적인 사고방식은 기후변화 문제 어디에도 적용할 수 없다.

너무나 많은 사람들이 기후변화를 부정하고 있기 때문에, 또한 기후변화가 거대한 관심 문제로 뒤바뀌고 있기 때문에 과학자들은 더이상 연구실에만 들어앉아 있어서는 안 된다. 만약 과학자들이 자신들은 '그저 사실을 진술할 뿐'이라는 입장에 고착하면서 과학을 정치화하지 않는다면 스스로를 위험에 빠뜨리는 것이나 마찬가지다. 결국은 과학자들 역시 먹고살아야 하는 인간이기 때문이다. 그들은 정부나 기업이나 기관으로부터 급료를 받아야 하며 보조금을 두고 경쟁을 벌여야 한다. 라투르는 그들이 들고일어나 맞서 싸우기를, 합당한 존중심과 정직한 양심을 가지고 민주주의 절차를 따르는 가운데 속내를 전면적으로 공개하기를 바란다.

'깨끗하고 질 좋은 과학'과 '이해관계 때문에 더럽혀지고 왜곡된 과학' 간의 싸움을 논하던 때는 이미 오래전에 지났다. 이제는 '자기 색

깔'을 정해 정치적으로 싸울 때다. 미국 시사평론가 월터 리프먼Walter Lippmann의 말을 빌리자면 '세상을 위한 싸움'을 벌일 때다. 라투르는 만약 과학자들이 싸움을 포기해 기온이 계속 상승한다면 우리가 지금과는 굉장히 다른 세상을 살아가게 될 것이며 논쟁이 알아서 끝날 것이라고 단호하게 말한다.

과학자들은 좀 더 정치적으로 논쟁에 임해야 한다. 순수한 증거(사실, 도표, 그래프)만 가지고는 광장에서 제대로 된 기초를 놓을 수 없기 때문이다. 왜일까? 라투르는 이렇게 말한다. "대중이 모든 사실을 분석할 준비를 갖추고 있지 않기 때문입니다. 게다가 의견 일치에 이르러야 한다는 생각에 갇혀 있다 보면 논리와 권위를 잃어버릴 수 있습니다. 우리는 사실을 바로잡아야 한다는 인식에 완전히 사로잡혀 있어요. 그 대신 우리는 관심과 이익의 문제에 관해 이야기해야 합니다."

라투르의 '논쟁 지도'

그렇다면 대중은 기후변화 논쟁에서 어떤 역할을 해야 할까?

라투르가 민주 정치에 관한 20세기 최고의 책 중 하나라고 평하는 월터 리프먼의《환상의 대중 The Phantom Public》에서 한 가지 답을 찾을 수 있다.[7] 이 유명한 책에 따르면 대중이란 연극 2막 중에 늦게 도착했다가 무대를 한 번 훑어보고는 연극이 끝나기도 전에 떠나면서 누가 착한 역이고 누가 나쁜 역인지 성급하게 판단하는 관객과 같다. 리프먼의 표현을 빌리자면 이런 '무지'에도 불구하고 대중은 투표를 하러 갈 때마다 어느 편에 설지 결정해야 한다. 그러기 위해 대중은 전문가에게 의존한다.

나는 라투르에게 신뢰 연결망이 무너져 전문가를 신뢰할 수 없다면 어떻게 하느냐고 물었다. 라투르는 이제 결과는 대중이 철저히 무지한 가운데 어느 편을 택할 것인가에 달려 있으며 이에 대한 유일한 해결책은 대중으로 하여금 편향성을 감지하도록 돕는 것뿐이라고 말한다. 리프먼 역시 지성인의 역할을 '재빠르게 편향성을 감지하는 것'이라고 정의한 바 있다. 그렇기 때문에 라투르는 연구를 할 때면 '편향 감지기'나 다름없는 디스모그블로그를 이용한다고 말한다. 또한 자신 역시 더 많은 편향 탐지기기가 존재하기를 바라는 마음에서 논쟁 지도controversy mapping를 만들었다고 덧붙였다.

파리정치대학교의 미디어랩에서 라투르는 '논쟁 지도'라는 도구를 제작했으며 이는 현재 전 세계에서 사용되고 있다. 논쟁 지도는 과학적 사실이나 결론 자체보다는 과학적 지식을 두고 벌어지는 논쟁에 초점을 맞춘다. 진실을 알아가는 과정은 언제나 복잡하기 때문에 논쟁 지도와 같은 도구는 지식을 도출하는 과정, 즉 특정 명제를 참으로 인식하게 되는 과정을 통찰할 수 있도록 도와준다. 논쟁 지도는 순수하게 과학적인 시각이 어떻게 중요한 측면이나 관점을 놓칠 수 있는지 밝혀준다.

라투르는 대중이 할 수 있는 최선은 '어떤 사실이나 주장에 편향성이 담겨 있는지 확인하는 일'이라고 강조하면서 자신이 만든 논쟁 지도의 목표도 바로 그것이라고 덧붙였다. 물론 리프먼은 편향성을 완전히 배제한 상태에 도달할 수 있다고 주장한 적이 없다. 하지만 라투르가 지적하듯이 적어도 우리는 더 빠르고 효과적으로 편향성을 감지하는 법을 배울 수는 있다.

기후학자만큼이나 많아 보이는 기후변화 회의주의자들은 자신들이 공정한 논쟁을 원한다고 말한다. 하지만 라투르는 논쟁을 하더라도 과학이나 사실에 관한 논쟁에 참여해서는 안 된다고 경고한다. 어차피 그런 논쟁에서는 결론이 나오지 않기 때문이다. 그렇다고 우리가 뒤로 물러서거나, 중립을 유지해야 한다는 뜻은 아니다. 라투르는 그런 태도가 양손을 등 뒤로 묶은 채 복싱 경기에 참가하는 것이나 다름없는 태도라고 지적한다. 오히려 의사 결정 과정에 참여하는 당사자 모두는 자신의 이익을 공개적으로 내세울 필요가 있다.

라투르는 "만약 내가 기후변화 논쟁 지도를 그린다면 해악의 씨앗을 뿌리는 비평가나 개인을 완전히 무시할 겁니다. 어차피 학술 논문을 내는 사람들도 아니니 애초에 논쟁 지도에 드러나지도 않겠지요"라고 말한다. 하지만 논쟁은 학술적 오류가 아니라 정치적인 동기로 인해 발생한다. 우리는 무관심 대신 관심을 서로 이야기할 수 있도록 새로운 상황에 맞추어 과학관을 조정할 필요가 있다. 측정값을 해석하거나 측정 도구를 선택하는 면에서는 의견 불일치가 있을지 모르지만 동료 심사를 거친 학술 논문이 존재하는 한 소위 '상대편'은 존재할 수 없다.

광장을 오염시키는 근원

종종 무지한 사람들이 무의미한 기후변화 모델을 놓고 논의를 펼칠 때가 있다. 라투르는 그처럼 대중 사이에 잘못된 정보와 혼란이 퍼지는 상황을 가리켜 '고의적 무지deliberate ignorance'라고 부른다. 고의적으로 대중을 오도하려는 발언은 몇 해 전 흡연 문제를 두고 제기되었으며 2차 세계대전 중 유럽에서 벌어진 홀로코스트를 부인하기 위해 사용되기도 했다. 스탠퍼드 대학교의 로버트 프록터Robert Proctor는 이런 현상을 가리켜 '문화적으로 유도된 무지culturally induced ignorance'라 칭한다.[8] 라투르의 설명에 따르면 레토릭과 과학 사이의 투쟁은 소크라테스 때부터 파월 때까지 수천 년 이상 지속되었다. 하지만 과학자들조차 레토릭을 사용한다. 따라서 레토릭과 과학 사이에 차이를 둘 필요는 없다. 진정한 구분은 레토릭과 이성 사이에 있는 것이 아니라 잘 구축된 과학과 잘못 구축된 과학 사이에 있기 때문이다.

그럼에도 라투르는 긴급한 경고를 전하려는 환경운동가들이 사실을 활용하는 방식에 대해서는 걱정을 표한다. 나쁜 의도는 아니겠지만 많은 환경운동가들이 종말론적인 예측을 함으로써 사람들을 두려움 속으로 몰아넣고 있기 때문이다. 우리는 무려 70억 명의 사람들이 다른 에너지 자원을 사용하도록 만드는 문제를 논하고 있다. 환경 영화에서는 무거운 음악이 깔린 가운데 재난 그래프가 위로 치솟는 모습이 등장한다. 그런 영화를 보고 사람들이 내릴 수 있는 결론은 '우리가 할 수 있는 일이 아무것도 없다'는 것뿐이다. 사람들을 마비 상태에 빠뜨리는 메시지를 전달해보아야 사실상 아무런 의미가 없다. 라투르는 폭스뉴스가 취하는 태도가 딱 그러하다며 어떤 수단을 써서라도 막아야 할 일이라고 주장한다.

라투르는 광장을 오염시키는 또 다른 근원이 재앙의 불가피성을 주장하는 논증이라고 말한다. 그러면서 《불편한 진실An Inconvenient Truth》에서 앨 고어Al Gore가 취한 입장이 바로 그러했다고 덧붙였다. 우리가 처한 상황이 불가피하거나 통제를 벗어난 상황이라고 단언하는 것은 현명한 전략이 아니다. 이는 정치를 부정하는 것이나 마찬가지다. 불가피한 문제를 두고는 정치를 하지 않기 때문이다. 사람들에게 다른 가능성이 없다는 메시지, 너무 늦었다는 메시지를 전달하면 사람들은 어떤 반응도 할 수가 없다. 사람들의 정치적 관심을 자극하려면 라투르가 제안하듯이 곤경에서 벗어나고자 하는 의지를 불러일으키는 메시지를 전달해야 한다. 의지를 꺾어버리는 메시지라면, 근거가 완벽한 메시지라 할지라도 결과적으로는 대중으로부터 어떤 반응도 이끌어내지 못할 것이다. 이는 우리가 원하는 결과가 아니다. 과학은 불가피하거나 불가항력적인 문제를 다루어서는 안 된다.

라투르는 이런 상황을 타개하기 위해 우리가 '진실이라는 개념'을 포기해야 한다고 주장한다. 최소한 의사 결정 과정에서 진실이 결정권자 역할을 하거나 우리에게 견고한 공통 기반을 제공해야 한다는 번거로운 인식을 버려야 한다. 사람들은 오로지 결정권자가 없을 때에만, 아직 공통 기반이 마련되지 않았을 때에만 모이기 때문이다. 사람들은 '논란을 공유'하기 때문에, 똑같은 사안에 관심을 가지고 해결책을 도출하고자 하기 때문에 정치적 모임을 갖는다. 오늘날에는 참치, 고래, 비타민, 고기 등 온갖 일상적인 화제는 말할 것도 없고 석유, 풍차, 태양열 등 온갖 기반시설에 관해서도 논쟁이 이루어진다. 이는 광장을 오염시키는 또 다른 근원이다. 과거에 우리는 전문가들이 중립적인 사실을 밝혀내 정계에 전달하면 정치가들이 주어진 정보를 바탕으로 논의해

합리적인 결정을 내린다고 믿었다. 하지만 이제 대중은 더 이상 그런 믿음을 가지고 있지 않다.

사실 문제에서 관심 문제로의 전환

라투르는 사실 문제에서 관심 문제로 주의가 이동하는 상황을 독려하고 환영하면서도 아직 우리가 관심 문제를 다루는 법을 학습하지 못했기 때문에 오늘날이 위험한 시기라고 강조하기도 한다. 라투르는 두 가지 예를 든다. 과거에는 자녀에게 백신을 투여할지 말지 고민할 때 의사나 유행병 학자와 이야기하면 되었지만 오늘날에는 공적 영역에 정보가 훨씬 많으며 이를 두고 논쟁이 끊이지 않는다. 자신이 사는 지역에 풍력발전소가 들어오는 것을 지지할지 말지 고민할 때에도 너무나 많은 서로 다른 전문가의 의견을 찾을 수 있다. 전문가들이 의견 일치에 이르는 경우는 극히 드물며 그들은 단지 풍력발전소 건설뿐만 아니라 관련 법안이나 전기 가격까지 논의한다.

과거에도 혁명가들은 사람들이 살아가는 방식을 변화시키고자 했지만 모든 측면에서 변화시키고자 한 것은 아니었다. 하지만 오늘날 우리는 우리가 살아가는 방식 면면을 면밀히 검토해야 한다. 어떤 사람들은 겨울에 체리를 샀다는 이유로 당신을 비난하기도 한다. 당신이 탄소발자국을 남겼다는 것이다. 이렇듯 우리 삶의 구석구석이 논쟁거리가 되었으며 우리는 매번 죄책감을 느껴야 한다. 어디서 조언을 구하려 해도 전문가들조차 서로 다른 가치관을 가지고 논쟁을 벌인다. 예컨대 프랑스에서는 유전자 조작 식품을 두고서 '학술 논문이 아니라' 신문에서 격렬한 논쟁이 벌어진다. 라투르는 말한다. "오늘날 사람들은 과학을 사적으로 검토합니다. 사람들이 과학계를 신뢰하던 세계에서는 일어날 수 없는 일이지요. 완전히 불가능한, 말도 안 되는 일입니다."

라투르가 사실을 버려야 한다고, 진실을 제쳐놓아야 한다고 주장한 이유는 진실이 없다고 믿기 때문이 아니다. 라투르는 절대적 진리가 오직 실험실 안에서만 존재할 수 있으며 공적 영역에서는 진실이 여러 얼굴을 지닐 수 있다고 생각한다. 광장에서는 모두가 자신이 진실을 말한다고 공언하는데 과연 우리가 어떻게 진실을 판별할 수 있을까? 우리는 타협점을 찾아야 한다. 즉 서로의 의견 차이를 인정하고 싸우지 않기로 합의해야 한다.

"진실은 상황을 왜곡합니다. 사실 진실은 그리 과학적인 용어도 아니기 때문이지요. 게다가 진실은 우리로 하여금 대화에서 너무 많은 것을 기대하도록 만듭니다. 그러니 진실이라는 개념을 버려야 합니다. 객관성을 원하지 않기 때문이 아니라 진실이 심판관 역할을, 논쟁의 결정권자 역할을 하기 때문입니다."

결정권자가 없으면 우리는 함께 모여서 다양한 의견을 나눌 수 있다. 공통 기반을 공유하지 않는다면 함께 논쟁을 벌일 수도 있다. 누군가 광장에 와서 "내게 소중한 가치가 있어. 이 가치는 누구도 짓밟아서는 안 돼"라든가 "내가 사실들을 알고 있어. 이 사실들은 반박 불가야"라고 말한다면 어떤 논의도 불가능하다. 그렇기 때문에 라투르는 우리가 문명이 변화하는 시기를 살아가고 있다고 믿는다.

라투르는 전통적인 정치 방식으로 기후변화 문제를 논하는 것이 스스로 '구속복'을 입는 것이나 마찬가지라고 설명한다. 코펜하겐에서 벌어진 일이 딱 그랬다. 회의에 모인 사람들은 해결책을 찾으려 했지만 그런 형태와 규모의 모임에서는 '정치의 신'이 아닌 이상 누구도 결정권자 역할을 할 수 없다.

사람들은 서로에게 정중하게 자신을 소개하면서 이렇게 말할 수 있다. "저는 이런 장비들을 가지고 이산화탄소 그래프를 나타내는 일을 합니다. 그렇게 하는 데 돈이 이만큼 들어가지요. 저도 과학자로서 제 나름의 관심이 있습니다. 저는 여기 이 아름다운 연구로 노벨상을 타고 싶어요. 자, 그럼 이제 그쪽은 어떤 패를 가지고 계시지요? 아, 석유회사에서 일하시는군요. 얼마든지 존중할 만한 일이지요. 우리 사회에 석유산업도 필요하니까요. 그쪽은 어떤 세상을 만들기를 원하시나요? 아, 그쪽은 펭귄을 대표하신다고요? 정말 좋군요." 다시 말해 대화에 참여하는 모두가 서로를 존중하면서 스스로를 온전히 드러내는 것이다.

라투르는 우리가 지구를 위한 싸움을 벌이고 있다고 말한다. 이 요점은 정치적으로 굉장히 중요한 의미를 지니고 있음에도 환경 문제를 논할 때 다뤄지지 않는다. 이 싸움에서 적은 누구일까? 우리가 지구의 적일까? 아니면 지구가 우리의 적일까?

민주주의를 향한
공격

기업은 어떻게
광장을 오염시켰나?

조엘 바칸과 놈 촘스키

아무런 제약 없이 자기 이익을 추구하는 기업은 개인과 사회를 희생시킨다.

• 조엘 바칸(Joel Bakan)

앞서 살펴본 것처럼 사실에 지나치게 의존하는 태도와 이성을 이해하는 잘못된 관점은 오늘날 광장을 오염시키고 대화 양상을 험악하게 만드는 데 기여했다. 하지만 크게 염려해야 할 문제가 하나 더 있다. 바로 광장을 오염시키고 양극화를 부추기는 행위인 프로파간다다. 프로파간다가 사회에 미치는 악영향은 그 규모와 위력이 지금까지 논의한 어떤 문화적·사회적 요인에도 뒤처지지 않는다. 더군다나 오늘날 탈규제 흐름 덕분에 기업들은 무분별한 프로파간다를 적법하게 활용할 수 있게 되었으며 사실상 프로파간다를 이용해야만 하는 법적·재정적 환경이 구축되고 말았다.

작가이자 법학 교수인 조엘 바칸은《기업의 경제학The Corporation》에서 기업이 여러 세기 전 처음 출현했을 때부터 시작해 어떻게 오늘날과 같은 지배력을 갖추게 되었는지 추적한다.[1] 특히 거대 기업이 어떻게 합법적으로 자기이익을 다른 이들의 이익보다 앞자리에 둘 수 있게 되었는지, 때로는 윤리적으로 선을 넘으면서까지 무분별하게 자기이익을 추구할 수 있게 되었는지 명확히 밝힌다.

나는 바칸이《기업의 경제학》을 바탕으로 제작한 영화를 보고 난 뒤[2] 바칸과 인터뷰하기를 간절히 바랐다. 특히 일부 기업이 광장을 오염시키는 데 크게 기여했다고 판단한 바칸의 관점이 흥미로웠다. 나 역시 PR 업계에 종사하면서 가까이에서 목격한 현상이었기 때문이다. 나는 바칸에게《기업의 경제학》을 집필하게 된 계기가 무엇이었는지 물어보았다. 바칸은 사람들에게 어떻게 기업이 광장을 오염시키고, 그들의 삶을 장악하고 있는지 알리기 위해서 집필했다고 대답했다. 바칸은 오늘날의 기업이 '굉장히 특이하면서도 위험과 파괴를 초래할 잠재력을 지닌 기관'이라고 생각했다.[3]

기업의 본성은 사이코패스와 같다

바칸이 기업의 힘을 면밀히 주시하기 시작한 때는 1990년대 후반이었다. 당시 기업은 세계화, 탈규제화, 민영화 흐름의 선봉에 선 채 폭발적으로 성장하고 있었다. 결과적으로 기업은 자기 자신과 주주들의 이익에 기여한다는 목표 하나만으로 움직이는 자율적인 기관으로 자리 잡왔다.

바칸의 연구 목적은 특정 기업인이나 회사원을 비판하는 것이 아니었다. 바칸이 비판하고자 한 대상은 기업이라는 조직 자체의 본성이었다. 바칸은 "기업이라는 조직은 합법적으로 만들어지기는 했지만 사람으로 치면 즉석에서 사이코패스 진단을 받을 만한 본성을 부여받은 존재다"라고 말한다.

처음에는 다소 극단적인 시각이라 생각했다. 성공적인 기업들을 대표해 홍보 일을 하면서 커리어를 쌓아온 나로서는 함께 일하며 그런 느낌을 받아본 적이 없었기 때문이다. 바칸은 사이코패스의 특징에 대해 다음과 같이 말한다.

① 타인의 감정에 냉담할 만큼 무관심하다.
② 관계를 지속적으로 유지할 줄 모른다.
③ 타인의 안전에 무모할 만큼 무신경하다.
④ 이익을 위해서라면 거짓말과 속임수를 꺼리지 않는다.
⑤ 죄책감을 느낄 줄 모른다.
⑥ 어떤 행동이 합당한지에 관한 사회적 규범에 순응할 줄 모른다.

이런 특징들을 월스트리트에서 벌어지는 거대 은행들의 속임수와 술책, 석유회사들이 지구 환경에 남긴 상처, 《기후 은폐 공작》에서 다룬 역정보 공작, 거짓말을 내뱉고도 죄의식을 느낄 줄 모르는 담배회사들과 연관지어 보니 바칸이 말하고자 하는 바가 무엇인지 이해가 되기 시작했다.

바칸은 이렇게 말한다. "우리는 사이코패스를 본떠 기업을 만들어냈을 뿐만 아니라 실제로도 기업에 인격을 부여했습니다. …… 그리고 우리 사회는 기업의 손에 우리의 삶을 통제할 수 있는 막대한 힘을 쥐여주고 말았지요." 기업 입장에서 환경을 고려해야 할 법적 의무는 점점 줄어들고 있는 반면 주주에게 최선의 결과를 가져다주어야 할 의무는 점점 늘어나고 있다. 기업은 자금을 투자해 기업에 우호적인 학문·여론·정치 환경을 조성함으로써 궁극적으로 원가를 낮추고 수익을 높이려 애쓰고 있다.

바칸은 이것이 음모론이 아니라고 강조한다. 어떤 조직이든 그렇게 하는 것이 논리적으로 당연한 일이라는 것이다. 기업은 시장에 막대한 물품을 쏟아냄으로써 스스로가 옳은 일을 하고 있다는 인상을 준다. 하지만 실제 기록을 살펴보면 기업은 사회적 이익을 전혀 책임지지 않으며 그러리라고 기대해서도 안 된다. 바칸은 "누가 사이코패스가 자기조절을 하리라고 기대하겠습니까? 말도 안 되는 생각이지요"라고 말하면서 기업이 사회적 책임을 진다는 말이 그 자체로 모순이라고 덧붙였다.

나는 CEO를 악당으로 몰아가는 여느 음모론에 비하면 바칸의 분석이 훨씬 합리적이라고 생각했다. 현행 시스템 속에서는 기업이 다른 방식으로 행동하기가 굉장히 어렵다. 회사는 출자와 스톡옵션을 바탕으로 돌아가며 이윤을 저해하는 그 어떤 행위도 구조적으로 불가능하다. 이런 사실을 '착한 사람 대 나쁜 사람' 논리로 설명하는 것은 지나친 단순화다. 애초에 기업은 법적으로 지금처럼 행동할 수밖에 없기 때문이다.

바칸은 자신의 절친한 친구 몇 명도 기업에서 일하고 있으며 수많은 기업인들이 환경과 같은 사회적 가치에 기여하기 위해 진심으로 애쓰고 있다고 믿는다. 그들은 자신들이 일하는 회사가 세상에 해악을 끼치는 존재가 아니라 이익을 가져다주는 존재가 되기를 바란다. 하지만 일단 사무실로 걸어 들어가는 순간 그들은 '비유적으로나 실질적으로나' 기업의 구조적인 요구에 종속되고 만다. 이해당사자 입장에서 사회적 책임이란 전략적으로나 중요할 뿐이다. 정말로 중요한 일은 주주의 이익에 기여하는 일이다. 이는 기업이 처음 탄생할 때부터 지닌 고유한 본성이자 법적 의무였다.

기업은 많은 자본을 끌어들이기 위한 강력한 도구로서 19세기 후반에 처음 형성되었으며 철로 건설을 비롯해 최근에는 항로 건설이나 인터넷 구축까지 막대한 사업들을 해냈다. 기업은 강력하고도 효과적인 자본 투자 수단이었으며 나름의 제약이 있었기 때문에 사회에 해악보다는 이익을 가져오는 경우가 많았다. 1930년대 초만 하더라도 '강력한 규제 시스템과 통제 국가'가 발전하기 시작했다. 하지만 1980년대에 들어서면서 규제가 줄어들기 시작해 오늘날까지 탈규제 흐름이 이어지고 있다. 바칸은 이렇게 지적한다. "오늘날 정부 생각은 이렇습니다. '기업이라는 강력한 기구가 자기 일을 알아서 하도록 내버려두자. 기업이 스스로를 억제하기를 바라자. 어떤 식으로든지 낙수 효과가 생기고 전부 잘 돌아가겠지. 무엇보다 시장이 기업을 돌보아줄 테니 전부 괜찮아질 거야.' 근데 문제는 전혀 괜찮지 않다는 점이지요."

오늘날 기업은 스스로를 도덕적으로 억제할 능력을 가지고 있지 않다. 바칸은 이것이 매우 위험한 일이라고 말한다. 지난 30여 년 동안 정부와 기업 사이에는 '일종의 계약'이 있었다. 그 계약이란 정부가 기업에 개입을 줄일 테니 기업이 알아서 스스로를 억제하고 사회적 책임을 다하라는 약속이었다. 과거에는 공법이 있어서 기업으로 하여금 선을 지키도록 요구할 수 있었는데 이제는 개별 회사가 알아서 선을 지키기를 기대해야 한다는 뜻이다. 여러 기업들이 사회적 책임을 지겠다는 말을 하지만 말과 행동 사이에 괴리가 심한 실정이며 정부와 기업 간의 계약은 대중, 환경, 이해당사자 입장에서 결코 좋은 계약이 아니다.

기업의 이미지 메이킹과 대중 기만

델라웨어 주정부의 수석 재판관 레오 E. 스트린 주니어Leo E. Strine Jr.는 지속 가능한 경영 방식이 델라웨어 법을 잘못 이해한 결과이며 '임원들이 주주의 이익 이외의 이익을 촉진함으로써 올바른 일을 해야 한다고 주장하는 것은 무의미한 주장일 뿐만 아니라 사회 복지에 해로운 주장'이라고 기록한 바 있다.[4]

기업은 기업에 우호적이고, 기업을 비난하는 자들에게 적대적인 학술 환경을 조성하기 위해 자금을 투자한다. 예를 들어 주주의 이익에 기여해야 할 법적 의무가 있는 제약회사는 자연스럽게 대중이 과학을 인식하는 방식에 프레임을 만들며 '과학을 통제'하려고 애쓸 것이다.

실제로 기업의 홍보부서는 기업의 진정한 본성을 숨긴 채 기업이 '우리를 닮은 존재', 혹은 '좋은 이웃처럼 따뜻하고 포근한 존재'라는 이미지를 전달하기 위해 부단히 애써왔다. '미쉐린맨'이나 '맥도날드 아저씨' 같은 캐릭터가 딱 그런 이미지에 부합한다. 기업들은 스스로를 인류를 위해 봉사하는 선한 존재로 그려내기 위해 천문학적인 돈을 쏟아 부었다. 결과는 성공적이었다. 하지만 바칸은 단호하게 말한다. "기업들이 성공을 거둔 만큼 민주주의와 환경에는 재앙이 닥쳤습니다."

기업이 자신의 입장을 뒷받침하기 위해 어떤 식으로 정보를 조작할 수 있는지 잘 보여주는 사례가 엔브리지의 노던게이트웨이 송유관 사업이다. 엔브리지가 공개한 사업 계획 지도에는 더글러스해협에서 약 1,000제곱킬로미터에 달하는 섬들이 누락되어 있었다. 회사 측에서 제안한 유조선 경로가 덜 위험해 보이도록 만들기 위해서였다. 또한 엔브리지는 노던게이트웨이 송유관로가 '세계 정상급 안전 기준을 확보하고 환경에 최소한의 영향을 미치는 길'이라는 슬로건을 내세웠다. 또 다른 광고에서는 에메랄드 빛 물속을 보여주면서 이런 시를 내걸었다.

수많은 생명이 헤엄치는 끝없는 수영장
크고 작은 생명이 뛰노는 거대한 놀이터
그리고 세상 저편으로 향하는 아름다운 관문.[5]

바칸은 사회적 책임을 지려는 기업의 태도가 실제로 사회에 이로울 때도 있지만 대부분의 경우 기업의 진짜 속내를 숨기기 위한 형식적인 몸짓에 불과하다고 지적한다. 기업에는 아무런 윤리적 제약이 없기 때문에 외부에서 규제를 통해 제약을 가하는 수밖에 없다는 것이다.

나는 바칸에게 왜 대중이 기업에 더 많은 규제를 부과하도록 요구하지 않느냐고 물어보았다. 그에 대해 바칸은 이데올로기의 영향, 여론 조작, 광고료에 따라 움직이는 미디어, 비판적 사고 능력을 훈련시키지 않는 교육 시스템 등 우리 사회에서 지식이 구축되는 방식에 문제가 있기 때문이라고 지적한다. 이런 요인들 때문에 우리들은 시민으로서의 의무를 제대로 다하지 못하고 있다.

시장 체제에는 정부의 개입과 대중의 압력이 필요하다

선두적인 정치비평가이자 MIT 명예교수인 언어학자 겸 인지과학자 놈 촘스키Noam Chomsky의 시각에 따르면 정부와 사회 지도층은 대중의 인식이 높아지는 일을 위협으로 느낀다. 그들의 주된 관심사, 즉 단기간 내에 부유층을 배불리는 일이 간섭받기 때문이다. 예컨대 석유회사 간부의 경우 개인적으로는 온실가스 배출이나 서식지 감소 문제를 염려할지도 모른다. 하지만 그렇다고 자신의 조직 세계에서 그런 염려를 표출하거나 기업인으로서의 역할을 내려놓을 수는 없다. 이에 대해 촘스키는 그들이 '개인이 아니라 기업'으로서 존재하기 때문에 '정말 심각한 문제'라고 평했다.

촘스키는 문제의 근원이 정부에 있다고 말한다. "정부가 우리를 위한 정부가 아닙니다. 국민을 위한 정부가 아니에요. 오히려 어마어마한 부자들, 기업과 자산가를 위한 정부지요. …… 그러니 정부가 부자들에게만 좋은 일을 하는 겁니다." 촘스키의 설명에 따르면 대기업은 단기적인 수익에만 관심이 있지 '외부 효과externality(시장 거래에 포함되지 않는 외적 결과)'에는 거의 관심이 없다. 다시 말해 대기업은 자기 이익에만 관심이 있으며 모두에게 이익을 가져오는 거래에는 관심이 없다. 예를 들어 자동차를 제조하거나 판매하는 회사는 환경 오염, 교통 혼잡, 교통사고로 인한 부상 등을 걱정하지 않는다.

촘스키는 2008년 경제 위기만큼 기업이 외부 효과를 얼마나 무시하는지 잘 보여주는 사례가 없다며 "경제 위기가 터진 계기는 골드만삭스, 제이피모건체이스, 바클레이즈 같은 기업들이 단기간에 최대한의 이익을 얻기 위해 주택 시장에서 사기나 다름없는 거래를 일삼았기 때문"이라고 말한다.

기업들이 저지른 거대한 실책은 '시스템적 위기systemic risk'를 초래하고 말았다. 회사 하나가 위험에 빠지는 순간 위험이 곳곳으로 퍼져 시스템 전체가 무너진 것이다. 하지만 금융 세계에서는 시스템적 위기가 닥치더라도 기업들은 살아남는다. 대중이 긴급 구제를 허락할 수 있기 때문이다. 파산하거나 붕괴되었어야 할 AIG, 골드만삭스가 그렇게 살아남았다. 하지만 지구의 자연 환경이라면 이야기가 다르다. 위험 부담이 너무 크다. 그럼에도 엑슨모빌 임원들이나 상공회의소 간부들은 단기적인 이익을 얻는 데만 초점을 맞추고 있으며 외부 효과를 무시하고 있다. 촘스키의 말대로 '이번에는 아무도 긴급구제를 해줄 수 없을 것'이다.

촘스키는 시장 체제가 구조적으로 '치명적인 재앙'을 초래할 수밖에 없다고 경고한다. 이를 극복하려면 이론상으로는 규제 마련, 정부의 개입, 대중의 압력이 필요하다. 문제는 이 모든 것이 정치적 민주주의를 요구한다는 점이다. 하지만 시장 체제에 따라 자본이 불평등하게 분배되는 경우 뒤따르는 결과 한 가지가 바로 민주주의의 약화다.

미국 대중은 기후변화에 대처하기 위해 기꺼이 지출을 높이고 노력을 들이고자 하는 편이다. 하지만 이는 중요한 문제가 아니다. 정말 중요한 건 '돈과 힘을 가진 자들이 어떻게 생각하는가'다. 그리고 그들이 대중의 선택을 환영하지 않는다는 사실은 꽤 분명해 보인다. 미국 상공회의소를 비롯한 기업 친화적인 압력 단체들은 인류가 기후변화를 초래했다는 대중의 인식을 약화시키기 위해 갖은 노력을 펼치고 있다. 촘스키는 한 예로 미국 내 입법 프로그램을 제안하는 단체인 미국입법교류회의ALEC: American Legislative Exchange Council를 지목했다. 미국입법교류회의는 최근 '균형 잡힌 교육balanced teaching'이라는 학업 프로그램을 공개했다.[6] 이름은 좋아 보이지만 사실 이 프로그램의 취지는 학생들에게 기후변화가 실재한다는 '정보'를 가르쳤다면 기후변화를 부정하는 '정보' 역시 가르침으로써 교육의 균형을 잡아야 한다는 것이다. 물론 기후변화를 부정하는 정보는 엑슨모빌로부터 제공받는다. 이에 대해 촘스키는 이렇게 평한다. "마치 전체주의 국가 같아요. 가능한 한 대중을 무지하고 어리석은 상태로 유지하겠다는 겁니다. 물론 기업 친화적인 압력 단체 입장에서는 당연히 해야 할 일이겠지만요."

나는 촘스키에게 "요즘은 캐나다 석유회사들이 미국인들에게 중동지역보다 캐나다에서 나는 석유가 더 '윤리적'이라며 자기네 석유를 사라고 권한다"고 말했다. 보통 이런 메시지는 캐나다가 아니라 미국 석유협회나 미국 상공회의소로부터 들을 법한 이야기였기 때문에 나 역시 이 이야기를 들었을 때 무척 놀랐다. 촘스키는 최근 캐나다 역시 품위 있는 특성들을 많이 잃어버렸다며 이렇게 대답했다. "과거에 캐나다는 비교적 관용이 넘치는 열린 사회였습니다. 미국에 비하면 덜 폭력적인 사회였지요. 물론 범죄야 많았지만 미국에 비하면 온건하고 인간적인 편이었습니다. …… 하지만 최근 몇 년 사이에 달라졌습니다."

촘스키는 이런 변화가 발생한 이유 중 하나가 북미자유무역협정 NAFTA: North America Free Trade Agreement 때문이라고 생각했다. 북미자유무역협정은 캐나다와 미국 사회를 경제적 면에서 유사하게 만들었으며 양국 모두에서 일반 대중을 희생하는 대가로 기업의 힘을 증대시켰다. 촘스키는 또 다른 이유로 캐나다의 정책들이 보수적으로 변하고 있다는 사실을 지적했다. 캐나다는 국제 문제 등 여러 문제를 다루는 면에서 이전과는 많이 달라졌다.

촘스키는 캐나다와 미국 모두 광장이 심각하게 오염된 상태라고 보았다. "만약 상대방 주장에 대답할 수 없으면 빽 소리를 지르지요. 기업끼리 소통할 때도, 나라끼리 소통할 때도 그런 식입니다. '일단 고함을 치자. 상대를 욕하고 헐뜯자. 상대가 하는 주장의 가치를 떨어뜨릴 수 있는 일이라면 무엇이든 하자.' 하지만 노예제 문제에서든 인권 문제에서든 환경 문제에서든 우리를 문제로부터 한 번에 벗어나게 해주는 마법의 열쇠 같은 건 존재하지 않습니다. 길고도 험난한 싸움이 될 거예요."

기업의 시스템적 문제

조엘 바칸은 기업에 구조적인 결함이 있기는 하지만 변화가 가능하다고 믿는다. 궁극적으로 해결책은 우리 시민에게서 나와야 한다. 우리는 우리가 민주 사회의 시민으로서 현 상황에 대책을 제시할 권리와 의무를 가지고 있다고 느껴야 한다. 이는 무척 중요한 사실이며 내가 이 책을 쓰고 있는 이유이기도 하다. 우리는 우리가 어떤 시스템을 만들어내고 있는지, 프로파간다가 어떻게 작동하는지, 광장이 어떻게 오염되고 있는지 등의 지식을 갖추어야 한다.

그렇다고 기업인을 악의 축으로 생각하는 것은 잘못된 판단이다. 우리는 좋은 동기로 기업을 만들었다. 다리, 철로, 공항 같은 인프라를 설립하기 위해 막대한 자본을 모으려면 기업이 반드시 필요하다. 하지만 동시에 우리는 기업이 주주 가치를 창출하는 데 목을 매도록 만들었다. 또한 대처Margaret Thatcher와 레이건Ronald Reagan을 기점으로 시작된 규제 반대 운동의 여파로 수많은 균형 장치와 규제 장치를 제거하고 말았다. 결과적으로 기업 CEO는 반드시 주주를 위해 돈을 벌어야 할 책임을 지게 되었다. 만약 그러지 못할 경우 경제적으로는 물론 법적으로까지 심각한 어려움에 처할 수 있다.

물론 일부 대기업 총수 자리에는 실제로 탐욕스러운 사이코패스가 앉아 있을지도 모른다. 하지만 기업에는 그보다 훨씬 더 근원적이고 시스템적인 문제가 존재한다. 여러 법적 기구들이 기업의 병리적인 특성을 부추기는 가운데 점점 규제가 완화되고 기업이 무소불위의 힘을 갖게 될수록 기업은 때때로 사회와 환경에 해악을 끼치면서까지 주주의 이익을 우선시할 수밖에 없다. 담배가 암을 유발한다거나 석유가 기후를 변화시킨다는 등 상품에 문제가 발생해 기업이 영업 위기를 맞게 되면, 기업은 당연히 프로파간다를 활용하는 데 능숙해질 수밖에 없다.

그 결과 공적 담론은 한층 더 오염되고 광장에는 대중을 혼란시키는 PR과 광고가 쏟아져 나온다. 이런 일이 끊임없이 벌어지는 이유는 기업 총수들이 사악해서가 아니라 막강한 자금을 가진 대기업이 시스템적으로 그렇게 움직일 수밖에 없기 때문이다. 우리는 기업에 자기 조절을 허락함으로써 주주의 이익을 위해서라면 기업이 광장을 (물리적으로든 개념적으로든) 오염시키는 일마저 책임으로 느끼도록 만들고 말았다. 기업에는 여론을 조작하고 대중의 인식을 흩뜨려야 할 유인이 존재한다. 만약 그러지 않아서 사업이 잘못되면 주주들이 형편없는 주식 가격에 분노할 것이며 회사는 운영권을 박탈당할지도 모르기 때문이다.

　대기업은 여론에 영향을 미치고 실적을 올리기 위해 광고에 어마어마한 돈을 투자한다. 다음 장에서는 이런 무시무시한 작업이 정치라는 영역에 적용될 때 어떤 일이 벌어지는지 그리고 소셜미디어 감시 기술을 탑재한 알고리즘이 전 세계 유권자들의 투표 행사에 어떤 영향을 미칠 수 있는지 살펴볼 것이다.

소셜미디어와
디지털 프로파간다

|

캐럴 캐드왈러더

비극적이게도 우리는 고작 사람들이 광고를 클릭하게 만들겠다고 권위주의적인
감시망을 만들어내고 있다.

• 제이넵 투펙치(Zeynep Tufekci)

구글의 알고리즘을 이용한 여론 조작

2016년 12월 어느 일요일 밤, 영국의 탐사 기자이자 특집기사 전문 기
고가인 캐럴 캐드왈러더Carole Cadwalladr는 구글 검색창에 '홀로코스트
는Did the Hol'이라고 타자를 쳤다.[1] 캐드왈러더는 예상 검색어에 '홀로
코스트는 허구Did the Holocaust happen?'라는 항목이 불쑥 튀어나오는 것
을 보고는 깜짝 놀랐다.

  검색어를 누르자 훨씬 더 충격적인 광경이 이어졌다. 검색 결과 상단
에는 네오나치 및 백인우월주의 사이트인 스톰프론트 링크와 '홀로코

스트가 허구인 열 가지 이유'라는 헤드라인의 기사 링크가 나왔다. 캐드월러더는 다음으로 '유대인은Are Jews'이라고 입력해보았다. 그러자 예상 검색어로 '유대인은 사악한가?Are Jews evil?'라는 항목이 나왔다. 충격을 받았지만 호기심도 생겨서 검색어를 클릭했더니 검색 결과 첫 페이지 목록 열 가지 항목 중 아홉 가지가 유대인은 사악하다고 단정을 짓는 기사였다. 캐드월러더는 이후로도 계속 검색을 하면서 여성과 무슬림이 사악한 존재이며 히틀러가 착한 사람이었다는 내용의 이야기를 확인하게 되었다.

다음 날 아침, 캐드월러더는 구글에 연락해 무슨 일이 있었는지를 설명하며 수정을 요구했지만 구글은 수정하기를 거부했다. "세상에 혐오 조직이 존재한다는 사실이 슬프기는 하지만 검색 결과 창에 그런 사이트가 나온다고 해서 구글이 그 입장을 지지한다는 뜻은 아니기 때문에 수정할 수 없다"는 것이었다.

실망한 캐드월러더는 자신이 '지극히 무책임'하다고 생각한 점을 기사로 썼으며 구글이 문제가 되는 기사들을 삭제하기를 거부했다고 언급했다. 기사를 본 KKKKu Klux Klan(백인우월주의를 내세우는 미국의 극우비밀결사—옮긴이) 전 지도자 데이비드 듀크David Duke는 기뻐하면서 트위터에 구글의 결정을 지지한다는 글을 올렸다. 짜증이 치민 캐드월러더는 직접 24.01파운드를 지불해 검색 결과 창 상단에 '홀로코스트는 실제로 일어났습니다'라는 헤드라인의 구글 광고를 내걸었다. 수많은 저명한 출판물에 캐드월러더의 기사가 실린 뒤에야 구글 대변인은 마침내 사과하면서 다음과 같이 말했다. "분명 저희도 실수를 합니다. 하지만 알고리즘을 개선하기 위해 지속적으로 노력하고 있다는 점을 알아주세요."

캐드왈러더는 《가디언Guardian》과 《옵서버Observer》에 계속 기사를 투고했다. 구글이 평범한 플랫폼이 아니라 '우리가 세상을 바라보는 방식을 틀 잡고 왜곡하는' 매체라는 사실을 알리기 위해서였다. 극단주의 사이트들은 자신들의 프로파간다를 퍼뜨리기 위해 구글이라는 검색엔진을 '갖고 놀고' 있었다.

케임브리지 애널리티카 스캔들

캐드왈러더는 후속 기사를 쓰기 위해 노스캐롤라이나 엘튼 대학교의 커뮤니케이션학 조교수인 조너선 알브라이트Jonathan Albright를 인터뷰했다. 알브라이트는 극우 사이트들이 구글의 알고리즘을 간파했다고 확신한다. 캐드왈러더는 알브라이트를 통해 처음으로 케임브리지 애널리티카CA: Cambridge Analytica라는 회사의 존재를 알게 되었다. 알브라이트는 케임브리지 애널리티카가 우파 프로파간다를 생성해내는 핵심 기구라고 지적했다. 인터뷰 후에 캐드왈러더는 케임브리지 애널리티카 스캔들을 샅샅이 조사하기 시작했다. 케임브리지 애널리티카 스캔들은 페이스북 유저 수천만 명의 개인정보를 캐내 크나큰 공분을 자아낸 사건이었다.

이 막대한 개인정보 침해 사건은 그 자체로는 빙산의 일각에 불과했다. 훨씬 더 큰 문제는 유출된 데이터가 선거와 여론을 조작하기 위해 활용되었다는 사실이다. 유출된 개인정보는 도널드 트럼프가 대선을 승리하고 리브닷EULeave. EU가 브렉시트 국민투표를 승리한 데에도 기여했다. 광장의 오염이 심각해지는 이유를 이해하기 위해서는 케임브리지 애널리티카 같은 정치 자문회사가 어떤 위협을 제기하고 있는지 그리고 페이스북이나 구글 같은 소셜미디어가 분열을 부추기는 극단적인 프로파간다를 퍼뜨리는 데 일조하는 경우 어떤 해악이 발생하는지 알아차리는 것이 급선무다.

2018년 초 케임브리지 애널리티카에서 리서치 담당관으로 일했던 캐나다 청년 크리스 와일리Chris Wylie가 내부고발자로서 캐드월러더에게 연락을 취하면서 일반 대중 역시 케임브리지 애널리티카의 은밀한 정보 공작을 제대로 이해하기 시작했다. 케임브리지 애널리티카의 지분은 상당 부분 미국의 억만장자 헤지펀드 매니저 로버트 머서Robert Mercer가 소유하고 있다. 트럼프 대통령의 수석전략가인 스티브 배넌Steve Bannon이 바로 케임브리지 애널리티카의 부회장이었으며 머서와도 여러 해에 걸쳐 다양한 프로젝트를 함께 수행했다. 배넌이 가는 곳에는 늘 머서의 돈이 따라다녔다. 예컨대 머서가 트럼프의 대선 운동을 재정적으로 지원하기 시작하면 배넌이 트럼프의 선거 참모로 임명되는 식이었다.

머서는 극우 성향의 인터넷 언론사 브라이트바트 뉴스 네트워크Breitbart News Network의 공동 소유자이기도 하다. 배넌 역시 브라이트바트의 창립 멤버였으며 회장을 맡기도 했다. 브라이트바트는 여러 비평가들로부터 인종 차별을 하고 외국인을 차별하며 여성을 혐오하는 사이트라고 비판받고 있으며 온갖 음모론과 가짜뉴스의 근원지로 널리 알려져 있다. 배넌은 머서로 하여금 SCL일렉션SCL Elections을 사들이라고 독려하기도 했다. SCL일렉션의 자회사가 바로 배넌이 만든 케임브리지 애널리티카다.

와일리가 배넌을 처음 만난 건 2013년이었다. 당시 배넌은 브라이트바트의 편집장으로 일하고 있었다. 둘은 페이스북 프로필을 이용해 사람들의 심리 성향을 파악하는 방법에 관해 대화를 나누었다. 이후 2014년부터 와일리는 케임브리지 애널리티카에서 일하게 되었다.

그로부터 4년 뒤 케임브리지 애널리티카에 환멸을 느낀 와일리는 캐드월러더에게 케임브리지 애널리티카의 내막을 밝히는 기밀문서를 넘겨주었다. 와일리의 설명에 따르면 케임브리지 애널리티카는 페이스북으로부터 개인정보를 수집한 뒤 데이터를 신중히 제작한 설문과 취합해 부동층 유권자들의 성격 특성과 감정적 도화선을 파악하는 데 이용했다. 또한 케임브리지 애널리티카는 사람들의 성격과 정치 성향을 예측하기 위해 수백 가지에 달하는 알고리즘을 제작했다. 이런 심리통계학적 분석 덕분에 케임브리지 애널리티카는 사람들의 성격, 가치관, 감성에 호소할 수 있는 방식으로 내러티브, 메시지, 광고를 다듬을 수 있었다.

케임브리지 애널리티카는 영국 리브닷EU 캠페인은 물론 미국 대선에도 개입했다는 의혹으로 인해 현재 양쪽 대륙 모두에서 범죄 수사의 대상이 되었다. 미국에서는 전 FBI 국장이자 변호사인 로버트 뮬러Robert Mueller가, 영국에서는 정보위원회Information Commissioner's Office 소속인 엘리자베스 데넘Elizabeth Denham이 수사를 지휘했으며 둘 사이에 공조도 이루어졌다.

2017년 5월 데넘은 데이터 분석 정보를 정치적 목적으로 이용한 이 사건을 정식으로 수사하기 시작했다. 특히 영국 브렉시트 국민투표에서 정치 광고를 조작하기 위해 개인정보를 오용한 사례를 집중적으로 조사했다. 데넘이 맡은 수사는 어떤 정보보호 기관이 실시한 수사 사건보다 규모가 컸다. 수사망에는 소셜미디어 플랫폼, 정보 브로커, 정보 분석 회사, 학술 기관, 정당, 선거 운동 단체 등이 모두 포함되었다. 수사팀은 증인 71명을 인터뷰하고 30개 기관의 관행을 조사하며 데이터 700테라바이트(종이로 치면 520억 장에 달하는 정보량)를 검토해야 했다.

케임브리지 애널리티카가 전 세계 페이스북 유저들과 그 지인들까지 총 8,700만 명에 달하는 사람들의 개인정보를 수집했다는 증거가 나타남에 따라 페이스북과 케임브리지 애널리티카가 수사의 주된 표적으로 자리 잡았다. 데넘의 중간보고에 따르면 케임브리지 애널리티카의 모회사이자 수십 년에 걸쳐 허위 군사 정보를 퍼뜨리고 선거에 개입한 SLC일렉션을 상대로도 범죄 기소가 진행될 예정이다.[2]

빅데이터를 활용한 정치 활동을 경계하라

데넘의 보좌관인 제임스 디플존스턴James Dipple-Johnstone 역시 '트럼프 대선 운동의 중심에 있었던 회사'인 케임브리지 애널리티카와 '러시아 정부의 허위 정보 공작' 사이에 직접적인 연관성이 있음을 드러내는 잠재적인 증거가 존재한다고 지적했다.[3]

정보위원회는 페이스북을 강하게 비판했으며 사용자 정보를 보호하는 데 실패했다는 명목으로 페이스북에 최대치의 벌금인 50만 파운드

를 부과했다. 데넘은 이 정보 남용 사건이 중범죄에 해당함을 분명히
밝혔다.

> 페이스북은 사용자들에게 그들이 어떤 식으로 특정 정당이나 캠페인의 표적이
> 될 수 있는지 충분히 투명하게 밝혀주지 않았다. ······ 우리는 갈림길에 놓여 있
> 다. 민주주의 절차가 충실히 이행되고 있다는 믿음이 무너질지도 모르는 위험
> 한 상황이다.
> 데이터 분석을 활용해 특정 유권자 집단을 공략하는 새로운 기술 덕분에 선거
> 운동 단체들은 개별 유권자를 면밀히 파악할 수 있는 능력을 갖추게 되었다. 투
> 명성, 공정성, 합법성을 해치면서까지 이런 일이 자행되어서는 안 된다. ······ 벌
> 금을 매기고 기소를 하면 악당들을 처벌할 수는 있겠지만 내 진짜 목표는 민주
> 주의 시스템을 향한 신뢰를 회복하는 일이다.[4]

데넘은 2018년 11월 6일자로 영국 의회에 제출한 보고서에서 "정보
위원회는 수많은 사법 기관이 불순한 디지털 기술을 마주하여 근본적
인 민주주의 원칙을 지키기 위해 애쓰고 있다"라고 진술했다. 또한 데
넘은 우리가 '선거 과정의 진실성을 보존'하고 싶다면 선거 개입에 맞
설 법안과 수단을 마련할 필요가 있다고 경고했다.[5]

데넘은 보고서에 이렇게 기록했다. "국회의원들과 기자들과 시민들
은 투명성이 민주주의의 초석이라는 사실을 알아차리게 되었다. ······
우리는 영국 국민투표나 미국 대선에서 유권자가 부지불식간에 특정
방식으로 투표하도록 영향을 받았는지 여부를 밝혀내지 못할지도 모
른다. 하지만 우리는 민주주의 과정에 참여한 여러 참가자들에 의해 개

인 사생활을 보호할 권리가 침해받았다는 사실과 디지털 선거 환경에 개혁이 필요하다는 사실을 이해하게 되었다."[6]

높은 수준의 투명성이 확보되지 않는다면, 그리하여 시민들이 자신의 정보가 적합하게 사용되고 있다는 신뢰를 가질 수 없게 된다면 우리는 자연스럽게 '유권자 감시 시스템'을 발전시키게 될지도 모른다.[7] 데넘의 수사는 유권자들의 개인정보가 충격적일 만큼 함부로 다뤄지고 있다는 사실은 물론 표석에 맞는 정치적 메시지를 전달하기 위해 무대 뒤편에서 점점 정교한 마케팅 기술이 활용되고 개인정보가 남용되고 있다는 사실을 밝혀냈다.

보고서에 따르면 정보위원회는 벌금형을 결정했으며 기업들이 법에 순응하도록 명령하는 위반 통고를 보냈다. 또한 형사 소송 절차를 실시하게 했으며 다른 규제 기관과 법 집행 기관에도 이번 사안을 참조하도록 권고했다. 정보위원회는 이렇게 결론지었다. "전 세계의 정보보호 기관은 빅데이터를 활용한 정치 활동을 감시하고 시민들에게 자신들의 권리를 주지시키기 위해 다른 관련 규제 기관 및 사법 기관과 공조해 법을 최대한 활용해야 한다."[8]

데넘은 이것은 전 세계적인 문제이며, 따라서 세계적인 규모의 해결책이 필요하다고 말한다.[9] 케임브리지 애널리티카 스캔들은 평범한 정치적 부정행위에 불과한 사건이 아니었다. 그보다 훨씬 어두운 문제였다. 이 개인정보 침해 사건은 미국과 유럽 양쪽 모두에서 시민들의 정치적 신념을 감시하고 조작하려는 공작이 이루어지고 있음을 증명했다.

빅데이터와 알고리즘을 활용한 디지털 프로파간다

캐드월러더는 《가디언》과 《옵서버》에 계속해서 대대적인 기사를 내보내 은밀한 디지털 정보 공작 행위가 어떤 식으로 자행되고 있는지 알리고자 했다. 한편 내부고발자 크리스 와일리는 이번 사건에서 자신이 맡은 역할의 윤리성을 의심하기 시작한 이후로 줄곧 스스로를 배넌의 '심리전 앞잡이'라고 묘사했다. 와일리는 배넌이 문화 전쟁을 치르기 위해 고안한 인간 무기였던 셈이다.

캐드월러더는 자신이 조사한 사건 중 케임브리지 애널리티카 스캔들만큼 '기이한' 사건이 없었다며 케임브리지 애널리티카 스캔들을 '우리 시대의 가장 중대하고도 위협적인 정치 스캔들'이라고 표현했다. 여타 기자들과 달리 캐드월러더는 복잡한 디지털 프로파간다의 세계가 어떤 식으로 돌아가고 있는지 그리고 사회과학자들이나 페이스북 같은 기술계 거물들이 어떻게 그 세계에 조력하고 있는지를 간파하고 있었다. 그녀는 현재 브렉시트, 트럼프, 러시아, 페이스북 사이의 연결고리를 밝혀낸 《옵서버》, 《가디언》, 《뉴욕타임스New York Times》 기자 팀의 일원으로 활동하고 있다.

와일리는 이 모든 시스템을 처음으로 구상한 뒤 페이스북 데이터, 심리학 지식, 마이크로타기팅 기술(유권자의 개인정보를 파악하여 그에 따라 맞춤형 선거 캠페인을 벌이는 기술─옮긴이)을 활용하는 '선전 기구'를 개발한 데이터학자였다. 와일리는 영국 언론에 케임브리지 애널리티카가 페이스북 프로필을 부당하게 이용했다고 고발했으며 프로필을 수집한 인물이 케임브리지 대학교의 심리학 강사이자 데이터학자인 알렉산더

코건Aleksandr Kogan임을 밝혔다. 코건은 러시아의 상트페테르부르크 대학교와도 제휴를 맺고 있으며 러시아 이익 단체의 자문가로 활동하기도 했다.

코건은 페이스북에서 온라인 성격 테스트 앱을 개발했으며 케임브리지 애널리티카는 테스트에 참여하는 사람들에게 돈을 지불했다. 약 27만 명이 앱을 다운로드했으며 케임브리지 애널리티카는 다운로드한 사람들의 페이스북 계정뿐만 아니라 친구들의 페이스북 계정까지 접근할 수 있었다. 최종적으로 개인정보가 유출된 사람은 8,700만 명에 달하며 일부 전문가들은 수치를 더 높게 잡기도 한다. 페이스북은 실제로 계정 접근이 발생했다고 인정하면서 코건이 케임브리지 애널리티카와 협업한 것이 학술 계약 위반에 해당한다고 밝혔다.

케임브리지 애널리티카 스캔들에서 많은 사람들이 간과하는 중요한 사실 하나는 방대한 개인정보 표본이 지닌 막대한 가치다. 사람들은 주로 누가 테스트에 참여했는지 그리고 누가 개인정보를 침해당했는지에 집중하지만 정말로 중요한 점은 표본의 양이 전체 인구를 대표할 만큼 막대했다는 사실이다. 연구원들은 바로 그 표본을 사용해 전체 미국인의 동향을 파악할 수 있었다.

와일리는 자신이 구상한 아이디어가 사악한 방식으로 이용되었다는 사실에 깊은 유감을 표했다. 캐드월러더와의 인터뷰에서 와일리는 어떻게 케임브리지 애널리티카의 '종합 선전 기구'가 모습을 갖추게 되었는지 설명했다. "우리는 수천만 명의 프로필을 확보한 뒤에, 사람들에 관해 알게 된 점을 이용해 그들 내면의 악마를 겨냥할 수 있는 알고리즘을 설계했습니다. 회사 자체가 바로 그런 아이디어를 근간으로 세워졌다고 보시면 됩니다."[10]

케임브리지 애널리티카는 가치관, 의견, 태도, 흥미, 열망, 생활방식 등 방대한 양의 개인정보를 정리한 다음 최신 심리학 지식을 활용해 사람들의 성격 유형을 결정했다. 이런 식으로 심리 분석을 마치고 나면 최종적으로 그 정보를 마이크로타기팅 기술과 결합시켰다.

와일리는 이를 두고 '극도로 비윤리적인 실험'이었다고 고백한다. 케임브리지 애널리티카는 사람들이 '민주적인 절차에 따라 동의하지도 자각하지도 못한' 상황에서 온 국민의 심리를 가지고 놀았다. 와일리는 케임브리지 애널리티카가 민주주의를 훼손했다는 사실에 의심의 여지가 없다고 증언했다. 실제로 케임브리지 애널리티카의 CEO 알렉산더 닉스Alexander Nix는 영국 〈채널4 뉴스Channel 4 News〉 위장 취재팀 앞에서 이렇게 말했다. "섬뜩한 말이기는 하지만 우리가 흘리는 정보가 꼭 사실일 필요는 없지. 사람들이 믿게만 만들면 되니까."[11] 자신들이 사람들의 정신과 현실을 함부로 조종했다는 사실을 인정한 셈이다.

리브닷EU의 홍보국장 앤디 위그모어Andy Wigmore는 브렉시트 국민투표 캠페인 기간에 리브닷EU의 주력 목표가 유권자들 사이에 반이민자 정서를 부추기는 것이었다고 시인했다. 위그모어는 에섹스 대학교 언론학 조교수인 에마 브라이언트Emma Briant와 인터뷰를 하는 도중에 이 같은 사실을 인정했다.[12]

와일리가 캐드월러더에게 증언한 내용에 따르면 케임브리지 애널리티카는 사람들이 어떤 종류의 화제나 내용을 좋아하는지는 물론 어떤 종류의 메시지 전달 방식을 선호하는지도 예측할 수 있었다. 어떤 감정적 도화선을 건드려야 사람들의 생각을 바꿀 수 있는지 파악하고 있었던 것이다.[13] 케임브리지 애널리티카는 각 사람이 반응을 나타낼 만한 형태로 콘텐츠를 제작해 인터넷에 뿌리기 위해 데이터학자, 심리학자, 사상가, 예술가 등 여러 분야의 전문가들로 구성된 팀을 동원했다.

알렉산더 닉스가 이 같은 사실을 시인하는 모습을 영국 〈채널4 뉴스〉가 은밀히 녹화한 영상에서 확인할 수 있다. "우리는 그저 인터넷이라는 혈류 속에 정보를 주입하기만 하면 되었어. 그런 다음 정보가 자라나는 모습을 지켜보면서 제대로 형태를 갖출 때까지 이따금 압박을 가하면 그만이었지."[14] 뒤이어 닉스는 자신들이 퍼뜨린 메시지가 온라인 커뮤니티에 스며들 때면 '흔적'을 남기지 않기 때문에 추적이 불가능하다고 자신했다. 케임브리지 애널리티카는 종종 자선 단체나 시민 단체로 위장해 흔적을 남기지 않은 채 온라인 커뮤니티를 '감염'시키고는 했다.

케임브리지 애널리티카는 광장에서 공개적으로 의사소통을 나누는 대신 음지에서 메시지를 전달함으로써 사람들이 서로 이야기를 공유할 가능성을 가로막았다. 사실상 케임브리지 애널리티카는 유권자의 귀에 해당 유권자를 겨냥해 작성한 메시지를 나지막이 속삭인 것이나 다름없었다.

케임브리지 애널리티카 스캔들을 여러 달에 걸쳐 조사한 뒤에 캐드 월러더는 우리가 사회를 분열시킬 위기에 처해 있다고 결론지었다. 사회 구성원들이 경험이나 이해를 공유하지 못하게 되었기 때문이다. 구성원들이 담론을 공유하지 못하는데 사회가 어떻게 올바로 기능할 수 있을까?

이는 비단 케임브리지 애널리티카 스캔들에만 해당하는 문제가 아니다. 대중을 설득하기보다는 조종하려는 부패한 형태의 레토릭이 널리 퍼져 있기 때문이다. 컴퓨터공학자이자 철학자인 재런 러니어Jaron Lanier 역시 케임브리지 애널리티카 스캔들이 최악의 사건으로 그치지 않으리라고 확신한다.[15] 애초에 페이스북의 알고리즘과 사업 모델 자체가 대중을 조종하려는 의도로 설계되었기 때문이다. 페이스북과 구글의 알고리즘은 사람들을 조종하기 위해 지속적으로 사람들을 감시하고 있다. 이런 기구들이 소셜미디어를 움직이는 한 악당들은 계속해서 똑같은 짓을 저지를 방법을 찾아내고 말 것이다.

케임브리지 애널리티카의 마이크로타기팅 전략

페이스북이나 구글 같은 플랫폼이 그런 기술을 활용한 이유는 본래 판매를 촉진하고 광고주를 기쁘게 만들기 위해서였다. 하지만 안타깝게도, 대중에게 추악한 정치적 메시지를 퍼뜨리기를 원하는 케임브리지 애널리티카 같은 회사들은 바로 그 동일한 기술을 이용해 사람들의 구매력을 조종하는 데에서 더 나아가 사람들의 정치적 신념까지 효과적으로 조종할 수 있다는 사실을 깨달았다. 물론 구글과 페이스북은 무료로 이용 가능하지만 사이트상에는 온갖 광고들이 가득 차 있다. 알고리즘이 점차 발전함에 따라 광고는 더 이상 평범한 광고가 아니라 사람들의 행동을 교정하는 장치로 기능하고 있다. 설령 구글이나 페이스북이 대중의 정보를 보호하기 위해 알고리즘을 개선한다고 하더라도 알고리즘이 존재하는 한 악당들은 계속해서 사악한 목적으로 알고리즘의 조작력을 이용할 방법을 찾아내고 말 것이다. 이는 알고리즘 전문가인 재런 러니어가 보증하는 사실이다. 러니어는 실리콘밸리의 터줏대감 같은 인물이자 가상현실 기술의 아버지라 불리기도 한다.

러니어는 페이스북과 구글이 광고와 콘텐츠를 제공하기 위해 끊임없이 감시와 행동 교정을 일삼은 결과 우리 사회가 한층 더 어두워졌다고 주장한다. 그들이 제작한 알고리즘 때문에 민주주의 절차가 너무나 왜곡된 나머지 더 이상 우리가 치르는 선거가 현실인지 확신하기조차 어려워졌다.

가장 큰 문제 중 하나는 페이스북 광고가 TV 광고와는 다르다는 점이다. TV는 시청자를 볼 수 없지만 페이스북 광고 알고리즘은 사람들을 감시할 수 있다. 페이스북은 알고리즘을 통해 우리 관심사를 파악하며 파악한 정보를 바탕으로 우리를 조종하거나 다음에 어떤 콘텐츠를 내보낼지 결정한다. 또한 TV 광고의 경우 시청자 모두가 집단적인 경험을 공유할 수 있는 반면 페이스북을 비롯한 온라인 광고의 경우 소수의 유권자, 심지어 단 한 명의 유권자를 표적으로 삼을 수 있다.

킹스칼리지 런던의 마틴 무어Martin Moore가 캐드월러더에게 설명한 바에 따르면 케임브리지 애널리티카는 하루에 광고를 5만 가지 버전으로 내보낼 수 있으며 그때마다 반응을 측정해 광고를 맞춤형으로 개선할 수 있다. 이런 활동은 특정 지역을 중심으로 은밀하게 진행될 수 있으며 케임브리지 애널리티카는 이를 마이크로타기팅 기법이라고 부른다.[16]

이것은 심각한 문제다. 유권자들이 어떤 광고나 뉴스 콘텐츠를 보게 될지 전혀 알 수 없기 때문이다. 모두가 동일한 정보를 접하는 경우라면 설령 잘못된 정보라고 할지라도 프로파간다에 대응해 맞서 싸울 기회라도 있다. 하지만 마이크로타기팅 기술은 애초에 대화의 기회 자체를 차단한다. 궁극적으로 인간 존엄성과 주체성의 기반을 약화시킨다.

소셜미디어의 알고리즘은 더 자극적인 것을 우선순위로 노출한다

페이스북이나 구글을 이용할 때면 우리는 알고리즘의 감시를 받는다. 알고리즘은 끊임없이 우리가 어떤 사람인지 추정하면서 다음에 어떤 콘텐츠를 보여줄지 결정한다. 이 작업은 이용자의 생각이나 행동에 변화를 가져올 무언가를 발견할 때까지 지속된다. 물론 이용자는 이런 일이 벌어지고 있는 줄 알아차리지도 못한다.

러니어의 설명에 따르면 알고리즘은 이용자로부터 '즉각적인 반응'을 이끌어내고자 한다. '놀라거나 겁을 먹거나 화가 나는 것과 같은 부정적인 반응'이 여기에 속한다. '신뢰가 쌓이거나 기분이 좋아지는 것 같은 긍정적인 반응'은 비교적 느리게 나타난다. 따라서 알고리즘은 자연스럽게 부정적인 반응을 포착해 증폭하고자 하며 부정적인 사람들을 서로에게 소개해준다.[17] 예컨대 알고리즘은 '아랍의 봄'이라는 단어를 사용할 때보다 'ISIS'라는 단어를 사용할 때 사람들이 더 적극적인 참여와 반응을 나타낸다는 사실을 파악할 수 있었다.

러니어는 이렇게 말한다. "점진적으로 축적되는 인간의 행동 대신 인간의 충동을 빠르게 측정하고자 한다면 부정성이 증폭될 수밖에 없다. 사람들을 교육할 때보다 사람들을 짜증나게 할 때 더 적극적인 반응이 나타난다."

기술사회학자 제이넵 투펙치 역시 유튜브에 똑같은 위험이 도사리고 있다며 정확히 동일한 문제를 지적한다. 투펙치의 설명에 따르면 유튜브는 시청자의 관심을 붙잡기 위해 부정성을 강화하는 방식으로 작동한다.[18] 2016년 미국 대선 기간 동안 투펙치는 연구 목적으로 유튜브를 통해 트럼프의 유세 영상을 시청하고 있었다. 그러다 깜짝 놀랐다. 유튜브가 백인우월주의를 설교하는 영상이나 홀로코스트를 부정하는 영상을 추천하면서 자동으로 재생했기 때문이다. 그런 부류의 영상을 시청한 적이 없었기 때문에 투펙치는 왜 이런 일이 일어났는지 호기심이 생겼다.

노스캐롤라이나 대학교 정보도서관학 부교수이자 2015년도 카네기 재단 연구원으로 선정되기도 한 투펙치는 실험을 해보기로 결정했다. 그녀는 버니 샌더스 영상과 힐러리 클린턴 영상을 시청하면서 유튜브 알고리즘이 다음으로 어떤 영상을 추천하는지 확인했다. 예상대로 유튜브는 좌파 음모론 영상을 추천하기 시작했다. 추천 영상들은 점점 극단적으로 변해갔으며 투펙치가 처음에 검색하고자 했던 영상과는 완전히 동떨어진 영상들이었다.

정치와 상관없는 영상을 시청해도 결과는 마찬가지였다. 평범한 채식주의 영상을 시청하다 보니 엄격한 완전 채식주의 영상이 나왔고 평범한 조깅 영상을 시청하다 보니 울트라마라톤 영상이 나왔다. 투펙치가 TED 강연에서 지적한 대로 유튜브의 추천 알고리즘은 어떻게든 우리를 더 '하드코어'하게 만들려고 안달이 나 있었다. 유튜브 알고리즘은 계속해서 강도를 높이는 방식으로 자극적인 영상을 홍보하고 추천하고 전파했다. 투펙치는 이렇게 경고한다. "이용자가 10억 명이 넘는 다는 점을 고려할 때 유튜브는 21세기 가장 강력한 선동 기구 중 하나 일지도 모릅니다."

투펙치는 구글이나 페이스북이 세상을 분열시키고 극단주의를 부추 기려는 사악한 의도를 품고 있지는 않다고 믿는다. 하지만 의도와는 상 관없이 그런 일이 벌어지고 있다. 인공지능이 작동하는 방식과 사업 모 델이 짜여 있는 방식 때문이다.

결국은 고양이에게 생선을 맡겼기 때문에 벌어진 문제다. 온라인 플 랫폼에 규제나 제약도 없이 데이터에 접근할 권한을 부여한 것은 대기 업이라는 '사이코패스'에게 '자기조절'을 할 권한을 부여한 것이나 마찬 가지다(《기업은 어떻게 광장을 오염시켰나》 참조). 오늘날 정부는 규제를 지 나치게 완화한 결과 의도치 않게 기업으로 하여금 때로는 윤리적 선을 넘으면서까지 프로파간다를 퍼뜨리고 자기이익을 추구하도록 독려하 고 말았다. 온라인 플랫폼에 관해서도 똑같은 걱정을 해야 할지 모른다.

구글은 광고주에게 이용자의 '관심'을 판매한다. 사람들이 유튜브에 오래 머무르면 머무를수록 광고주는 더 많은 관심을 얻게 되고 구글은 더 많은 돈을 벌게 된다. 그리고 알고리즘은 사람들이 점점 더 자극적 인 콘텐츠를 갈구한다고 판단한다. 《월스트리트저널Wall Street Journal》은 유튜브 콘텐츠를 조사한 결과 유튜브가 '비교적 주류 언론을 시청하는 이용자들'에게도 '극우 혹은 극좌 영상'을 공급하는 경우가 많았으며 이런 극단적인 경향이 정치 외에도 다양한 영역에서 뚜렷하게 나타났 다고 보도했다.[19]

투펙치 역시 유튜브 알고리즘이 주로 선동적인 콘텐츠를 제공하는 경향이 있으며 결과적으로 구글이 광고료를 '쌓아올리는' 동안 시청자들은 '극단주의의 구렁텅이'로 빠져든다고 지적한다.

투펙치는 유튜브가 수많은 사람들을 급진적으로 만들지 모른다고 걱정했다. 사람들이 자연스러운 호기심에 따라 사이트에 머무르면서 온갖 거짓말, 사기, 오보가 담긴 콘텐츠를 접한다면 충분히 가능한 일이다. 투펙치는 이렇게 경고한다. "힘을 가진 사람들은 머신러닝 기능을 갖춘 인공지능을 사용해 참신하고 은밀하고 미묘하면서도 예상지 못한 방식으로 우리를 통제하고 조종하려 들 것입니다."

이런 '회유 구조' 속에서 알고리즘이 무엇을 보여주기로 선택하는지에 따라 사람들의 감정은 물론 정치적 행동까지 영향을 받을 수 있다. 투펙치의 말대로 "비극적이게도 우리는 고작 사람들이 광고를 클릭하게 만들겠다고 권위주의적인 감시망을 만들어내고 있는 셈"이다. 러니어가 다른 사람들이 온라인으로 어떤 정보를 접하는지 알 수 없게 만드는 마이크로타기팅 기술을 염려했던 것처럼 투펙치 역시 이렇게 말한다. "공통 기반을 이루는 정보가 사라진다면 점차 공적 담론 역시 불가능해질 것입니다. …… 우리는 이제 막 이런 일이 시작되는 단계에 있습니다."

투펙치는 이런 유형의 감시 독재는 일반적인 독재와 다르다고 지적한다. 우리가 알아차리지도 못하는 사이에 은밀히 우리를 감시하고 은근히 우리를 자극하기 때문이다. 알고리즘은 개개인의 약점을 파악해 한 사람 한 사람을 조종할 수 있으며 이런 일을 전 세계적인 규모로 저지를 수도 있다.

결국 케임브리지 애널리티카 스캔들은 어느 부패한 기업이 저지른 독립적인 사건이 아니다. 광고와 뉴스피드를 행동 교정 기구로 탈바꿈시킨 알고리즘 때문에 가능해진 시스템적인 문제다. 규모 역시 어마어마하다. 2018년 2분기를 기준으로 페이스북의 월간 이용자 수는 22억 3,000만 명, 트위터의 월간 이용자 수는 3억 3,600만 명, 구글의 월간 연동기기 수는 20억 대에 달한다.

케임브리지 애널리티카 스캔들로 분명해진 사실은 페이스북이 정치적 의견 형성 과정에 부정적인 영향을 미쳤으며 광장의 질을 낮추었다는 점이다. 페이스북은 2016년 미국 대선과 브렉시트 국민투표에서 사람들을 조종하는 데 개입했으며 결과적으로 우리는 인류 역사상 처음으로 수천만 명의 사람들을 개별적으로 감시하고 조종해 사람들이 알아차리지도 못하는 사이에 행동을 교정할 수 있는 거대한 힘을 마주하게 되었다.

러니어는 우리가 이 힘을 없애버려야 한다며 이렇게 말한다. "우리가 이 문제를 바로잡지 않는 이상 인류는 살아남지 못할 것이다. 우리가 앞으로 살아갈 사회에서는 우리를 조종하기를 원하는 제3자가 돈을 대지 않는 이상 두 사람이 소통할 방법이 없을 것이다." 만약 우리가 기후변화 같은 존재론적인 위기에 맞서 싸우고자 한다면 사회 구성원 모두가 제정신을 차리고 있어야 한다. 우리를 조종하고 기만하려 드는 세계적인 계략에 휘말려 정신을 잃어서는 안 된다.

소셜미디어에 퍼지는 프로파간다

디지털 경제 문제를 초래한 사람들이 사악한 의도를 품고 이런 사업을 벌인 것은 아니었다. 처음에는 인터넷에서 무료로 정보를 얻을 수 있어야 한다는 좋은 의도를 가지고 시작했다. 하지만 러니어는 인터넷상의 정보가 무료일 수는 없다고 주장한다. 인터넷이나 소셜미디어에 접속하는 데 돈이 들지 않는다면 광고주가 돈을 내고 있다는 뜻이고 더 나아가 인터넷 광고가 너무나 효과적일 만큼 감시와 조종이 철저히 이루어지고 있다는 뜻이다. 게다가 언제 새로운 악당이 나타나 프로파간다를 퍼뜨리기 위해 이런 감시 기술을 이용할지 모르는 일이다. 러니어는 우리가 이런 광고 수입 모델을 거부하고 공공도서관 모델이나 넷플릭스 같은 이용자 지불 모델 등 새로운 사업 모델을 채택해야 한다고 지적한다.

우리는 케임브리지 애널리티카 스캔들을 통해 우리가 겪고 있는 사회병리 현상이 잘못된 정보 자체보다는 분열이라는 점을 깨달았다. 케임브리지 애널리티카의 전략은 분열의 씨앗을 뿌리는 것이었다. 트럼프의 선거 운동과 브렉시트 캠페인에서도 마찬가지였다. 러시아의 정보 공작 역시 분열의 씨앗을 뿌리는 것이 목적이었다. 페이스북과 구글 알고리즘이 의도치 않게 초래한 결과 역시 분열의 씨앗이 뿌려지는 것이었다.

심리 분석을 이용한 마이크로타기팅 기술은 익명성의 그늘 아래 인터넷 곳곳으로 서서히 퍼지는 치명적인 형태의 프로파간다다. 이런 은밀한 형태의 정보 공작은 동성 결혼을 비난하기 위해서든, 이민 정책을 공격하기 위해서든, 지하디즘(이슬람 원리주의 무장 투쟁 운동—옮긴이)을 부추기기 위해서든 세심히 다듬은 메시지를 퍼뜨림으로써 대중의 인식을 오염시키려고 한다.

혹시 이 새로운 무기의 위력을 의심하는 사람이 있다면 최근 워릭 대학교에서 진행한 연구 하나를 확인해보기를 권한다. 워릭 대학교의 연구원들은 2년 동안 독일에서 난민을 상대로 벌어진 공격 3,334건을 분석한 결과 모든 사건의 공통분모 하나를 발견했다.[20] 바로 공격자의 페이스북 이용률이 높다는 것이었다. 이로써 페이스북을 연구하던 사람들이 오래도록 품어온 의혹 하나가 현실로 밝혀졌다. 즉, 페이스북은 인종 차별적인 폭력을 부추긴다. 또한 연구원들은 페이스북 이용률이 평균보다 높은 곳일수록 난민을 겨냥한 공격 역시 증가한다는 사실을 발견했다. 이런 연관성은 지역 특성과 상관없이 성립했다. 다시 말해 큰 도시에서든 작은 마을에서든, 부유한 지역에서든 빈곤한 지역에서든, 극우 성향이 강한 동네에서든 극좌 성향이 강한 동네에서든 똑같이 성립했다.

폭력성의 증가는 인터넷 사용 자체와는 상관관계가 없었다. 하지만 점점 쌓여가는 연구 결과에 따르면 모든 종류의 소셜미디어가 외부인을 바라보는 이용자의 인식에 영향을 미치는 것으로 나타나고 있다. 소셜미디어는 단순히 혐오 발언이나 노골적인 독설로만 이용자에게 영향을 미치는 것이 아니라 훨씬 미묘하고 은근한 방식으로도 이용자의 인식을 오염시킴으로써 현실과 상식을 왜곡한다.

인권운동가들은 페이스북이 미얀마 정부의 인종 청소 운동에도 일조했다고 지적한다. 페이스북이 미얀마의 무슬림계 소수민족인 로힝야족을 향한 폭력을 부추기는 자극적인 콘텐츠를 감시하고 관리하는 데 실패했기 때문이다.

UN 인권위원회 소속의 소셜미디어 분석가 레이먼드 세라토Raymond Serrato는 소셜미디어에 퍼진 혐오 발언이나 잘못된 정보가 취약 계층과 인권에 어떤 영향을 미치는지 연구한다.[21] 세라토는 미얀마에서 불교 신자인 폭도들과 미얀마 군대가 수천 명의 로힝야족 무슬림을 학살하고 마을을 불태우기 직전에 1,400만 명의 미얀마 페이스북 이용자들 사이에서 로힝야족에 대한 혐오 발언이 급격히 증가했다는 사실을 발견했다. 로힝야족 70만 명 이상이 방화, 강간, 폭력을 피해 방글라데시로 도피해야 했다. 분노한 시민 단체들은 페이스북이 적절한 보호와 감독을 제공하기는커녕 오히려 폭력을 부추겼다며 대상이 서구권 국가였다면 처신이 달랐을 것이라고 비판했다.

우리 모두는 이런 일들이 어디서 어떻게 벌어지고 있는지 경각심을 가지고 살펴보아야 한다. 디지털 프로파간다는 우리의 현실 인식을 왜곡하는 것은 물론 일상적인 사회 교류를 통해 작동하는 신뢰 연결망을 망가뜨리기 때문이다.

인터넷은 초창기부터 사람들에게 민주주의에 참여할 수 있는 넓고도 활기찬 광장을 제공하겠다고 약속했다. 하지만 그 약속은 한 번도 실현된 적이 없었다. 오히려 인터넷은 그릇된 신념을 퍼뜨리고 세계 곳곳의 공동체에 분열을 부추김으로써 어두운 이면을 드러냈을 뿐이다. 인터넷은 가짜뉴스, 음모론, 프로파간다, 논쟁을 위한 논쟁의 온상이 되었다. 페이스북과 유튜브가 널리 퍼뜨리는 혐오와 편견은 건강한 광장이라면 설 자리가 없어야 정상이다.

페이스북, 구글, 트위터는 지구상에서 가장 거대한 뉴스 보급 매체답게 문지기 역할을 충실히 이행해야 할 도덕적 의무가 있다. 존중과 신뢰를 받는 다른 뉴스 매체들과 마찬가지로 그들 역시 사실과 허구를 가려내고 프로파간다의 전파를 막아야 한다.

* 이 장의 내용 대부분은 캐럴 캐드월러더가 《가디언》과 《옵서버》에 게재한 방대하고도 훌륭한 보도 기사들에 바탕을 두고 있다. 독자들도 캐드월러더가 쓴 기사들을 읽어보기를 권한다. 또한 진실을 밝히고자 노력하는 뉴스 매체들을 지원해주기 바란다.

거짓 정보와 프로파간다로
논점 흐리기

환경운동가들은 어디서 돈을 받을지 그 선을 어떻게 정한답니까? 알카에다, 하마스, 탈레반한테서 나오는 돈도 받을 겁니까? 만약 캐나다인이 결정을 내려야 할 사안이 있는데 해외 자본이 로비를 할 수 있도록 허락한다면 사실상 캐나다에서 누가 결정권자가 되는 겁니까?

• 돈 플렛(Don Plett) 상원의원

세계 최대 천연 역청(식은 당밀만큼 걸쭉하고 찐득찐득하며 냄새와 모양이 타르와 흡사한 탄화수소 화합물) 매장지는 캐나다 앨버타 북부에 위치해 있다. 오랜 세월에 걸쳐 형성된 역청은 여러 세기 전 크리 원주민들이 카누에 방수 처리를 하기 위해 조금씩 사용해왔다. 그러다가 1967년부터 상업적으로 사용되며 대량 사용이 시작되었다. 오일샌드에서 역청을 분리하는 작업은 쉬운 일이 아니었다. 하지만 훨씬 까다로운 문제는 '이 귀한 자원을 어떻게 활용할 것이며 어떻게 시장으로 운송할 것인가'였다.

무시할 논쟁이 아니다. 지구온난화의 위협은 더 이상 빙하 표본에나 나타나거나 미세한 측정값으로나 나타나는 문제가 아니기 때문이다. 지구온난화는 우리 눈앞에 떡하니 모습을 드러냈다. 2015년 전 세계 70억 인구는 역대 기록상 가장 더운 해를 맞이하고 말았다.[1] 가뭄이 캘리포니아를 덮쳐 여름에 수원으로 기능해야 하는 빙야 적설량이 최저치를 기록했다.[2] 인도[3]와 파키스탄[4]에서는 섭씨 49도까지 치솟은 폭염 때문에 3,000명 이상이 목숨을 잃었다. 예멘에서는 사이클론 차팔라가 들이닥쳐 예멘 역사상 최초로 해안을 강타한 사이클론이 되었으며 일부 지역에는 불과 이틀 사이에 7년치 폭우가 쏟아졌다.[5] 같은 해에 태평양 극동 지역에서는 역대 기록상 가장 강력한 폭풍으로 꼽히는 허리케인 퍼트리샤가 탄생했다.[6] 바다에서는 해수 온도가 상승한 탓에 유사 이래 세 번째 대규모 산호 백화 사태가 발생해(첫 번째와 두 번째는 각각 1998년과 2010년에 발생했다) 전 세계적으로 4,600제곱마일에 달하는 산호가 떼죽음을 당했다.[7] 이제 정말 기후변화를 걱정해야 할 때라고 촉구하는 과학계와 이에 굴하지 않고 자기 할 일만 하는 정부 및 석유회사 사이의 괴리가 지금만큼 심한 적이 없었다.

2018년에는 역대 최악의 화재가 닥쳤다. 캘리포니아와 브리티시컬럼비아에서는 산불로 수백만 헥타르의 땅이 잿더미로 변했다. 그리스, 스페인, 심지어 스웨덴마저도 수십 년 만에 최악의 산불 피해를 겪었다. 같은 해에 오스트레일리아 서부에서는 '기가파이어gigafire'로 분류된 산불로 200만 에이커(약 8,000제곱킬로미터) 이상의 땅이 소실되었다.[8] 미국 해양대기청National Oceanic and Atmospheric Administration 기록에 따르면 2015~2018년은 관측 역사상 가장 더운 시기로 기록된다. 세계기상기구World Meteorological Organization에서 2018년 11월 29일 발표한 '세계 기후 상태' 보고서에서는 역대 기록상 가장 무더운 해 1위부터 20위까지가 지난 22년 사이에 들어가 있다고 보고했다.

여기에서는 양극화를 부추기는 진술과 거짓 정보 기반의 프로파간다가 극단적으로 나타난 캐나다와 미국의 사례를 조명하고자 한다. 이 사례들은 조엘 바칸과 놈 촘스키가 지적한 '기득권이 정부와 합작해 사안을 흐리고 반대 의견을 묵살하기 위해 어떤 짓까지 일삼을 수 있는지'를 단적으로 보여준다.

'윤리적 기름'이라는 프레임

몇 해 전, 이미 기업의 정보 공작에 익숙했던 캐나다인들은 오일샌드 개발의 환경적 영향과 경제적 의의를 두고 벌어진 국제적인 논쟁이 기이한 방향으로 전개되는 것을 목격했다. '윤리적 기름' 같은 용어가 수면 위로 떠오르기 시작한 것이다. 석유회사 지지자들은 오일샌드 개발을 옹호하는 것은 물론 키스톤과 엔브리지 측에서 원유를 멕시코만이나 브리티시컬럼비아 북쪽 해안을 거쳐 아시아로 수출하기 위해 제안한 송유관로 건설을 지지하기 위해 이 같은 용어를 사용했다. 이와 동시에 하퍼 정부와 석유회사는 오일샌드 개발이나 송유관로 건설을 공개적으로 비판하는 환경 단체를 가리켜 '해외 자본의 지원'을 받아 캐나다의 주권과 경제적 성장을 위협하려는 '급진주의자들'이라고 비판했다.

뒤이어 '윤리적 기름'이라는 용어는 공영방송에도 등장하기 시작했다. 어느 날 내가 CBC 뉴스 인터뷰를 보고 있을 때였다. 윤리적 기름 협회Ethical Oil Institute 대변인 캐스린 마셜Kathryn Marshall이 '윤리적 기름'이라는 말을 주문을 외듯 반복해서 내뱉었다. 진행자가 누가 윤리적 기름 협회의 자금을 지원하고 있느냐고 묻자 마셜은 대답하기를 계속 거부했다. 그러는 내내 마셜의 목소리는 당황한 정치인을 모사하는 코미디언의 목소리처럼 불안정하게 떨렸다. 질문을 회피하기 위해 마셜은 꼭두각시 단체들이 캐나다의 송유관 사업을 장악하려 애쓰고 있다는 진술만 반복했다. 마치 미리 준비된 말처럼 술술 나왔다. 마셜의 절박하고도 우스운 모습은 유튜브를 뜨겁게 달구었다. 소위 '해외 자본의 지원을 받는 근본주의자들'을 막아야 한다는 간곡한 호소는 각종 미디어를 통해 몇 주에 걸쳐 전국적으로 보도되었다.[9]

한 인터뷰에서 마셜은 노던게이트웨이 송유관로 사업이 캐나다에 국익을 가져다주는 사업일 뿐만 아니라 여러 나라에 '윤리적으로 생산된 기름'을 수출함으로써 그들이 나이지리아, 사우디아라비아, 이란처럼 인권과 환경을 전혀 신경 쓰지 않는 국가들에서 나오는 기름에 덜 의존하도록 만들 것이라고 주장했다. 또한 윤리적 기름 지지자들이 힘을 합쳐 '해외 이익단체들은 물론 외국 자본의 지원을 받는 위장 단체와 로비 단체'가 송유관로 사업 승인을 방해하지 못하도록 막아야 한다고 말했다.[10]

오일샌드 개발을 윤리적 기름 사업으로 포장하고 반대 세력을 해외 자본의 지원을 받는 급진주의자로 몰아붙이는 프로파간다가 펼쳐지는 내내 나는 면밀히 주의를 기울였다. 그리고 실망할 수밖에 없었다. 미디어가 그런 레토릭을 그대로 답습하는 반응을 보였기 때문이다. 환경 단체나 시민 단체 측에 잘못이 있다는 증거가 전혀 없었음에도 미디어는 윤리적 기름 협회 측의 주장 하나하나에 놀아났다. 놀라우면서도 정말 성공적인 계략이었다.

캐나다 보수당 상원의원 니콜 이턴Nicole Eaton은 소위 '외자 지원을 받는 급진주의 단체들'이 정치 조작을 시도했다며 이렇게 비난했다. "권한 남용이 있었습니다. 수많은 자금이 자선기금인 척 위장을 하고는 국경을 넘어왔어요." 뒤이어 이턴은 환경 단체들이 '캐나다의 국정에 간섭하고 캐나다의 주권을 짓밟으려는' 해외 재단의 지원을 받지는 않는지 확인해야 한다며 정식 조사를 시작했다.[11] 《캐네디언프레스Canadian Press》도 조사에 착수했다. 그리고 환경 단체뿐만 아니라 캐나다 자선 단체 대부분이 해외 기금을 받는다는 사실을 발견했다. 해외 자본의 지원을 가장 많이 받는 상위 열 개 자선 단체 중 환경 단체는 덕스 언리미티드 캐나다Ducks Unlimited Canada 단 하나에 불과했다. 해외 자본의 지원을 가장 많이 받는 단체는 약 9,900만 달러 규모의 해외 기금을 받는다고 보고한 케어 캐나다CARE Canada로 이 단체는 환경 단체가 아니라 개발도상국의 빈곤 문제에 맞서 싸우는 자선 단체였다.[12] 그럼에도 보수 진영 비평가들이 환경 단체를 비난하는 가운데 심지어 캐나다 국세청 Canada Revenue Agency은 하퍼 정부가 적으로 명시한 환경 단체들의 회계를 감사했다.[13]

환경부 장관 피터 켄트Peter Kent는 자금 세탁이 이루어진 게 분명하다는 의혹까지 제기했다. 그러는 한편 돈 플렛 상원의원 역시 환경운동가들에 대해 이렇게 말했다. "환경운동가들은 어디서 돈을 받을지 그 선을 어떻게 정한답니까? 알카에다, 하마스, 탈레반한테서 나오는 돈도 받을 겁니까? 만약 캐나다인이 결정을 내려야 할 사안이 있는데 해외 자본이 로비를 할 수 있도록 허락한다면 사실상 캐나다에서 누가 결정 권자가 되는 겁니까?"[14]

물론 민주주의 사회가 제대로 기능하려면 논쟁은 필수적이다. 하지만 상대를 악의 축으로 몰아붙이고 진실을 은폐하며 반대 의견을 묵살하기 위해 전투적인 논쟁을 벌인다면 이는 좋은 대처법이 아니다. 스티브 로셸, 로저 코너, 브뤼노 라투르, 놈 촘스키가 공통적으로 지적했듯이 이런 일이 조직적으로 벌어진다면 결과적으로 대중은 혼란에 빠지고 의견 양극화가 일어나며 사안은 교착 상태에 빠질 것이다. 그럼에도 솔직히 말하자면 세계 곳곳의 정당과 기업은 총기 규제, 담배, 프래킹fracking(천연가스 추출 공법의 하나로 수압파쇄법이라고도 한다. 프래킹 공법을 사용하면 주변 지역의 수질을 악화시키며, 지진을 유발한다고 해서 논란이 되고 있다—옮긴이), 대량 살상 무기 등 온갖 중대한 사안에 관해 이와 비슷한 정보 공작을 벌이고 있다.

이후 여러 달에 걸쳐 광장의 오염과 반향실 현상은 점점 더 심각해졌다. 특히 과학자들을 향한 공격이 거세졌다. 2013년에 이루어진 한 설문조사에 따르면 캐나다 연방정부 소속 과학자 중 90퍼센트가 언론에 자유롭게 발언할 수 없다고 느꼈으며 86퍼센트가 설령 그렇게 하더라도 검열이나 보복을 겪을 것이라고 생각했다. 캐나다 공공서비스 전문 연구소Professional Institute of the Public Service of Canada에서 4,000명 이상의 과학자를 설문조사한 뒤 발표한 보고서에 따르면 과학자 네 명 중 한 명이 실제로 과학 정보를 누락하거나 수정하라는 요구를 받은 적이 있

다고 답했다.[15]

나는 밴쿠버에 자리를 잡은 PR회사 호건 앤드 어소시에이츠Hoggan & Associates 수장으로서 여러 해에 걸쳐 PR 전쟁을 치러온 사람이다. 사실 우리 회사는 까다로운 문제를 전문적으로 다루고 때로는 공격적인 입장도 마다하지 않는 회사로 잘 알려져 있었다. 평판 관리에 있어서는 냉철한 전략을 구사하기로 정평이 나 있고 정부, 노동조합, 환경 단체 등 온갖 상대와 대결을 펼쳐왔다. 그런데 그런 내가 보기에도 정부와 기업이 오일샌드 개발과 송유관로 건설을 위해 사용하는 전략들은 한참 선을 넘은 것 같았다.

그들이 추진하는 사업은 캐나다가 추구하는 가치와 한참 동떨어져 있었다. 내가 설문조사한 캐나다인 중 80퍼센트 가까이가 환경을 보호하기 위해 더 엄격한 법이 필요하다고 생각했기 때문이다.[16] 캐나다 정부와 기업이 펼치는 PR 활동의 아이디어는 윤리적 기름 협회 소속의 하퍼 정부 측근들에게서 나온 것으로 보인다. 실제로 윤리적 기름 협회의 창립자는 과거 담배회사 입장을 대변하는 로비스트로 논란의 중심에 섰던 인물 에즈라 레반트Ezra Levant다. 레반트 본인은 미국 공화당의 티파티Tea Party(오바마 정부의 의료보험 개혁 정책에 반발하면서 탄생한 미국의 강경 보수주의 단체—옮긴이)가 사용한 전략에서 아이디어를 얻은 듯하다. 레반트의 계획은 앨버타의 오일샌드에 '공정무역' 상품이라는 브랜드를 입힘으로써 테러를 지원하는 정권에서 나오는 '분쟁 기름'과 대비시키는 것이었다. 레반트는 이렇게 주장한다. "윤리적 기름은 공정무역 커피나 분쟁 없는 다이아몬드와 같습니다. 윤리적 기름은 여러분의 연료 탱크에서 분쟁 기름이랑 똑같은 열효율을 냅니다. 비용도 똑같지요.

하지만 윤리적 기름은 도덕적으로 더 우월합니다. 어떤 분들은 바로 그 점을 중요하게 생각하시지요."[17]

레반트는 윤리적 기름을 옹호하며 책에 이렇게 기록했다. "윤리적인 시민이 세상을 더 나은 곳으로 만들고자 한다면 선택지는 단 하나뿐이다. 바로 포트맥머리(앨버타 동북부에 위치한 도시—옮긴이)에서 석유를 최대한 많이 뽑아내는 것이다. 펌프로 퍼 올리든 증기로 찌든 삽으로 파든 드릴로 캐내든 할 수 있는 모든 방법을 동원해 모래에서 기름을 끄집어내야 한다." 레반트는 이렇게 덧붙였다. "앨버타에서 석유를 한 방울 더 뽑아낼 때마다 악랄한 파시스트 정권이나 군 정권에서 석유를 한 방울 덜 뽑아내는 것이나 마찬가지다. 결과적으로 러시아의 비밀경찰이나 알카에다의 살인마들 주머니로 들어가는 돈도 줄어들 것이다."[18]

이렇듯 논쟁이 불타오르는 가운데 환경운동가들마저 기름을 한가득 들이붓고 말았다. 예컨대 시에라 클럽Sierra Club(미국에서 설립된 세계적인 민간 환경 단체—옮긴이)은 오일샌드를 헤로인에 비유했다. 시위대는 '오일샌드는 살인마'라든가 '오일샌드에서 나온 기름은 피 묻은 기름' 같은 플래카드를 들고 다녔다.[19] 2012년의 어느 개발 반대 캠페인에서는 "엑슨은 여러분의 자녀를 미워합니다"라는 슬로건을 내세워 석유회사를 비난했다.[20] 모두 논쟁을 해결하는 데 전혀 도움이 되지 않는 레토릭이었다.

레반트는 환경운동 시위대를 겨냥해 블로그에 이렇게 썼다. "우리가 혹시라도 저들의 충고를 받아들여 오일샌드 사업을 포기한다면 사실상 우리는 사우디아라비아나 이란처럼 여성을 혐오하고 테러리스트를 지원하며 핵무기를 제작하고 노조를 깨부수며 동성애자를 학대하는 독재 국가들에 수십 억 달러 가치의 사업을 넘겨주는 것이나 마찬가지다."[21]

그러는 동안 세계는 점점 더 뜨거워졌다. 캐나다 컨퍼런스 보드Conference Board of Canada는 세계에서 가장 부유한 17개 국가 중 캐나다를 환경 관리 부문 15위로 평가했다.[22] 또한 캐나다는 온실가스 배출량을 감축하는 면에서 G8 국가 중 꼴지를 기록했다.[23] 캐나다에 인접한 북극해 지역에서는 역대 기록상 가장 빠른 속도로 빙하가 녹아 최악의 시나리오를 넘어섰다.[24]

2012년에 하퍼 정부는 '일자리, 성장, 장기적 번영을 위한 법Jobs, Growth and Long-Term Prosperity Act'이라 불리는 C-38 일괄 예산 법안을 통과시켰다. 많은 사람들은 이 전면적인 법안이 환경과 과학을 위협하리라고 생각했다. C-38 법안은 연방법 70개를 변경하면서도 수정된 예산안 내용을 감춤으로써 각 조항에 대한 논의 자체를 까다롭게 만들었다. 예컨대 수산업법에서는 물고기 서식지와 멸종 위기 종을 보호하기 위한 지원을 줄였다. 또한 가항수로보호법을 항해보호법으로 바꾸면서 수천 개의 수원, 호수, 시내를 더 이상 감독하지 않기로 결정했다. 캐나디환경평가법은 아예 폐지했다. 그 대신 새로 마련한 법에서는 송유관로 및 오일샌드 사업 확장 계획을 신속 승인하겠다고 공언했다. 역시 동일한 법안에서 캐나다 정부는 자국의 유일한 북극권 지역 데이터 수집 시설을 폐쇄할 것이며 교토의정서 협약에서 캐나다를 제외시킬 것이라고 명시했다.[25]

현재 캐나다 주변 바다 중 캐나다가 보호하는 영역은 1퍼센트가 채 되지 않는다. 비교를 위해 예를 들자면 오스트레일리아는 포괄적인 해

양 보호 지역 네트워크를 구축함으로써 주변 바다의 40퍼센트를 관리하고 있다.[26]

지금까지 소개한 PR 캠페인들만큼 극단적이면서도 투자를 많이 받은 PR 활동을 본 적이 없다. 이처럼 뻔뻔한 PR 활동 역시 처음 보았다. 하지만 이를 두고 정신 나간 촌극이라거나 캐나다에서만 일어난 일일 뿐이라며 그냥 지나쳐서는 안 된다. 사실 석유회사가 이런 식으로 프로파간다를 퍼뜨리는 일은 미국에서 처음 시작된 것으로 보이기 때문이다.

애스트로터프, 가짜 시민 단체를 조직하다

2014년 트랜스캐나다 코퍼레이션TransCanada Corporation은 앨버타에서 미국 걸프해안까지 이어지는 키스톤XL 송유관로 사업이 좌절되자 세계에서 가장 큰 PR회사 중 하나인 미국의 에델만Edelman을 고용했다. 트랜스캐나다는 앨버타의 역청 매장지에서 동쪽 해안의 정유소까지 원유를 운반할 수 있는(즉 순전히 캐나다만을 관통하는) 새로운 경로를 제시했으며 에델만은 바로 이 경로를 홍보하는 역할을 맡았다. 새롭게 제안된 120억 달러 규모의 에너지이스트 송유관로 사업은 온타리오의 기존 송유관을 개조하는 데 더해 퀘벡과 뉴브런즈윅을 가로지르는 새로운 송유관을 설치함으로써 매일 110만 배럴에 달하는 원유를 캐나다 서부에서 동부의 정유소 및 수출 시설까지 운반할 계획이었다.

대중의 지지를 얻기 위한 에델만의 공격적인 PR 캠페인은 그린피스 캐나다Greenpeace Canada가 에델만의 전략을 담은 초안 문서를 입수하면서 그 세부 내용이 드러났다. 내용 가운데에는 소위 '풀뿌리 옹호 단체'를 형성함으로써 2,858마일 규모의 에너지이스트 프로젝트를 방해하는 환경 단체를 의혹과 혼란 속에 빠뜨리겠다는 계획이 포함되어 있었다.[27]

그린피스의 키스 스튜어트Keith Stewart는 에델만의 전략이 '더러운 술수'라고 지적하면서 초안 문서를 보면 저들이 키스톤XL 프로젝트나 노던게이트웨이 프로젝트 때처럼 맹공을 받을까 봐 얼마나 걱정하고 있는지 확인할 수 있다고 말한다.[28] 초안 문서에 따르면 에델만은 반대 세력에 맞서기 위해 반대자들의 주의를 돌리고 자원을 분산시키고자 했으며 특히 트랜스캐나다가 압력을 가할 여력이 없을 때 대신 압력을 가해줄 '제3의 지지 세력'을 확보하고자 했다. 에델만이 표적으로 삼은 대상 중에는 카운슬 오브 캐네디언스Council of Canadians, 에콜로지 오타와 Ecology Ottawa, 데이비드스즈키 재단 같은 비영리 단체를 비롯해 이들 단체의 후원자들까지 포함되었다. 에델만은 혹시 이 단체들과 관련된 소송 문제나 회계 문제가 있다면 놓치지 않고 물고 늘어졌다. 에델만은 이런 작전이 '상대측 조사opposition research' 덕에 가능하다고 자신했는데, 이는 먼지 한 톨이라도 찾아낼 때까지 상대방을 뒷조사하는 행위를 가리킨다.[29] 물론 미국 정계에서는 흔한 수법이었지만 나는 왜 평범한 시민들을 상대로까지 그런 짓을 하는지 이해할 수 없었다.

하지만 에델만은 논란에 익숙했다. 이 회사는 2006년에 창립자 리처드 에델먼Richard Edelman이 고객사인 월마트를 홍보하기 위해 가짜 블로거를 이용한 점을 사과했을 때 이미 논란의 중심에 섰다.[30] 에델만은 미국 석유협회를 홍보하기 위해 5,200만 달러 규모의 '에너지 시민' 캠페인을 벌였을 때도 친기업적인 시민 단체들과 함께했다고 주장했다. 실제로 이 캠페인은 평범한 사람들이 모여 시작한 캠페인처럼 보였지만 실상은 석유회사 로비스트들이 기획과 지휘를 도맡고 있었다.[31]

〈전략 계획: 퀘벡Strategic Plan: Quebec〉이라는 문서를 보면 에델만은 '일치된 목소리'가 가득한 반향실을 구축하기 위해 '제3의 세력'을 모집하겠다는 계획을 가지고 있었다. 리처드 에델먼은 애스트로터프 astroturf(본래는 인조잔디 브랜드를 가리키지만 '인조 풀뿌리 단체', 즉 거짓으로 꾸며낸 가짜 시민 단체를 가리키기도 한다—옮긴이) 단체와 협업한 적이 없다고 발뺌했지만 2014년도《허핑턴포스트Huffington Post》기사에 따르면 기후조사센터Climate Investigations Center의 커트 데이비스Kert Davies는 이렇게 지적한다. "애스트로터프가 특정 기업의 어젠다를 지지하기 위해 거짓으로 꾸며낸 민중을 가리키는 것이라면 에델만의 시도가 바로 애스트로터핑이었습니다." 더 나아가 데이비스는 대기업 PR 활동의 '전면적인 전략 계획'을 확인할 수 있는 경우가 흔치 않기는 하지만 사실 거대 석유기업이 실제로 벌이는 캠페인 활동에 비하면 이는 새 발의 피에 불과하다고 덧붙였다.[32]

애스트로터핑은 가짜 민중 집단을 형성하는 행위를 가리키며 실제 여론과 조작된 여론을 구분하는 것을 거의 불가능하게 만든다. 일부 PR 회사들은 지지를 얻는 척하거나 대중의 인식을 조작하거나 단순히 의혹을 불러일으키기 위해 이런 단체들을 활용한다. 인터넷에서는 애스트로터프가 특정 제품, 호텔, 음식점을 거짓으로 지지하는 형태로 나타나기도 한다. 하지만 훨씬 광범위하게는, 자발적으로 지지를 표하는 것처럼 보이나 사실 대기업, 석유회사, 화학회사 등의 조종과 후원을 받고 있는 온갖 부류의 블로그나 댓글이 모두 애스트로터프에 해당한다. 《고용된 민중Grassroots for Hire ─ 국내 미출간)》에서 작가 에드워드 워커 Edward Walker는 이런 종류의 가짜 대중 참여를 대중 운동이 아니라 엘리 트 운동이라고 규정했다.[33]

"추하게 이기든가 예쁘게 져라", "적을 쥐어짜라", "공포와 분노를 자 극하라", 그리고 무엇보다 "기업으로부터 받는 돈의 출처를 철저히 익 명으로 유지하라". 이런 주문들은 미국의 또 다른 대기업 전문 PR 용병 리처드 버먼Richard Berman의 전술 교본에 해당한다. 버먼은 워싱턴에 자 리를 잡은 변호사이자 정치 자문이며 그의 특기는 환경운동가들을 상 대로 한 '끝없는 전쟁'에서 공포와 분노를 활용하는 것이다. 버먼의 PR 전략 계획은 2014년에 버먼이 콜로라도스프링스에서 열린 서부에너 지연합Western Energy Alliance 회의 자리에서 석유기업 관계자들과 나눈 대화가 비밀스럽게 녹음되면서 세상에 드러나게 되었다. 녹음 내용을 기사로 터뜨린 매체는《뉴욕타임스》였다.[34]

유출된 녹음 파일에서 버먼은 이렇게 말한다. "더 많은 지역에서 석 유와 가스를 캐내는 데 반대자들의 방해를 막고 싶다면 석유회사는 환 경운동가나 진보 측 유명인사가 난처해할 만한 가십거리를 파내는 등 여러 전술을 사용할 준비를 갖추어야 합니다." 버먼의 PR회사 버먼 앤 드 컴퍼니Berman & Company는 자신들이 사람들의 공포와 탐욕과 분노 를 이용하는 면에서 탁월하다고 자부한다. 실제로 녹음 파일에 따르면 버먼은 석유회사 중역들에게 사람들을 공격하기를 두려워하지 말라며 이렇게 권고한다. "추하게 이기든가 아니면 예쁘게 지는 거예요." 애스 트로터핑의 달인인 버먼은 자신이 기업으로부터 '익명'의 후원금을 받은 다음 기업과 상관없이 독자적으로 설립된 것처럼 보이는 비영리 단체 수십 개를 만들었다고 설명했다. 이런 위장 단체들은 기업 친화적인 견해를 캠페인 규모로 밀어붙임으로써 환경운동을 지지하거나 기업을 비판하는 사람들에게 적대적인 여론을 형성하고자 했다.

버먼은 이렇게 장담한다. "저희는 후원자를 밝힐 의무로부터 자유로운 비영리 단체들을 이용해 이런 일들을 진행하고 있습니다. 철저한 익명성이 보장됩니다. 사람들은 누가 우리를 지원하는지 알 수가 없지요." 또한 버먼은 회의에 모인 중역들에게 300만 달러면 자신의 빅 그린 래디컬스Big Green Radicals 캠페인을 통해 환경운동가들과 맞서 싸워줄 수 있다고 약속했다. 빅 그린 래디컬스는 버먼의 여러 위장 단체 중 하나로, 식품안전법 입법을 가로막기 위해 그리고 시에라 클럽 같은 환경 단체나 프래킹 공법에 반대하는 단체를 흔들기 위해 조직되었다. 버먼이 제안한 전술 중에는 유머를 사용해 상대를 하찮아 보이게 만들거나 유명인사의 위선을 과장해 상대를 무너뜨리는 방법도 있었다.

환경 친화적인 석탄은 없다

미국에서 기만적인 PR 캠페인은 그 역사가 수십 년에 이른다. 캐나다에 '윤리적 기름'이 등장하기 전부터 미국에는 '청정 석탄clean coal'이 있었다. '청정 석탄'이라는 용어는 1980년대 후반 오염원 에너지로부터 대중의 관심을 돌리기 위해 만들어졌다.

건강한 경제를 위한 시민들Citizens for a Sound Economy, 청정 안전 에너

지 연합Clean and Safe Energy Coalition, 건강한 학문의 발전을 위한 연합 Advancement of Sound Science Coalition과 같은 위장 단체들이 주로 이 용어를 반복해 사용했다. 1991년에 서부연료협회Western Fuels Association는 미국 석탄협회National Coal Association와 연합해 환경 정보 자문위원회 Information Council on the Environment를 구성했다. 이들은 '지구온난화가 사실이 아니라 이론임을 선전'하는 것과 '지구온난화가 유익할 수 있다는 내안적 사실을 공급'하는 것을 목표로 했다.[35]

분명한 것은 '청정 석탄' 같은 것은 존재하지 않는다는 사실이다. 이 그린워싱greenwashing(친환경 위장술) 용어는 석탄이 어떤 식으로인가 환경 친화적이라는 인상을 전달한다. 하지만 영국 런던에서는 바로 그 석탄 매연에 안개가 결합하면서 악명 높은 스모그가 만들어졌다. 이 시꺼먼 스모그는 매연 입자에 이산화황이 섞인 치명적인 먼지였다. 1952년에 발생한 런던 대스모그는 5일 만에 1만 2,000명을 죽음에 이르게 했으며 10만 명이 호흡기 질환을 겪게 했다. 결국 영국에서는 석탄 연소량을 감축하는 수밖에 없었다.[36] 그럼에도 석탄으로 인한 오염은 계속해서 치명적인 피해를 가져왔다. 미국 폐협회American Lung Association의 추산에 따르면 매년 1만 3,000명이 석탄 매연 때문에 조기 사망한다. 미국에서 화력발전소는 매년 10억 톤 이상의 석탄을 소비하고 있으며 이는 다른 어떤 연료보다 에너지당 이산화탄소 배출량이 높다.[37] 석탄 산업은 식수를 오염시키고 산성비의 주된 원인이 되며 미국에서는 수은 공해를 일으키는 주범으로 지목받고 있다.[38]

청정 석탄 이론은 PR 활동에 의해 퍼진 신화이며 피바디 에너지 Peabody Energy, 듀크 에너지Duke Energy, 유니언퍼시픽 철도Union Pacific

162

Railroad 같은 채광기업들로부터 자금 지원을 받았다. '청정 석탄'이라는 모순적인 용어를 만들어낸 존재는 알 앤드 알 파트너스R&R Partners라는 광고회사로 알려져 있다. "라스베이거스에서 일어난 일은 라스베이거스에만 남는다"라는 슬로건 역시 이 회사 작품이다.[39]

버지니아의 또 다른 PR회사 호손그룹Hawthorn Group은 미국 청정 석탄 전력 연합American Coalition for Clean Coal Electricity을 대신해 청정 석탄이라는 신조어를 널리 퍼뜨렸으며 보너 앤드 어소시에이츠Bonner & Associates라는 워싱턴 PR회사에 외주를 맡겨 온실가스 배출 총량에 제한을 두고자 한 왁스먼-마키 법안Waxman-Markey Bill의 입법을 방해하도록 시켰다. 이 법안은 2009년에 하원에서 승인받았으나 결국 무산되었는데 그 이유 중 하나가 보너 앤드 어소시에이츠의 애스트로터핑 활동 때문이었다. 나중에 보너 앤드 어소시에이츠는 연방정부를 사취한 혐의로 고발당했으며 결국 보너는 자기네 회사가 미국 의원들에게 기후변화 대처에 반대하는 법안을 촉구하는 편지 10여 통을 조작해 보냈음을 시인했다. 조작된 편지 상단에는 마치 왁스먼-마키 법안에 반대하는 소수 집단이 편지를 보낸 것처럼 가짜 레터헤드가 찍혀 있었다.[40]

윤리적 기름이나 청정 석탄 같은 브랜딩 작업은 지극히 말도 안 되는 일처럼 보이지만 그럼에도 이런 활동에 수백만 달러가 사용되었다. 석유나 석탄이 친환경적이라고 믿게 만들지는 못하더라도 사안 자체를 흐리거나 의견을 양극화시키는 면에서 때때로 효과가 있기 때문이다(이에 대해 다음 장에서 더 자세히 다룬다). 이는 단순히 PR이 아니라 프로파간다다. 내가 이 장에서 여러 사례들을 제시한 이유 역시 일부 기업이나 기관이 입법을 가로막기 위해, 사업을 밀어붙이기 위해, 과학자의 입을 막기 위해 어떤 짓까지 일삼을 수 있는지 낱낱이 보여주기 위해서 였다.

과학자의 신빙성을 떨어뜨리고 과학적 발견에 의혹을 불러일으킴으로써(정작 직접 학문을 탐구하지는 않는다) 비평가들은 민주주의를 오염시키고 잘못된 정보로 광장을 가득 채운다. 이들은 과학자들과 환경 단체들이 하는 고민을 괜한 걱정으로 보이게 만들기 위해 모욕적인 인신공격성 발언을 서슴지 않는다. 만약 미디어나 대중이 환경 단체가 외자 지원을 받는 급진주의 단체라는 속임수에 말려든다면 더 이상 기후변화, 유조선 경로, 송유관로를 논의하는 데 집중할 수 없게 된다. 그런 식의 비방은 반복을 통해 편견, 선입견, 고정관념을 조성하며 과도한 감정과 왜곡된 생각을 불러일으킨다. 따라서 우리는 경계심을 늦추지 말아야 하며 우리 지도자들의 소통 방식이 그보다는 낫기를 기대해야 한다.

이 책을 집필하기 위해 인터뷰와 대화를 진행하면 할수록 광장의 오염이 정말 심각한 문제라는 사실이 점점 더 분명해졌다. 물론 내게 익숙한 주제이다 보니 기후변화를 중심으로 사례들을 소개하기는 했지만 다른 분야들에서도 그처럼 유독한 정보 공작이 이루어지고 있다. 솔직히 말해 나는 그런 전략들을 살펴보면서 할 말을 잃었다. 기업들과 기관들이 프로파간다를 퍼뜨리면서도 처벌을 모면하기 위해 얼마나 많은 자원과 노력을 투자하는지 확인했기 때문이다. 이처럼 파괴적이고 병적인 장애물들이 진솔한 소통과 논의를 가로막고 있다는 사실을 이해하지 못하는 한 우리는 광장에 제대로 참여할 수 없다. 따라서 다음 장들에서는 프로파간다, 상대를 침묵시키는 기술, 가스라이팅 등 민주주의를 공격하는 수단들을 자세히 들여다봄으로써 광장이 얼마나 심각하게 오염되어 있으며 그에 대처하기 위해 어떻게 해야 하는지 더 자세히 알아볼 것이다.

민주주의를 향한
공격

알렉스 히멜파브

저들은 담론이 일어날 수 있는 광장, 담론이 실제로 일어나는 공공장소를 최대한 줄이려고 합니다. 담론에 혼란과 의혹을 끼얹으려고 합니다. 결국 핵심은 담론을 촉진하는 게 아니라 죽이는 거지요.

• **알렉스 히멜파브**(Alex Himelfarb)

이전 장에서 소개한 것과 같은 비범한 정보 공작 행위들의 심각성을 잘 이해하기 위해 이제 오늘날 과열된 광장 속에서 정치가 어떤 역할을 하는지 알아보고자 한다. 전투적인 형태의 정치적 선전이나 (주로 선거 기간에 쉽게 찾아볼 수 있는) 인신공격성 발언이 광장을 오염시키는 경우 제대로 된 담론을 나눌 기회는 사라진다. 그리고 그때마다 사실의 부족, 소통의 실패, 정당 간의 알력 다툼에서만 문제의 원인을 찾는다면 우리는 사실상 큰 그림을 놓치고 만다.

나는 저명한 사회과학자이자 캐나다에서 손꼽히는 정치 전문가인 알렉스 히멜파브를 데이비드스즈키 재단 임원 만찬 자리에 초대했다. 그리고 호텔로 돌아가는 길에 석유 기업과 캐나다 보수당 정부가 내보내는 과한 PR에 관해서는 물론 환경 단체를 해외 자본의 지원을 받는 급진주의 단체로 몰아가는 캠페인에 관해서도 대화를 나누었다. 나는 그렇게 똑똑하다는 하퍼 총리가 기후변화를 외면하고 온실가스 배출량을 감축하는 면에서 지지부진하며 석유 사업에 반대하는 시민 단체를 공격적으로 대한다는 사실이 납득이 가지 않는다고 말했다.

나는 히멜파브에게 "어쩌면 하퍼는 사람들이 추켜세우는 만큼 똑똑하지 않거나 그저 사악한 인물이 아닐까요?"라고 물었다. 그러자 히멜파브는 이렇게 대답했다. "왜 우리는 상대를 과소평가하거나 사악하다고 몰아붙이는 걸까요? 물론 구미가 당기는 생각이라고는 하지만 왜 우리는 세상이 영웅, 악당, 바보로만 이루어져 있다는 낡고 썩은 견해를 널리 받아들이는 걸까요?"[1]

나는 말문이 막혔다. 그리고 그런 정보 공작 이면에 있는 사람들이 멍청하다거나 부도덕하다고 단정하는 일이 얼마나 위험할 수 있는지 생각해보게 되었다. 히멜파브의 말은 우리가 완전히 다른 관점으로 사태를 바라보아야 한다는 뜻이었다(그리고 이런 통찰은 비단 캐나다에만 적용되는 생각이 아니다). 광장의 오염이라는 문제는 쉽게 풀 수 있는 단순한 일차방정식 문제가 아니다. 여기에는 온갖 변수들과 요소들이 복잡하게 얽혀 있다. 그중 한 가지 중요한 요인이 바로 협치(혹은 협치의 부재)다.

중력을 따라 움직이는 것은 쉽다

오래도록 연방 고위 공무원으로 일했으며 내각 및 추밀원 사무처장으로 총리 세 명을 보좌한 히멜파브의 주장에 따르면 긍정적인 담론을 나누는 것은 우리가 집단적인 사안을 가지고 광장에 모일 수 있어야만 가능하다.

히멜파브는 '많은 정치인들이 공적 담론을 나눌 기회 자체를 차단하려 한다'고 생각했다. 게다가 현대인의 삶은 이런 공론의 차단이 너무도 쉽게 일어나도록 허용한다. 우리는 점점 더 개인화된 삶을 살아가고 있으며 그만큼 공공 정책에 기여할 시간은 줄어들고 있다. 그러다 보니 공공 문제를 논의할 기회 자체가 만들어지지 않는다. 히멜파브도 이렇게 지적한다. "시간이 부족해요. 대개 우리는 하루하루를 살아가느라, 감기 걸린 자식을 돌보느라, 대출금을 갚느라 정신이 없지요." 결과적으로 불평등, 빈곤, 기후변화 같은 문제를 논의하는 데 사람들을 참여시키기가 점점 더 어려워지고 있다. 개인적인 관점에서 보자면 그런 문제들이 '뜬구름 잡는' 문제처럼 보이지 '눈앞의 현실적인' 문제로 보이지 않기 때문이다. 공공 문제를 논의할 기회가 사라진 또 다른 이유는 우리가 공공장소에서 자신과 다른 관점이나 경험을 가진 사람들과 상호작용하며 보내는 시간이 점점 줄어들고 있기 때문이다. 결과적으로 애초에 공익이 존재한다는 감각 자체가 사라지고 있다. 또한 분열을 부추기는 정치 활동과 점점 자라나는 불평등 역시 사회적 신뢰를 무너뜨리고 있다.

히멜파브의 설명에 따르면 보수 성향을 띠는 캐나다인이 늘어났다

168

는 증거는 존재하지 않는다. 스스로를 보수라고 인식하는 사람이 20퍼센트 정도 있을 것이고 역시 비슷한 수가 스스로를 진보로 인식할 것이다. 그 외에 대부분은 뚜렷한 정치 성향을 가지고 있지 않으며 내적으로 보수적인 가치와 진보적인 가치를 놓고 갈등하고 있을 뿐이다.

캐나다에서 보수당은 대중을 설득할 필요도 없고 논쟁에서 승리할 필요도 없다. 그저 논의 자체를 피하면 된다. 히멜파브는 이처럼 아무 것도 하지 않는 태도를 가리켜 '디폴트에 머무르는 태도' 혹은 '중력을 따르는 태도'라고 부른다. 개인주의와 소비지상주의가 만연한 시대에는 공공 기관을 향한 신뢰를 무너뜨리기가 쉽다. 불확실성이 지배하는 시대에는 우리와 다른 사람들을 향한 신뢰를 무너뜨리고 두려움을 불러일으키기가 굉장히 쉽다. 진지하고 도덕적인 담론을 나누기 위해서는 그리고 두려움과 불신에 대처하기 위해서는 '중력을 거스르는 태도'가 필요하다. 그렇게 하는 데 에너지와 노력이 드는 것은 물론 공익에 대한 실질적인 인식이 요구되기 때문이다. 히멜파브는 "중력을 따라 움직이는 것은 쉽다"고 말한다. 실제로 수많은 사상가들이 인간은 위기가 닥치지 않는 이상 기존 흐름을 따라가기를 선호한다고 주장했다. 우리가 환경 문제에 아무런 조처를 취하지 않는 주된 이유도 바로 그런 성향 때문이다. 우리는 현상을 유지하려는 편향을 가지고 있다. 변화는 많은 노력이 드는 일이다.

따라서 기후변화 반대론자들이 취할 수 있는 가장 쉬운 전략은 광장을 손상시키고 담론을 가로막음으로써 대중의 역량과 의지 자체를 제한하는 것이다. 그들은 대중에게 기후변화가 진실이 아니라고 설득할 필요가 없다. 그저 지지자들 각자가 (우리 모두가 그러듯이) 자기이익을 추구하고 있을 뿐이라고 믿게 만들면 된다. 제대로 된 진실을 말하는 사람이 없다고 의심하게 만들고 상대가 제시하는 해결책이 어마어마하게 위험한 생각인 양 위험성을 과장하면 된다.

"사회 같은 건 존재하지 않습니다"

내가 인터뷰한 다른 많은 사람들과 마찬가지로 히멜파브 역시 전통적인 레토릭 전략인 '인신공격성 발언(상대의 논리가 아니라 메신저를 겨냥한 비방)'이 최근 점점 더 효과적으로 먹히고 있다는 사실에 주목한다. 메신저 공격은 과학자들의 입을 틀어막을 수 있으며 믿을 만한 데이터나 의회에서 토론할 거리를 제시할 수 있는 중립적이고 과학적인 시도 자체를 차단할 수 있다. 이에 대해 지지자들은 그저 공적 담론을 포기하는 수밖에 없다. 사실상 민주주의를 향한 공격이 벌어지고 있는 셈이다.

히멜파브는 여기에 똑같이 대응해서는 문제를 해결할 수 없다고 강조한다. 더 나은 상대법을 찾지 못한다면 진보 진영은 어떤 목표도 이룰 수 없다는 것이다. 히멜파브는 진보 진영이 둘 수 있는 전략적인 수를 몇 가지 제시한다.

첫째로 더 나은 미래를 그릴 수 있어야 한다. 캐나다의 보수 진영은 누군가 긍정적인 미래상을, 우리가 긍정적인 무언가를 이룰 수 있다는 가능성을 제시할 때마다 이를 묵살하는 면에서 탁월한 실력을 뽐내왔다. 하지만 분명 대부분의 국민들은 더 친환경적이고 더 공정한 나라를 원한다.[2] 그렇다면 우리가 스스로에게 물어보아야 할 점은 '과연 우리는 그런 나라를 만드는 것이 가능하다고 믿고 있을까?'라는 질문이다. 과연 우리는 서로가 각자의 역할을 잘 해낼 것이라고 믿고 있을까? 그렇지 않다면 멸망을 예고함으로써 사람들에게 동기를 부여하고자 하는 환경운동가들은 사실상 공포심을 조장하고 있는 것이나 마찬가지다.

히멜파브는 그 대신 우리가 설득력 있는 이야기를 제시해야 하며 대중이 사안에 관심을 쏟아야 하는 이유를 명확히 표현해야 한다고 주장한다. 환경운동가라면 "이전 세대가 성공적인 인프라와 환경을 구축하기 위해 해야만 했던 일을 묵묵히 수행했던 것처럼 우리 세대 역시 똑같은 의무를 이행할 필요가 있다"고 역설해야 한다. 설득의 기술을 연마하기 위해 노력해야 하며 지금 우리가 하는 일이 우리가 할 수 있는 최선이라는 식의 보수적인 태도에 빠지지 않도록 주의해야 한다. 의견이 양극화되지 않도록 조심해야 하며 스펙트럼상의 다양한 목소리를 골고루 제시해야 한다.

한쪽에서는 '세상은 이기적인 개인들이 서로 경쟁을 벌이는 경기장에 불과하다'는 인식을 널리 퍼뜨리는 데 성공했다. 이런 인식 속에서 일반 대중은 상호 책임을 공유하는 시민이라기보다는 소비자이자 납세자에 지나지 않는다. 히멜파브는 "사회 같은 건 존재하지 않습니다"라고 말한 마거릿 대처Margaret Thatcher의 악명 높은 발언이 이를 단적으로 나타낸다고 지적한다. 만약 그런 주장이 사실이라면 모든 문제는 개인의 탓으로 귀결된다. 부자는 부유할 만하기 때문에 부유한 것이고 빈자는 가난할 만하기 때문에 가난한 것이다. 시스템적인 문제도 집단적인 해결책도 존재하지 않는다.[3] 히멜파브는 하필 우리가 집단으로서 전례 없이 거대한 문제를 마주한 때에 우리의 집단적인 연장통이 텅텅 비어 있다며 걱정한다.

얼마나 충분한 정보를 가지고 정치에 참여하는가

히멜파브와 대화를 나누다 보니 수십 년 전에 사회학자 C. 라이트 밀스 C. Wright Mills가 사적인 문제를 공적인 사안과 연결하는 능력으로서 '사회학적 상상력'을 강조한 것이 생각났다.[4] 결국 우리에게 주어진 과제도 그와 같다. 즉 사람들의 관심을 집단적인 문제와 해결책에 다시 연결시켜야 한다. 히멜파브 역시 우리가 긍정적인 서사를 풀어나가는 면에서 훨씬 능숙해져야 한다고 촉구한다. 사람들이 더 많은 일들이 가능하다고 믿게 만들어야 하고 사람들을 광장에 참여시켜야 하며 사람들에게 지금보다 합리적이면서도 실행 가능성이 높은 대안을 제시해야한다. 또한 우리는 광장을 사람들이 자신의 일상(예컨대 부모로서의 역할)과 관련된 도덕적 담론이나 이야기를 들을 수 있는 장소로 재정립해야한다.

민주주의는 시민이 얼마나 충분한 정보를 가지고 정치 과정에 참여하는가에 달려 있다. 이성, 정보, 토론을 향한 공격은 모두 민주주의를 향한 공격이나 마찬가지다. 사회가 존재하지 않는다는 주장이나 "지금은 사회학 이론이나 펼칠 때가 아니"라는 주장(2013년에 캐나다 총리 스티븐 하퍼가 발언한 내용)[5] 역시 사람들이 공적 담론에 참여할 기반을 약화

172

시킬 뿐이다. 히멜파브는 이렇게 말한다. "사람들이 정보와 지식을 가지고 있고 토론에 참여할 능력을 가지고 있다면 지금 벌어지고 있는 일들을 그냥 받아들이지는 않으리라 생각합니다. 그리고 바로 그게 보수 진영이 두려워하는 일이지요. 진보 진영에 있어서 핵심은 우리에게 주어진 최선의 증거들을 가지고 진보를 이룰 수 있을 뿐만 아니라 그렇게 하는 것이 바람직하다는 확신을 회복시키는 것입니다. 물론 우리는 도덕적인 담론에도 다시 참여해야겠지요."

히멜파브는 "무엇보다 중요한 일은 오늘날의 시장지상주의를 대체할 대안이 없다는 믿음을 거부하는 것"이라고 말한다. 실제로 정치인이 아무런 대안이 없다고 주장할 때마다 우리는 오히려 대안이 존재한다고 확신할 수 있다. 게다가 그 대안은 제공되기만 한다면 우리가 반길 대안일 가능성이 높다. 상황을 반전시키려면 우리가 가능하다고 생각하는 일의 범위를 넓혀야 한다. 히멜파브는 이렇게 덧붙인다. "물론 사람들의 마음을 바꾸는 것은 감정이지 사실이 아니라는 증거가 점점 드러나고 있지만 여전히 우리가 상황을 풀어내기 위해 할 수 있는 최선은 사람들이 충분한 정보를 가지고 참여하는 민주주의의 장을 구축하는 것입니다. 그리고 그렇게 하려면 이성을 향한 공격, 전문가와 전문성을 향한 공격, 증거와 과학을 향한 공격을 언제나 물리쳐야 합니다."

마지막으로 히멜파브는 우리가 단기전이 아니라 장기전을 치르고 있음을 깨달아야 한다고 강조했다. 연설 한 번을 잘하거나 전략 한 번을 영리하게 짠다고 해서 세상을 바꿀 수는 없다. 우리는 그저 다음 차례 선거에만 초점을 맞추는 것이 아니라 끊임없이 반복해서 행동을 취해야 한다.

목소리를
빼앗는 전략

제이슨 스탠리

민주주의는 오직 우리가 정상적이고 합리적인 토론을 나눌 수 있을 때 제대로
작동합니다. …… 따라서 우리는 그런 일이 가능한 환경을 조성해야 해요.

• 제이슨 스탠리(Jason Stanley)

제이슨 스탠리는 매사추세츠 공과대학(MIT)에서 박사 학위를 취득한
철학 및 인식론 교수다. 스탠리는 현재 예일 대학교에서 민주주의와 프
로파간다에 관한 강의를 하고 있으며 광장의 오염에 직결되는 대중기
만 행위들을 연구하고 있다.

스탠리의 설명에 따르면 오늘날 사람들을 침묵시키기 위해 다양한
레토릭 전술이 사용되고 있으며 그중에서도 가장 노골적인 전술은 '윤
리적'이라는 단어나 '청정'이라는 단어를 석유나 석탄에 붙여 사용하는
식의 단어 악용 사례라고 한다. 《뉴욕타임스》에 기고한 기사에서 스탠
리는 일종의 코드명을 사용해 지지자를 결집시키는 전략이 정계에서

흔히 사용된 전략이기는 하지만 최근에는 대중매체에서도 그런 표현들이 쉽게 눈에 띈다고 지적했다.[1]

스탠리는 근거 없는 혐의를 제기하거나 의미를 곡해하거나 모순적인 진술을 하는 일이 모두 동일한 효과를 불러일으킨다고 설명한다. 그런 행위들은 실질적인 주장을 하기 위해서라기보다는 다른 사람들의 목소리를 침묵시키기 위한 언어적 전략에 가깝다. 예컨대 오바마Barack Obama 전 미국 대통령이 이슬람 비밀요원이라거나 케냐에서 태어났다는 황당한 주장은 그를 신뢰하기 힘든 인물로 부각시켰다. 오바마의 공약이나 주장을 정당하게 반박함으로써가 아니라 오바마를 향한 대중의 신뢰를 무너뜨림으로써 그가 하는 말을 액면 그대로 받아들일 수 없게 만들었다. 결과적으로 목소리를 빼앗은 셈이다. 단적인 예로 폭스뉴스가 오바마를 '위장한 무슬림'이라고 몰아붙이는 기사를 내보냈을 때[2] 모두의 진실성에는 금이 갔으며 합리적인 담론을 나눌 기회는 증발해 버렸다.

사실에 대한 공격

이는 아주 단순한 전략이다. 대중이 자신을 신뢰하지 않는다면, 스스로도 자신의 주장이 충분히 신뢰가 가지 않는다면, 자신이 추구하는 가치나 이익을 대중이 공유하지 않는다면, 사실이 자신의 편이 아니라면 상대방이 기득권을 쥐고 있는 것처럼 보이게 만듦으로써 상대방의 진실성을 공격하고 약화시키면 되는 것이다.

애초에 대중이 미디어에 진실을 기대하지 않는다면 정치 후보들이 거짓말을 하더라도 책임을 물을 수 없다. 그렇다면 모두가 처벌을 받지 않고 거짓말을 하는 것이 가능해진다. 속이는 일에 불리한 점이 없어진다. 모두가 "다들 그러잖아요"라고 변명할 수 있다. 결국 대중은 누구도 진실을 말하지 않는다고 생각하기 시작한다. 결과적으로 과학자들마저 자신의 이념에 맞추어 데이터를 조작하리라고 생각한다.

스탠리는 이런 전략을 '객관적 사실에 가하는 공격'이라 칭한다. 과학자가 제시하는 사실이 모호해진다면, 모두가 불필요하게 사안을 복잡하게 만들거나 정치적 어젠다를 밀어붙이려고 한다면 공적 담론은 혼란 속에 빠진다. 사람들은 금세 이렇게 생각한다. "기후학자들은 그저 우리가 좋은 옷을 입고 채식 식단을 먹게 만들려고 저렇게 애쓰는 거야. 우리의 문화적 기준을 바꾸려는 거지. 저들은 실제로 무슨 일이 벌어지고 있는지 알려주려는 게 아니라 우리가 동요하기를 원하는 거야."[3]

스탠리는 알렉스 히멜파브가 제기한 문제를 더 깊이 파고들었다. 스탠리의 설명에 따르면 폭스뉴스 같은 미디어의 목표는 충분한 조사를 거쳐 정확한 기사를 보도하는 것이 아니라 고의적으로 정보를 뒤섞고 소음을 내보냄으로써 진실을 가려내기 어렵게 만드는 것이다. 스탠리가 이런 통찰을 얻게 된 때는 몇 해 전 폭스뉴스를 시청하고 있을 때였다. 스탠리는 문득 '공정하고 균형 잡힌' 보도를 하겠다는 폭스뉴스의 주장이 무슨 의도일까 궁금해졌다. 스탠리와 친구들 모두 아무도 그런 주장을 믿지 않으리라 생각했기 때문이다. 결국 스탠리는 폭스뉴스가 사건이나 사안을 정말로 공정하고 균형 잡힌 방식으로 보도하겠다는 뜻은 아닐 것이라고 판단했다. 오히려 폭스뉴스를 운영하는 루퍼트 머독Rupert Murdoch이 전하고자 하는 메시지는 다음과 같다. "모두가 자신의 이익을 위해 다른 사람을 조종하려 애쓰고 누구도 자기 귀에 들어오는 말을 믿지 않는 세상에서 공정이 무슨 의미가 있고 균형이 어떻게 가능하겠나? 어차피 믿을 만한 존재는 아무도 없다."

더 나아가 스탠리는 폭스뉴스가 일종의 침묵시키기 전략을 사용하고 있다고 지적한다. 폭스뉴스는 특히 폭스뉴스가 균형 잡히지도 공정하지도 않다는 점을 완벽히 인지하고 있는 시청자들에게 스스로를 '공정하고 균형 잡힌' 뉴스라고 소개함으로써 사실상 그런 뉴스는 존재하지 않으며 오로지 프로파간다만 존재한다고 주장하고 있는 것이나 마찬가지다. 결과적으로 모든 뉴스 미디어가 진실성을 의심받으며 목소리를 빼앗기게 된다.

스탠리는 우리가 더 이상 진실을 기대하지 않고, 공인에게 책임을 묻지 않기 때문에 민주주의가 위기에 놓여 있다고 경고했다. 위기를 알리는 초기 징후 중 하나는 사실을 받아들일 줄 모르는 조직이나 기관이 등장하는 것이다. 그들은 사실이 자신들의 이익에 부합하지 않기 때문에, 그리고 상대가 더 나은 신빙성을 확보하고 있기 때문에 사실을 거부하고자 한다.

언어 선점 전략

더 이상 정확성과 증거에 기반을 둔 전통적인 토의가 벌어지지 않을 만큼 광장의 질은 하락했다. 이런 상황 속에서 전형적인 대응책은 상대방의 평판을 더럽히는 것이다. 기후변화 논쟁을 예로 들자면 사람들이 취하는 새로운 작전은 우선 연구와 학문을 비방하고 그다음 학자의 평판과 신뢰성을 깎아내리는 것이다. 이런 일은 어떻게 벌어질까? 스탠리의 설명에 따르면 일반적인 전략은 사실 자체에 의문을 제기하기보다는 언어 표현을 선취하는 것이다.

스탠리는 이렇게 말한다. "긍정적인 주장을 표현할 만한 언어적 수단을 한쪽 진영이 전부 장악한 상태라면 특정 정책의 비용과 이익에 대해 합리적인 토의를 벌이기가 굉장히 힘들어집니다." 이런 식으로 언어를 능숙하게 통제하는 모습은 조지 오웰George Orwell이 자신의 작품에서 명쾌하게 드러낸 바 있다. 오웰의 작품에 등장하는 일당 독재 국가는 국민의 자유로운 사고를 막기 위해 '뉴스피크Newspeak'라는 언어를 고안한다.[4] 스탠리는 폴란드 출신 저널리스트이자 비교문학 교수인 빅토르 클렘페러Victor Klemperer의 일지에도 비슷한 형태의 프로파간다가 섬세하게 묘사되어 있다고 소개한다.[5] 클렘페러는 1933년에서 1945년까지 독일에서 생활한 경험을 기술하면서 어떻게 프로파간다가 언어 표현의 가치를 뒤바꿀 수 있는지 생생하게 보여준다. 예를 들어 '특별대우'라는 표현은 살인을 에둘러 지칭하는 표현으로 바뀌었다. '강력 취조'는 고문을 뜻하는 새로운 표현으로 자리 잡았다. '광신적'이라는 단어는 찬사를 보내는 표현으로 격상되었다.

정책 이름을 '이라크 해방 작전'이나 '세금 완화 정책'이라고 붙여 놓은 상황에서 정책의 장단점을 이성적으로 논의하기란 쉽지 않다. 언어 선점 전략은 다양한 형태로 나타난다. 사실 '청정 석탄'이나 '윤리적 기름'이라는 표현 역시 여기에 포함된다. 이처럼 긍정적인 어휘를 먼저 장악하는 전략은 반대자들이 마치 명백히 유익한 일을 반대하는 것처럼 보이게 만든다. 스탠리는 이렇게 지적한다. "주장을 펼칠 만한 어휘를 가로챔으로써 상대를 침묵시킬 수 있습니다."

언론의 자유만으로는 부족하다

민주주의는 오직 광장에서 합리적인 토론이 가능할 때에만 제대로 기능한다. 온갖 언어 표현이 잘못 규정된 상황에서는 토의 민주주의가 존재할 수 없다. 사람들이 청정 석탄이나 윤리적 기름 같은 것이 실제로 존재한다고 착각하게 된다면, 사람들이 정확한 사실을 파악하고 활용하기를 어려워한다면, 사람들이 전문가를 신뢰하지 못하게 된다면 합리적인 토론의 기반이 사라진다. 마치 토대를 놓지도 않고 건물을 세우겠다는 것이나 마찬가지다.

스탠리는 우파 미디어와 그들이 의존하는 '진실스러움truthiness(풍자가 스티븐 콜버트가 증거나 논리 대신 직감으로 무언가가 사실일 것이라고 느끼는 태도를 비꼬기 위해 만든 용어)'[6]의 개념을 분석하면서 침묵시키기 전략이 광장에 미치는 악영향을 걱정하게 되었다고 밝힌다. 만약 시민들이 믿을 만한 뉴스를 접할 수 없다면 그들은 의심과 불신으로 가득 차게 된다. 스탠리는 이렇게 설명한다. "주류 언론이 오직 프로파간다만 내보내는 사회에서는 누구도 진실하지 않다는 믿음이 팽배하며 그런 믿음의 영향력은 온 사회에 명확히 나타납니다. 정부 당국이 프로파간다를 퍼뜨리는 국가에서 성장한 사람들은 상대를 신뢰하는 경험을 할 수가 없어요. 그처럼 권위주의적인 사회에서는 정치인이 하는 말이든 미디어에서 나오는 말이든 공적 발언 자체에 대한 대중의 신뢰가 산산조각이 나기 때문에 광장에서 솔직한 소통을 나눌 가능성 자체가 위태로워집니다."

스탠리는 북한을 예로 들었다. "분명 북한에서는 광장에서 논의가 이루어지는 방식이 어딘가 한참 잘못됐어요." 북한에서는 서로가 서로를 신뢰하지 못하며 누가 무슨 말을 하든 프로파간다라고 생각하기 때문에 불신한다. 어쩌면 이를 보고 우리는 언론의 자유만 보장된다면 토의민주주의가 가능한 환경이 조성되리라고 기대할지도 모른다. 하지만 스탠리는 이렇게 지적한다. "그렇다면 캐나다는 왜 아무도 서로의 말을 믿지 못하는 광장을 가지게 된 걸까요? 어떤 면에서는 북한과 비슷하지요. 우리는 언론의 자유를 가지고 있는데도 말이에요. 참 불가사의한 일입니다."

이에 대한 답은 모두가 자신만의 사실을 꾸며낼 권리를 가지고 있는 이상 진실성을 가지고 말할 능력 역시 저해된다는 것이다. 따라서 스탠리는 언론의 자유 하나만 가지고는 합리적인 토론을 나눌 환경을 조성할 수 없다고 결론 내렸다. 그에 더해 신뢰와 정직이 반드시 필요하다. 스탠리는 이것이 상대를 침묵시키는 전략에 맞서기 위한 초석이라고 지적한다.

캐나다에 윤리적 기름 캠페인이 등장하기까지는 여러 과정이 있었다. 처음에 석유 기업과 캐나다 보수당 정부는 기후변화 자체를 거의 외면하다시피 했다. 그런데 갑자기 유럽과 캘리포니아에서 환경보호

법안이 나타나기 시작했고 월마트 같은 영향력 있는 기업이 저탄소 상품에 관심을 보이기 시작했다. 게다가 유럽연합이 온실가스 배출량을 억제하기 위해 연료 품질 지침Fuel Quality Directive을 발표하자 캐나다산 석유는 오염원으로 낙인찍힐 위기에 처했다. 유럽연합은 특히 오일샌드에서 추출한 석유가 환경에 유해하다고 지목하려 한 적도 있었다. 이는 유럽의 정유소들이 오일샌드에서 추출한 석유를 수입할 가능성을 낮출 수 있었다. 심지어 캘리포니아가 저탄소연료표준Low Carbon Fuel Standard 법안을 통과시키는 바람에 앨버타의 석유 기업들과 미국의 관련 단체들은 다른 주들이 비슷한 법안을 통과시키지 못하도록 막기 위해 압력을 가해야만 했다.

이제 캐나다 정부와 석유 기업은 환경보호 법안이 입법되는 꼴을 가만히 지켜보고만 있을 수 없게 되었다. 훨씬 공격적인 자세를 취해야 했다. 그래서 그들은 외자 지원을 받는 근본주의 단체들이 캐나다의 '윤리적 기름'을 공격하고 있다는 혐의를 지어내 퍼뜨리기 시작했다. 일순간에, 석유 기업을 비판하는 사람은 캐나다의 번영과 주권을 위협하는 존재로 내몰리게 되었다. 이 새로운 프레임은 환경보호 공동체로 하여금 수비적인 자세를 취할 수밖에 없도록 만들었다.

이런 종류의 프레임은 사람들이 메시지를 소통할 기회 자체를 차단한다는 점에서 효과적으로 반대자를 침묵시킬 수 있다. 캐나다에서 정유 사업이나 기후변화는 더 이상 논쟁거리가 되지 못했다. 석유 산업을 비판하려는 단체들은 일단 자신들이 돈세탁을 하고 있다는 혐의부터 반박해야 했다. 비영리 단체들은 스스로를 해명하는 데 어마어마한 시간을 낭비해야만 했다. 결국 저들의 목표는 진실을 밝히는 데 있지 않았다. 비판의 목소리를 잠재우고 공적 담론의 방향을 애먼 곳으로 돌리는 데 있었다. 한순간에 노던게이트웨이 송유관로 논쟁 역시 엔브리지의 안전 실적이나 송유관 누수 가능성에 관한 논쟁이 아니라 해외 자본과 캐나다 주권에 관한 논쟁으로 뒤바뀌고 말았다.

진실을 흐리는
가스라이팅

|

브라이언트 웰치

똑같은 메시지를 똑같은 언어로 반복해서 듣다 보면 일종의 사상 주입이 이루어
집니다.

• 브라이언트 웰치(Bryant Welch)

앞서 오늘날 우리가 마주한 소통 문제를 해결하기 위해서는 감명적이
면서도 설득력 있는 의사소통 방식을 찾아내야 하며 사람들이 더 많은
정보를 이해하도록 도와야 한다고 했다. 하버드 출신의 법률가이자 심
리학자, 로비스트, 작가인 브라이언트 웰치 역시 교묘하게 심리전을 펼
치는 사람들은 우리에게 필요하지 않다고 지적한다. 《교란 상태State of
Confusion(국내 미출간)》에서 웰치는 그런 심리전 기술 중 하나로 '가스라
이팅gaslighting'을 소개한다.[1]

'가스라이팅'이라는 용어는 1944년도 스릴러 영화 〈가스등Gaslight〉에서
유래했다. 런던의 도시주택을 배경으로 한 이 영화에서는 아내를 조종

하려 드는 남편이 가스등의 밝기를 조절해 아내를 미치게 만들려고 한다. 남편의 전략은 단순하다. 아내가 집의 가스등 밝기가 바뀐다고 말할 때마다 매번 사실이 아니라고 부인하는 것이다. 이런 정신 공격은 아내의 현실감과 자존감을 갉아먹음으로써 아내를 거의 미치기 직전까지 몰고 간다.[2] 웰치의 주장에 따르면 오늘날의 광장에서도 가스라이터들이 정교한 형태의 속임수, 심리전, 선전 기술을 사용함으로써 광장을 혼란에 빠뜨리고 대중의 취약점을 이용하려 하고 있다.

정보의 습격과 전문성의 위기

캘리포니아 통합학문대학원California Institute of Integral Studies에서 임상심리학회 회장을 맡기도 한 웰치는 서양인들의 정신이 지나치게 많은 정보에 압도당한 데다가 세계와 기후환경에 벌어지고 있는 일들 때문에 잔뜩 겁을 먹은 상태다 보니 속임수에 점점 취약해지고 있는 것 같다고 설명한다. 최근 여러 해 동안 우리의 정신은 가파른 학습 곡선을 마주해왔다. 세상이 변화하는 속도가 굉장히 빠를뿐더러 우리가 흡수하고 대응하고 고민해야 할 정보가 어마어마하게 많이 생겨났기 때문에 우리의 뇌가 감당해야 할 정보량은 기하급수적으로 증가했다. 웰치는 점점 더 많은 사람들이 이런 정보의 맹습을 이해하고 받아들이는 데 어려움을 겪고 있다고 말한다. 정신이 과부하를 겪으면 우리는 점차 '고전적이고 원시적인 형태의 정신적 해결책'에 몰두하게 된다. 그런 해결책 가운데에는 희망적 사고wishful thinking(사건을 해석할 때 실제 증거가 아니라

자기 소망대로 해석하는 경향—옮긴이)라든가 불쾌한 자극을 부인하고 외면하려는 태도 등이 있다.[3]

정신이 '붕괴 상태'에 이른 사람이 고려하는 또 다른 선택지는 다른 사람, 특히 매력이 넘치고 자기주장이 강한 사람이 자신을 이끌어주기를 기대하는 것이다. 기후변화 같은 복잡한 문제를 맞닥뜨렸을 때에는 단순한 해답이 받아들이기에 부담이 적은 법이다. 정신이 궁지에 몰린 사람은 절대적인 확신을 표출하면서 상황을 통제하려는 권위주의적인 인물에게 마음이 끌린다. 예컨대 폭스뉴스나 러시 림보Rush Limbaugh(가짜뉴스 생산자로 악명이 높은 미국의 극우주의 방송인—옮긴이)를 떠올려보라. 대중이 명료함을 갈구하는 것은 충분히 이해할 만하다. 하지만 이런 취약점 때문에 PR의 어두운 측면이 부각되고 있다. 웰치의 주장에 따르면 오늘날 사람들은 '독재적인 상황'을 너무나 쉽게 받아들인다. 기후변화 같은 문제에 대응하려면 희생이 요구된다는 사실을 외면하고자 합리화하는 것이다. 한 사람이 "지구가 멸망할지도 몰라요"라고 경고하는데 다른 사람이 "말도 안 돼요. 그런 끔찍한 가능성은 쳐다볼 필요도 없어요"라고 주장하면 선택을 내리기가 쉽지 않다. 게다가 경고를 전한 전문가에게 엘리트주의적인 '유사 지식인'이라는 모함까지 더해지면 경고를 무시하고 '부적응적인 대처 방식'을 취하기가 훨씬 더 쉬워진다.

웰치는 오늘날 전문성의 위기가 무엇이든 마음 가는 대로 믿으라는 사고방식과 밀접히 연관되어 있다고 보았다. 2006년에 코미디언 스티븐 콜버트는 이런 세태를 이렇게 풍자한 적이 있다. "브리태니커 백과사전이 뭔데 나보고 파나마운하가 1914년에 완공되었대? 내가 1941년에 완공되었다고 말하고 싶다면 그렇게 말하는 게 미국인으로서 내 권리라고."[4] 웰치는 바로 이런 사고방식이 수많은 야만적인 정치 과정의 원동력이 되었다며 티파티 단체들에게서도 이런 생각을 엿볼 수 있다고 지적한다. 사람들이 합리적인 사고방식을 포기하고 기분을 좋게 하는 신념에 빠지도록 독려하는 데 성공한다면 그다음은 끝없는 내리막길이다. 웰치의 말대로 사람들은 '맹신'에 빠지게 된다.

웰치는 이런 과정이 가스라이팅이나 다름없다고 보았다. 사람들이 스스로의 인식 및 관찰 능력을 의심하도록 만들기 때문이다. 이런 일이 벌어지면 사람들은 자주성을 잃어버리며 다른 존재에게 현실 인식을 대신 떠맡겨버린다. 비합리적으로 변하며 스스로 생각하는 법을 잊어버린다. 웰치의 말을 빌리자면 "점점 더 폭스뉴스에 의존"한다. 실제로 오늘날 많은 사람들이 어떻게 생각해야 할지 대신 말해주는 강력한 존재에 기대고 있다.

정치가들이 사용하는 가스라이팅 사례

가스라이팅 사례는 곳곳에서 찾아볼 수 있다. 매스컴이 시도하는 가스라이팅이나 이라크 전쟁 문제, 9·11 테러 대응 문제, 기후변화 문제 등을 논의하는 과정에도 가스라이팅을 볼 수 있다. 자격을 갖춘 과학자들이 기후가 어떤 식으로 변화하고 있는지 설명하면 경쟁기업연구소Competitive Enterprise Institute, 카토연구소CATO Institute, 하트랜드연구소Heartland Institute 같은 이념 지향적인 단체들은 사람들을 혼란시키기 위해 '과학적 현실'을 자기 식대로 구축해 새롭게 제시한다.

186

심리치료사로 커리어를 시작했으며 이후 미국심리학회 소속으로 워싱턴에서 일하기도 한 웰치는 특히 정부에서 가스라이팅이 의식적이고 계획적이며, 전문적인 형태로 나타나고 있다고 말한다. 웰치는 사적 영역과 공적 영역 사이에 벌어진 간극에 충격을 받았다. 심리치료사로서 개인 면담을 할 때에는 다들 온전히 솔직해지고 현실을 가능한 한 명확히 인식하려고 애써야 한다는 식으로 대화가 진행되었는데 오히려 공적인 장소인 워싱턴에서는 정반대의 양상이 나타났기 때문이다. 워싱턴 사람들은 완전히 새로운 현실을 창조하려고 애쓰고 있었다. 웰치는 이를 두고 '로브식 접근법Rovian approach'이라 불렀다.[5] 말하자면 이런 식이다. "사람들에게 존 케리John Kerry(2004년 미국 대선에서 부시에 맞서 출마한 민주당 후보—옮긴이)가 나라를 이끌 만한 인물이 아니라고 설득할 만한 방법이 뭐가 있을까? 케리가 가장 특출한 점이 뭐지? 군 이력이지. 그렇다면 그저 사람들에게 케리가 겁쟁이라고 말하기 시작하면 되겠군. 그러다 보면 그게 현실이 되겠지." 그릇된 관점에서 시작해 사람들의 현실 인식을 조작하는 전략인 셈이다. 간단히 말해 프로파간다나 다름없다.

그렇다면 우리는 왜 거짓 정보 공작에 취약한 것일까? 마치 두뇌에 마이크로칩을 심는 것처럼 프로파간다의 위력은 꾸준한 반복을 통해 성장한다. 미국 정치 풍자가 존 스튜어트Jon Stewart는 이따금 정부 인사들이 인터뷰하는 자료를 열댓 개 모아서 보여주는 프로그램을 진행하고는 한다. 이를 보면 한 사안을 놓고 열댓 명 모두가 똑같은 말을 내뱉는 것을 확인할 수 있다. 사람들이 이처럼 똑같은 언어를 반복해서 듣다 보면 일종의 사상 주입이 이루어진다. 해답을 찾아내려고 고군분투하고 있는 두뇌에 작은 칩을 하나 심어주면 두뇌는 고마워할 것이다. 멍청해 보이고 싶지 않았기 때문이다. 사람들은 답을 몰라 당황했다거나 혼란스럽다는 티를 내기 싫어하기 때문에 사상 주입을 반긴다. 정보를 수집하고 여러 의견을 듣고 전문가와 대화하고 책을 읽고 결정을 내리는 일보다는 훨씬 쉬운 일이다.

오늘날 사람들은 불확실한 상태, 불안한 상태를 견딜 줄 모른다. 웰치는 이렇게 말한다. "온 나라가 겁에 질려 있어요. 사람들이 겁을 먹고 있어요." 사람들이 스스로 생각하는 힘을 잃어버리고 변화에 겁을 먹을수록 점점 빨라지는 변화 속도 때문에 상황은 한층 더 악화된다. 하지만 루스벨트 대통령이 말한 것처럼 '우리가 두려워해야 할 유일한 대상은 두려움 자체뿐'이다.[6]

가스라이팅에 어떻게 대응할 것인가?

웰치는 두려움을 치료하는 방법을 고대인의 지혜에서 찾을 수 있다고 생각한다. "명상, 요가 등 동양에서 기원한 수많은 사색 기법이 정신적 외상을 치료하는 데 굉장히 효과적입니다." 욕심과 불안을 내려놓은 채 자신의 현재 경험에 충실할 수 있다면 사람들은 더 차분한 상태로 속임수에 대응할 수 있을 것이다.

비폭력적인 대응 역시 효과적이다. 가스라이팅 피해자가 무반응으로 일관한다면 '상대가 자신의 공격성을 정당화하기 위해 사용하는 투사적 기제'를 약화시킬 수 있기 때문이다. 피해자가 적의를 가지고 대응하기보다는 침묵을 지킨다면 가해자는 공격성을 유지하기가 힘들어진다.

또한 웰치는 가스라이팅에 대응하는 최고의 방법이 피해자의 자각이라고 지적한다. 따라서 우리는 피해자에게 속임수를 까발려줄 수 있다. 마치 〈가스등〉에서 런던경찰국 형사가 아내에게 사건의 진상을 밝혀준 것과 같다. 아내는 남편이 자신을 어떻게 조종해왔는지 깨닫는 순간 자신의 자주성을 회복한다.

나는 웰치에게 정치 지도자들이 현실을 조작하려 들면 국가 차원에서 어떤 일이 일어나느냐고 물었다. 그는 영화 〈가스등〉의 남편과 아내 사이에 벌어진 일과 굉장히 유사한 일이 벌어진다고 답했다. 우선 대중은 조작된 현실 때문에 혼란을 겪는다. 뒤이어 자신의 인식을 의심하기 시작하며 점점 의존적이 되어간다. 결국 더욱 거대하고 터무니없는 거짓말에 속아 넘어간다. "이라크가 대량 살상 무기를 가지고 있다니까 공격하는 수밖에"가 "알카에다랑 한패였으니까 공격하는 수밖에"로 바뀌었고, 이것이 다시 "어쩌면 대량 살상 무기를 개발하고 있을지도 모르니까 공격하는 수밖에"로 바뀌었다. 달마다 말이 바뀌었는데도 사람들은 결국 스스로 생각하는 힘을 잃어버리고 말았다.

정리

오염된 광장

옳고 그름이 모호한 사회

일곱 살 때였다. 나는 도니 피셔먼이라는 친구랑 같이 공원에 가서 언덕 옆에 깊이 파여 있는 오래된 흙구덩이에 들어가 놀곤 했다. 구덩이에는 작은 입구가 있었고 깊이 들어가면 위로 작은 굴뚝만 한 출구가 있었다. 안은 어둡고 으스스했다. 그만큼 재밌었다.

어느 날 구덩이 안에서 놀고 있는데 우리보다 덩치가 큰 소년 패거리가 몰려와서 합판으로 양쪽 입구를 막아버렸다. 도니와 나는 축축하고 깜깜한 구덩이 속에 갇혀 혼비백산했다. 우리가 겁에 질리면 질릴수록, 더 크게 소리를 지르면 지를수록 패거리는 웃음을 터뜨리면서 우리를 조롱했다.

또래한테 괴롭힘을 당한 경험은 그때가 처음이었다. 하지만 캘거리에서도 험하기로 유명한 동네에서 자랐던 만큼 폭력은 그 이후로도 익숙했다. 폭력은 학교를 오고가는 길은 물론 집에서도 마주칠 수 있었다. 아버지가 불쑥불쑥 화를 터뜨리는 난폭한 사람이었기 때문이다. 아버지는 나와 엄마에게 사정없이 주먹을 휘두르곤 하셨다. 어느 날에는 엄마가 임신 중에 문제가 생겨 병원에 가 계셨는데 아버지가 내 머리를 자르시면서 만약 엄마가 돌아가시면 그게 다 내 탓이라고 말씀하셨다. 그러다 갑자기 화가 치밀어 오르셨는지 면도기로 나를 때리셨다. 아직도 내 얼굴 옆에는 그때 생긴 흉터가 남아 있다. 당시에 나는 학교에서 운동을 잘했고 특히 높이뛰기 실력이 꽤 좋았다. 덕분에 나는 그날 밤 아버지가 뒷마당까지 쫓아오셨을 때 두려움을 발판 삼아 높다란 뒷담을 넘어 줄행랑을 칠 수 있었다.

이런 경험들 때문에 주눅들지는 않았다. 오히려 맞서 싸웠다. 겁쟁이가 되고 싶지 않았기 때문이다. 그런데 시간이 지날수록 나 역시 거친 방식으로 세상에 응보를 가하기 시작했다. 싸움을 좋아하는 사람이 되었으며 실제로 여러 차례 싸움에 휘말렸다. 굉장히 거친 친구들을 사귀었고 때로는 그들과 같이 약한 친구들을 괴롭혔다.

하지만 나이를 먹을수록 나는 내 삶의 중추를 이루는 교훈을 배우기 시작했다. 폭력에 맞서는 일과 자기 자신이 폭력배가 되는 일 사이의 섬세한 선을 가를 수 있게 된 것이다.

물론 십대 시절은 혼란스러웠다. 나는 서부극을 보고 들으며 유년시절을 보냈고, 그런 낭만적인 이야기 속에서는 늘 착한 사람이 옳았고 정의가 승리했다. 하지만 내가 맞서 싸우기로 결심할 때마다 늘 상황이 그처럼 영웅적인 방식으로 흘러가지는 않았다. 무엇보다 현실에서는 세상일이 무 자르듯 깔끔하게 구분되지 않았다. 착한 사람이 나쁜 짓을 할 수도 있고 나쁜 사람이 착한 짓을 할 수도 있었다. 때로는 착한 사람이 눈에 멍이 들고 코에 피가 나고 입술이 부어오를 수도 있었다. 나는 때로는 남에게 휘둘리지 않는 착한 사람이었지만 때로는 맞서 싸울 힘조차 없는 사람을 괴롭히는 깡패에 불과했다. 아예 맞서 싸우지도 못하는 겁쟁이일 때도 있었다. 맞서 싸운다고 해서 그게 꼭 용감한 일은 아니었으며 정의가 승리한다는 식의 아름다운 이야기가 펼쳐지는 것도 아니었다.

많은 사람들이 학대나 따돌림 때문에 헤어날 수 없는 늪에 빠져들고는 한다. 하지만 나는 정말 운이 좋게도 명상, 동양철학, 불교에 관심을 갖게 되었다. 1960년대에는 선 철학, 신비주의, 간디 등 동양적 사고에 흥미가 있는 사람들과 어울려 지냈고 점차 새로운 삶의 방향을 정립해 나갔다. 나는 앨런 와츠Alan Watts와 올더스 헉슬리Aldous Huxley의 책을 읽기 시작했고 불교와 히피 문화에 심취해 있던 젊은 여성과 교제를 나누기 시작했다. 어쨌든 사랑과 평화의 시대라는 1960년대였으니까 말이다. 덕분에 나는 껄렁한 불량배로 청년기를 보낸다는 게 전혀 멋지지 않다는 사실을 깨달았다.

몇 해 뒤 로스쿨을 졸업한 후 나는 PR회사를 창립해 성공적으로 꾸려나갔다. 위기 및 문제 관리에 특화된 우리 회사는 고객들이 까다로운 공적 갈등, 평판 문제, 법정 사건을 헤쳐나갈 수 있도록 도왔다. 이따금 PR 공격이나 협박을 가하는 자들을 맞닥뜨릴 때도 있었다. 그들은 선을 정할 줄 모르고 진실을 아무렇게나 가지고 놀았다. 물론 그처럼 노골적인 시도에 짜증이 나기는 했지만 앞으로 겪을 일들에 비하면 아무

것도 아니었다.

한때는 순진하게도 투명성이 해답이라고 생각했다. 불을 환하게 켜면 바퀴벌레들이 깜짝 놀라 구석으로 도망가리라 생각했다. 그러나 환경운동을 시작하고 보니, 때로는 불을 환하게 켜면 오히려 바퀴벌레들이 몸집을 키워서 더 사납고 못되게 군다는 사실을 깨달았다. 이른바 '환경운동'에 발을 들여놓자 완전히 새로운 세계가 펼쳐졌다. 그 속에 가득한 프로파간다와 PR 공격은 내 상상을 한참 뛰어넘을 만큼 충격적이었다. 기후변화, 에너지 소비, 생태계 파괴 같은 문제를 논의하기 시작하자 마치 이념적 광기에 불이 붙기라도 한 것처럼 난폭한 레토릭이 쏟아져 나오고 극단적인 의견 양극화가 벌어졌다.

사람들은 과학자를 공격하고 막대한 양의 프로파간다를 쏟아냄으로써 환경 문제의 본질을 흐리고자 했다. 환경 파괴 자체에 분노하기도 바쁜 나는 광장을 가득 메운 속임수와 페어플레이의 부재 때문에 더욱 분노하게 되었다. 나는 대체 왜 이런 일이 벌어질까 궁금했다. 그러던 어느 날 한 생각이 뇌리를 스쳤다. "불량배는 비단 학교 운동장에서만 문제를 일으키는 게 아니구나. 공적 영역에서도 사람들을 겁박해 돈을 빼앗으려 하는구나."

광장으로 나아가며

환경 문제를 논의하는 광장에는 환경에 무관심하며 그저 자기이익을 챙기거나 이념을 설파하는 데에만 관심이 있는 불량배들이 가득하다.

흙구덩이 밖에서 나를 조롱했던 소년들처럼 그들 역시 다른 이들을 지배하려 한다. 나는 그런 식으로 행동하면서도 죄책감을 느끼지 않는 사람들 때문에 화가 났다.

환경 단체를 해외 자본의 지원을 받는 급진주의 단체로 몰아간 캐나다의 캠페인은 본질적으로 상대를 괴롭히고 모함하는 불량배의 행동과 다를 바 없다. 과학자를 비방하고 과학 연구를 폄하하려고 시도한 기후게이트 사건 역시 마찬가지다. 미국의 해양생물학자이자 환경운동가인 레이첼 카슨Rachel Carson이 자신의 저서 《침묵의 봄Silent Spring》을 통해 살충제가 건강에 미치는 악영향에 우려를 표하자 반대 세력은 카슨을 히스테리에 빠진 여자, 공산주의자, 급진주의자로 몰아갔다.[1] 제대로 된 토론을 원한다면 절대 그런 공격을 가할 리가 없다. 이런 행위들은 모두 상대의 입을 막으려는 시도에 불과하다. 프로파간다의 중심에는 늘 불량배다운 기질이 자리 잡고 있었던 셈이다.

상황을 더 악화시키지 않도록 주의해야 한다는 댄 카한, 캐럴 태브리스, 로저 코너, 조너선 하이트의 예리한 경고를 떠올릴 때 우리가 고려해야 할 핵심 질문은 '가치관이나 정치관에 상관없이 더 많은 사람에게 다가갈 수 있는 방식으로 소통하려면 어떻게 해야 할까?'다. 우리는 어떻게 우리 자신이 불량배가 되는 일을 피하면서도 옳은 일을 옹호하고 그른 일에 저항할 수 있을까?

미국의 언어학자 데보라 태넌은 논쟁적인 문화가 시민으로서의 삶을 위협하고 있다며 이렇게 말한다. "집 밖의 거리에서 소동이 한 번 벌어지면 당신은 창문을 연 다음에 무슨 일인지 확인하려 하겠지요. 하지만 매일 밤마다 밖에서 그런 소동이 벌어지면 당신은 창문을 쾅 닫은 다음 무시하려 할 거예요."[2]

옳은 일을 어떻게 옹호할 것인가에 대해서는 다양한 의견이 존재해 왔다. 어떤 사람들은 공격적이고 노골적인 방식으로 주장을 피력해야 한다고 생각하는가 하면 어떤 사람들은 상대와 공통 기반을 찾아 협력하는 일이 필요하다고 생각하기도 한다. 이를 두고 데이비드스즈키 재단 임원 회의에서도 여러 차례 논쟁이 있었다. 심지어 마틴 루서 킹이나 마하트마 간디 같은 인권운동 지도자들마저 지지자들이 비폭력 저항 방식의 실효성에 의문을 표할 때마다 자기 입장을 변호해야 했다.

온갖 난투극이 벌어지는 PR 세계에서 불량배를 상대해온 나로서는 다음과 같은 전략들이 효과적이라는 사실을 깨달았다.

1. 가능하면 공개적인 싸움을 피하자. 불에 불로 맞선다고 해서 자신에게 유리한 방향으로 논쟁이 해결되는 경우는 드물다. 나는 대서특필될 만한 싸움에 뛰어들기를 원하는 고객이 있으면 자주 조지 버나드 쇼(George Bernard Shaw)의 경고를 인용해준다. "내가 오래전부터 깨달은 사실이 있으니 결코 돼지랑은 씨름해서는 안 된다는 사실이다. 일단 내가 더러워질뿐더러 어차피 돼지는 씨름을 반긴다." 그리고 보통 여기다 나만의 설명을 덧붙인다. "얼마 지나지 않아 사람들은 나랑 돼지 사이를 구별하지 못하게 될 거예요."

2. 만약 내가 내 이야기를 하지 않으면 다른 누군가가 대신 말할 것이다. 그러면 결과는 안 좋을 것이다. 자기 이야기를 꺼내지 않는다는 것은 게임에 모습을 드러내지 않는 것이나 마찬가지다. 패배를 깔고 간다.

두 조언이 모순되는 것처럼 보일 수 있다. 하나는 기꺼이 미디어의 스포트라이트를 받으면서 자기 생각을 공개적으로 옹호하라고 권하는데 다른 하나는 상대에게 반응하지 말라고 권하기 때문이다. 하지만 상황에 따라 두 전략 다 유용할 수 있다.

'과학자들이 말하는 경고와 눈앞에 드리운 환경 재난에도 불구하고 왜 우리가 행동하지 않는 것이냐'는 데이비드 스즈키의 질문을 고민하면 할수록 우리가 공적 담론이 이루어지는 환경을 더 깊이 이해할 필요가 있겠다는 생각이 들었다. 그래야 우리가 적의, 분노, 혼란이 끊임없이 이어지는 악순환에 빠지지 않을 수 있기 때문이다. 우리는 어떻게 더 설득력 있는 방식으로 소통하면서도 분열과 소외를 초래하는 격양된 소통 방식을 피할 수 있을까? 우리는 어떻게 마음을 터놓고 열정적으로 토론하는 동시에 상대가 방어적인 자세를 취하도록 몰아붙이지 않을 수 있을까?

결국 이 책에서 지적하고자 하는 핵심 문제 역시 옹호자들이 이야기를 잘못된 방식으로 전달해 생기는 의사소통 실패 문제다. 의사소통이 실패하자 정부, 기득권, 환경 단체 등 모두가 프로파간다를 쏟아내고 분열을 자극했으며 의도했든 의도하지 않았든 광장을 오염시키고 말았다. 최종 결과는 진전 없는 교착 상태와 굳게 닫힌 창문이다.

물론 균형을 잡기가 쉽지는 않지만 우리 모두는 틀린 것을 틀렸다고 당당하게 말하면서도 옹호의 덫에 빠지지 않기를 원한다.

불의에 맞서고 진실을 밝히는 '하늘을 위한 논쟁'

진심으로 '하늘이 무너져 내리고 있다'고 믿는다면(절대다수의 기후학자들은 그렇다고 말한다) 우리는 우리가 이 문제를 어떻게 다루고 있는지 살펴보고 더 나은 방식으로 소통하는 법을 배우기 위해 애써야 한다.

소통을 하면 할수록 단단한 벽에 가로막혔다는 느낌이 드는 정부 관계자, 기업 관계자, 시민사회 구성원에게 이 책이 도움이 되기를 바란다. 나는 어느 편에 속하든 올바른 신념을 지닌 사람들을 위해, 공동체가 겪는 일에 진심으로 관심이 있으면서도 사건의 진행 방향에 영향을 미칠 가능성이 있는 사람들을 위해 이 책을 썼다. 이미 사안에 개입한 사람이라면 이 책을 읽고 자신이 하고 있는 일을 재고해볼 수 있을 것이며 아직 사안에 개입하지 않았지만 상황을 개탄하면서 무언가를 하기를 원하는 사람이라면 이 책을 읽고 성공적으로 소통하고 행동할 수 있을 것이다.

지금까지 우리는 우리가 (인간인 이상 따라올 수밖에 없는) 어떤 강력한 심리적·사회적 요인들 때문에 독선적인 팀을 이루고 다른 관점에 귀를 닫는 것인지 살펴보았다. 또한 우리는 우리가 선하고 상대가 악하다고 규정하고자 하는 욕망이 얼마나 강력한지도 살펴보았다. 하지만 캐럴 태브리스를 비롯한 여러 전문가가 상기시켜주었듯이 우리가 틀릴 수 있다는 사실을 늘 기억하는 편이 훨씬 현명할 것이다.

우리는 옹호의 덫이 어떻게 분노를 자극할 수 있는지, 다른 의견을 가진 사람을 적으로 간주할 때 명확한 사고를 하기가 얼마나 힘든지 살펴보았다. 그런 태도는 사람들이 사안을 이해하고 해결책을 찾지 못하도록 방해할 뿐이다. 디스모그블로그 역시 바로 이런 생각에서 출발했다. 그리고 나는 시간이 지나면서 (충분히 의심할 만하더라도) 사람들의 동기나 의도를 공격하는 것이 그들의 저항은 물론 그들을 믿는 사람들의 저항까지 불러일으킨다는 사실을 깨달았다. 더 나아가 그런 공격은 기후변화 해결책을 찾기를 바라는 사람들의 소망과는 정반대로 교착 상태와 좌절을 초래할 뿐이다. 심지어 변호사들조차 법정에서 서로 끝장을 볼 각오로 싸우면서도 상대를 '친애하는 동료'라거나 '뛰어난 벗'이라고 부른다. 그리고 우리 모두 나이를 먹을수록 왜 어릴 때 부모님이 그토록 예절 교육에 힘을 쓰셨는지 깨닫게 된다.

브라이언트 웰치 역시 비폭력이 효과적이라고 주장한다. 공격을 당한 사람이 무반응으로 일관하면 '상대가 자신의 공격성을 정당화하기위해 사용하는 투사적 기제'를 약화시킬 수 있기 때문이다. 피해자가침묵을 유지한다면 가해자는 공격성을 유지하기가 힘들어진다. '자신의 추악한 내면을 곱씹는 것' 외에 달리 할 일이 없기 때문이다. '자기합리화를 시도할 활기'가 줄어든다.[3]

책을 쓰면서 나는 의견 양극화를 새로운 시각으로 이해하는 법을 배울 수 있었다. 빌 모이어스Bill Moyers와 마셜 간츠가 사회운동의 영향력과 유의미한 변화를 이끌어내는 방법을 논의한 2013년도 PBS 특별방송을 볼 때였다. 간츠는 시청자들에게 결코 논쟁을 두려워하지 말라고권했다. 그는 의견 양극화를 비판하면서 "다 같이 잘해보자"라고 말하는 사람들을 싫어한다고 말했다. 의견 양극화가 더 많이 이루어져야 한다고 생각했기 때문이다.[4] 내 입에서는 "뭐라고?" 하는 소리가 크게 튀어나왔다. 큰 충격을 받은 나는 당장 간츠에게 전화를 걸었다. 하지만 짧게 대화를 나눈 뒤에 나는 의견 양극화와 내가 말하는 불량배 짓 사이의 차이를 이해하기 시작했다.

베테랑 사회운동가인 간츠는 중요한 논쟁이 있을 때 결코 자리를 피하거나 전투적인 스탠스를 취하기를 두려워하지 말라고 강조하면서 이렇게 설명한다.[5] "논쟁적인 태도가 민주주의와 거리가 멀다는 생각, 민주주의의 핵심이 의견 일치라는 생각, 의견 양극화가 나쁘다는 생각은 전부 잘못됐습니다. 이 점에 있어서 우리는 단단히 꼬여 있어요. …… 정말 나쁜 건 아무것도 하지 않는 마비 상태입니다." 협상이 오가려면 일단 의견이 나뉘어 있어야 한다. 따라서 민주주의 의사 결정 시스템은 토론과 논쟁을 북돋아야지 가로막아서는 안 된다. 간츠는 이렇게 덧붙였다. "논쟁 조정자라면 기꺼이 다중인격자가 되어야 합니다. 의견을 양쪽으로 몰아붙이면서 논쟁을 고조시켰다가 다시 의견을 하나로 모으면서 논쟁을 가라앉힐 줄 알아야 하거든요." 의견 양극화와 대립 없이는 사람들을 결코 움직이게 할 수 없다.

간츠는 2012년에 오바마가 밋 롬니Willard Mitt Romney를 상대로 첫 대선 토론을 치를 때 크나큰 전략적 실수를 범했다고 지적한다. '충격적인 수준의 수동성'을 보였기 때문이다. 아마 좋은 리더라면 싸움을 피해야 한다는 뿌리 깊은 생각에서 그렇게 했겠지만 그처럼 타협적인 스탠스는 전략적으로는 물론 도덕적으로도 문제다. '진실을 밝혀내기 위해 시민들이 의존해야만 하는 경쟁 기제를 심각하게 손상'시키는 행위이기 때문이다. 간츠의 설명에 따르면 오바마는 진실을 밝혀내기 위해 논쟁에 참여해야 할 책임이 있었다. 마치 형사 사건에서 검사나 변호사가 논쟁을 피하려 해서는 안 되는 것과 마찬가지다. 만약 논쟁을 피한다면 애초에 양측이 대립하도록 구성해놓은 소송의 본래 취지 자체가 무너질 것이다. 스스로를 논쟁 너머에 존재하는 지도자처럼 보이게 만들려고 한 오바마의 전략은 오히려 역효과를 가져왔다.

간츠는 자기 학생들 역시 너무 쉽게 갈등을 회피하려는 경향이 있다며 안타까워했다. 그들은 서로 좋게 이야기하다 보면 결국 모두가 동일한 의견을 가지고 앞으로 나아갈 수 있다고 착각한다. 하지만 간츠의 주장에 따르면 의견 일치는 독재 국가에서나 달성할 수 있는 일이며 시민들이 불의에 자유롭게 의문을 제기할 수 있는 건강한 민주주의 사회에서는 일어나서는 안 될 일이다. 물론 간츠 역시 진실을 추구하기 위해서가 아니라 지배력을 쟁취하기 위해 벌이는 논쟁은 교착 상태를 유발할 뿐이라고 빠르게 인정했다. 정리하자면 민주주의의 중심에는 논쟁이 필요하지만 그 논쟁은 반드시 건설적인 논쟁이어야 한다.

간츠의 설명에 따르면 우리의 논쟁은 탈무드에서 말하는 '하늘을 위한 논쟁'이어야 한다.[6] 하늘을 위한 논쟁은 상대를 이기려고 하는 논쟁이 아니라 불의에 맞서고 진실을 밝혀내기 위한 논쟁이다. 하늘을 위한 논쟁에 참여하는 사람들은 누군가를 무너뜨리거나 힘을 갖는 데 초점을 맞추지 않는다. 서로 상대의 견해를 진지하게 경청한 뒤 이성과 존중심을 바탕으로 내용을 분석한다. 만약 우리가 논의에 참여하지 않고, 옆에서 구경만 한다면 우리는 결코 기후변화 같은 문제들을 해결하지 못할 것이며 우리 아이들은 미래를 맞이할 수 없을 것이다. 하지만 우리는 논의에 참여하더라도 상대를 인간으로서 존중해야 하며 상대 혹은 상대 의견을 비난하지 말아야 한다.

의사소통은 기술이지 이론이 아니다. 따라서 실제로 실천하며 배워야 한다. 이 책은 기본적으로 이야기하는 방법과 서로를 대하는 방법에 관한 책이다. 무릇 좋은 이야기란 계속 반복되며 그러는 내내 살아 움직인다. 점점 발전하는 것이다. 이야기가 충분히 강력하고 설득력 있다면 부정적인 PR 공세에도 굴하지 않을 것이다. 우리는 많은 사람들이 공감할 수 있는 방식으로 잘 만들어진 이야기를 함으로써 다른 사람들은 물론 우리 자신이 세상을 더 잘 이해하도록 도울 수 있으며 광장의 오염에 맞설 수 있다. 우리에게는 열린 마음을 가지고 다른 사람들의 마음을 열어야 할 책임이 있다.

그렇다고 해서 자신만의 원칙을 포기하라거나 겁쟁이가 되라는 뜻은 아니다. 의도치 않게 분노로 가득 찬 메시지를 전달함으로써 우리 모두를 끌어내리지 않도록 조심하라는 뜻이다. 가장 효과적인 이야기는 우리에게 깨달음을 주고 우리를 통합시키는 이야기이지 이기적이고 탐욕스럽고 폭력적인 이야기가 아니다. 우리는 우리가 선하고 상대가 악하다는 식의 이야기로 반목의 골을 악화시켜서는 안 된다.

과연 우리는 광장의 오염에 맞서기 위해 문화적으로 더 나은 방법을 찾을 수 있을까? 물론이다. 이 책의 나머지 부분에서는 어떻게 우리가 '하늘을 위해 논쟁'할 수 있는지 살펴볼 것이다.

우리는 어떻게 오염된 광장을 깨끗이 청소할 수 있을까? 뛰어난 지성인들의 눈을 통해 우리가 어떻게 일방적인 레토릭, 호전적인 대립, 인신공격적인 발언을 뛰어넘어 제대로 된 의사소통을 할 수 있을 것인가. 2부에서는 이에 대해 살펴볼 것이다. 또한 우리는 실제로 사람들의 생각을 변화시킬 수 있을 만큼 공적 담론의 수준을 끌어올리려면 어떤 태도나 지식, 기술을 갖추어야 하는지 탐구할 것이다.

우리는 감정과 가치의 언어를 사용함으로써 더 효과적으로 소통하는 법, 더 건설적으로 반대하는 법을 살펴볼 것이다. 물론 어떤 사람들은 영원히 자기 생각에 갇혀 있을지도 모른다. 하지만 우리 대부분은 실제로 서로의 마음을 움직이는 진실한 대화를 나눌 수 있다.

2부

진실을 말하되 벌하려고 말하지 말라

환경운동을 중심으로 한 효과적인 커뮤니케이션 전략

1장

미래에
몸 내맡기기

힘과 사랑의
균형 찾기

애덤 카헤인

|

모든 사회 변화의 중심에는 힘과 사랑 간의 긴장이 존재한다.

• 애덤 카헤인(Adam Kahane)

캐나다의 애덤 카헤인은 분쟁 해결 및 사회 변화 전문가로서 세계 곳곳의 까다로운 문제를 창의적이면서도 지속 가능한 방식으로 해결하기 위해 노력해왔다. 1980년대에 (당시 시나리오 계획법 선두주자였던) 로열 더치셸에서 경력을 시작한 카헤인은 리오스파트너스Reos Partners를 공동창립한 뒤 세계 곳곳을 여행하면서 환경, 정치, 경제, 영양, 에너지, 안보 등 온갖 분야 문제의 해결책을 찾는 데 도움을 제공했다. 그 과정에서 카헤인은 '시나리오 계획법scenario planning'이라는 전문적이고 발전된 형태의 담론 기법을 활용했다. 이에 대한 자세한 설명은 카헤인이 집필한 여러 저서에서 확인할 수 있다.[1]

카헤인이 처음 세간의 주목을 받을 만큼 활약한 것은 1991~1992년 남아프리카공화국에서 아파르트헤이트(남아프리카공화국의 극단적인 인종 차별 정책—옮긴이)가 끝나고 넬슨 만델라가 석방될 무렵의 일이었다. 이 중대한 시기에 카헤인은 갈등 중재자로서 몽플레 프로젝트Mont Fleur Scenario Exercises(1991년 남아공의 극심한 흑백 대립을 풀어내기 위해 네 가지 시나리오를 만들어낸 프로젝트—옮긴이)에 참여해 서로 다른 이념을 가진 남아프리카공화국의 22개 정파 지도자들이 함께 협력해 미래를 그려나갈 수 있도록 도왔다. 이 혁신적인 프로젝트를 수행하면서 카헤인은 남아프리카공화국의 수많은 흑인/백인 정치인, 사업가, 노동조합원, 학자, 사회운동가와 협력해 공통 기반과 상호 이해를 구축하는 가운데 미래를 향해 나아가는 법을 배울 수 있었다.

카헤인은 사람들이 개인적·정치적·사업적인 편견을 제쳐놓고 '가능성'을 논할 수 있도록 도왔다. 이런 활동을 비롯해 카헤인이 중재한 수많은 담론과 협상은 새로운 정치적 풍토가 형성되는 데 많은 기여를 했다.

남아프리카공화국 국가계획위원회National Planning Commission 회장을 역임한 트레버 마누엘Trevor Manuel은 카헤인을 이렇게 평한다. "지도자, 정책입안자, 시민 모두는 카헤인이 전하는 핵심 메시지로부터 교훈과 유익을 얻을 수 있습니다. 즉 우리가 함께 협력하고, 편견을 버리고 신뢰를 쌓음으로써 미래를 바꿀 수 있다는 것입니다." 콜롬비아 대통령 후안 마누엘 산토스Juan Manuel Santos 역시 비슷한 찬사를 보냈다. "16년 전 콜롬비아에 온 카헤인은 우리와 함께 콜롬비아의 미래를 개선하기 위해 힘써 일했습니다. 당시 우리가 작성한 네 가지 시나리오는 하나하나 살아 숨쉬기 시작했습니다. 그리고 지금 우리는 어느 때보다 나은 삶을 살고 있지요."[2]

한 사람의 열 걸음보다, 열 사람의 한 걸음

카헤인이 지닌 방대한 지식과 경험을 고려할 때 나는 꼭 그를 만나 오늘날 광장의 상태에 관해 대화를 나누어야겠다고 생각했다. 하지만 전세계 50여 개 국가를 다니며 경험을 쌓아온 카헤인에게조차 현재 자신의 고국인 캐나다에서 벌어지고 있는 일들은 뜻밖의 일이었던 것 같다. 카헤인은 이렇게 말한다. "여론이 양극화된 것을 보고 깜짝 놀랐습니다. 그보다 끔찍한 건 공적 담론이 추악하게 변했다는 거겠지요. 전반적으로 그렇지만 특히 환경 문제에서 그래요. 물론 다른 많은 나라에서도 여러 문제를 놓고 그런 양상이 나타납니다. 하지만 캐나다는 그보다나을 거라고 기대했어요."[3] 카헤인과 인터뷰를 나눈 때는 하퍼 정부가집권하던 시기였다. 송유관로 사업 문제를 놓고 캐나다인들이 충돌하는 모습을 지켜본 카헤인은 분열과 양극화, 서로를 향한 비방의 심각성이 여느 나라에 못지않다고 지적했다.

　카헤인은 특히 외자 지원설을 두고 이렇게 말한다. "비영리 단체들이해외 자본의 지원을 받는다고 논란이 생긴 일이 참 특이했습니다. 물론 러시아나 우간다 등 외자 지원을 받는 비영리 단체를 싫어하는 나라는 많아요. 하지만 보통 서구권에서는 문제되는 일이 아니거든요." 또한 카헤인은 양쪽 진영 모두가 서로의 권위를 실추시키려고 애쓰는 모습을 보고 충격을 받았다며 이렇게 말했다. "기후변화에 대처하기 위해 애쓴다는 사람들이, 시민들이 직접 선택한 과반 정부를 놓고 도저히 용인할 수 없다거나 상대할 수 없다고 생각하다니 깜짝 놀랐습니다. ……양쪽 다 서로를 악의 축으로 몰아가고 있어요."

카헤인은 정부, 기업, 시민사회의 주체들이 함께 협력하지 않고는 대부분의 문제를 성공적으로 해결할 수 없다고 강조했다.

카헤인의 경험과 연구에 따르면 기후변화 같은 얽히고설킨 문제에 대처하기 위해 친구나 동료뿐만 아니라 이방인이나 반대자, 심지어 적과도 협력하는 일이 점점 더 중요해지고 있다. 우리는 어떻게 모두를 협상 테이블로 모을 수 있을까? 그리고 협상 테이블에 앉았다면 우리는 어떻게 해야 할까? 카헤인은 사람들이 하기 싫어하는 일을 억지로 하게 만드는 데 절대 에너지를 쏟지 않는다고 말한다. 그 대신 시민단체, 기업, 정부 등 누구에게서든 한 가지 태도 변화만을 기대한다. 태도 변화란 바로 사람들이 혼자서는 자기가 원하는 목표를 이룰 수 없음을 온전히 깨닫는 것이다. 그처럼 혼자 무언가를 하려다 '머리를 세게 박아본' 사람들은 함께 모일 준비가 된 사람들이다.

카헤인은 꼭 비전이 일치해야만 사람들이 함께 일할 수 있는 것은 아니라며 이렇게 강조했다. "저희가 하는 일에 공통적으로 내포된 주제가 있습니다. 다양한 조직과 분야에서 나왔지만 '시스템을 개선하기 위해 무언가를 하긴 해야 된다'고 생각하는 사람들이 함께 협력하도록 돕는다는 것이지요. 문제나 해결책에 대한 생각이 일치할 필요는 없습니다. 서로를 이해하거나 신뢰하거나 좋아할 필요도 없지요." 요컨대 함께할 때에만 앞으로 나아갈 수 있다는 점을 인식하기만 하면 된다는 것이다.

처음에 당사자들이 협력 관계에 참여하기를 꺼린다면 비집고 들어갈 빈틈을 찾으려고 애쓰면 된다. 때로는 상황이 위급하다는 점에만 동의하더라도 서로 관계를 맺을 발판이 마련될 수 있다. 카헤인은 문제를 해결하는 과정이 결국 자기주장과 협동이 끊임없이 번갈아가며 반복되는 과정이라고 설명했다. '자신이 옳다고 믿는 것을 전력을 다해 밀어붙이는 일'과 '이해하지도 신뢰하지도 좋아하지도 않는 사람들과 협력하기 위해 앉아서 이야기하는 일' 사이의 균형점을 찾는 과정인 셈이다.

교착 상태에서 빠져나오는 가장 효과적인 방법

카헤인은 자신이 하는 일을 떠받치는 두 가지 기둥이 '힘'과 '사랑'이라고 말한다. 많은 사람들은 '힘'이라는 단어를 압제와 연관시키고 '사랑'이라는 단어를 낭만과 연관시킨다. 하지만 신학자 폴 틸리히Paul Tillich가 정의한 대로 힘은 자기 자신을 점점 더 강렬하게 널리 실현시키고자 하는 생명체의 욕구를 가리키며 사랑은 분리된 것을 결합하고자 하는 욕구를 가리킨다.[4] 카헤인은 이렇게 말한다. "모든 사회 변화의 중심에는 힘과 사랑 간의 긴장이 존재합니다."

힘과 사랑은 둘 다 생성을 불러일으킬 수 있지만 극한까지 치닫는 경우 퇴행을 불러일으킬 수도 있다. 예컨대 힘이 없으면 아무 일도 일어나지 않는다. 우리를 앞으로 나아가게 만들 엔진이 없는 셈이다. 그렇다고 도가 지나치면 힘은 파괴적이고 적대적인 불도저로 변해버린다.

마찬가지로 사랑은 일체감과 협동심을 불러일으킬 수 있지만 도가 지나치면 사람을 숨 막히게 하고 무력하게 만든다. 카헤인은 마틴 루서 킹의 말을 인용해 이렇게 말했다. "사랑이 없는 힘은 무모하고 폭력적이며 힘이 없는 사랑은 감상적이고 무기력합니다."[5]

교착 상태를 헤치고 나아가려면 언제 힘을 행사하고 언제 사랑을 표출해야 할지 알아야 한다. 이 간결한 법칙은 가족이라는 가장 작은 사회부터 세계라는 가장 큰 사회까지 어디에나 적용할 수 있다.

언젠가 카헤인은 캐나다의 한 차관과 대화를 나누다가 이런 말을 들었다. "이러지도 저러지도 못하는 서류들이 있는데 어떻게 해결할 방법이 없을까요?" 카헤인은 흥미로운 일이라고 생각했다. 오타와, 캘거리, 워싱턴 등 어디에서 일하든 꼭 진전이 없는 문제들이 있었기 때문이다. 어떻게든 밀어붙이려고 애쓰지만 도저히 앞으로 나아갈 수 없었다. 왜일까? 어떤 기관이나 조직이라도, 심지어 연방정부라도 혼자서는 오늘날의 까다로운 문제들을 성공적으로 다룰 수 없기 때문이다. 이미 20년 전에도 오타와에서 어느 차관이 카헤인에게 이렇게 토로한 적이 있었다. "저희가 훈련받기로는 이렇게 레버를 당기면 사회 문제를 해결할 수 있다고 배웠는데 웬걸요, 레버가 아무데도 연결되어 있지 않던데요."

카헤인은 최근 인류가 복잡하고 양극화된 상황에 갇혀 옴짝달싹하지 못하는 이유를 이렇게 설명한다.

1. 우리에게 주어진 작은 조각 하나를 맞춘다고 엄청나게 까다로운 문제를 해결할 수는 없다.

2. 우리가 좋아하는 사람, 우리의 친구나 동료하고만 일해서는 거대한 시스템을 변화시킬 수 없다.

3. 우리가 알지도 믿지도 못하는 이방인, 우리와 의견이 다른 반대자하고도 일하는 법을 배워야 한다. 이 사실을 깨닫지 못하면 교착 상태에 빠질 수밖에 없다.

몽플레 프로젝트와 시나리오 계획법

교착 상태에서 빠져나오는 효과적인 방법 중 하나는 새로운 미래를 그릴 수 있도록 돕는 이야기를 만드는 것이다. 그렇기 때문에 카헤인 역시 변혁을 위한 시나리오를 작성하는 데 초점을 맞춘다. 시나리오를 작성한다는 것은 무슨 일이 일어날 수 있는지, 혹은 일어나야 하는지 예상하는 것이 아니다. 예측을 할 필요도, 청사진을 세울 필요도, 해결책을 떠올릴 필요도 없다. 그저 미래를 새롭게 생각하는 것이 목적이다. '사람들이 무엇을 원할까?'가 아니라 '무엇이 가능할까?'에 대답하는 과정이다.

몽플레 프로젝트에서는 각각의 시나리오에 조류 이름을 붙였다. '타조'는 모래에 고개를 처박은 채 문제가 곪아터지도록 내버려두었다. '레임덕'은 새 정부를 나타냈지만 제약이 너무 많아서 위로 날아오를 수 없었다. '이카루스'는 기쁨과 자유를 상징했지만 재정적인 한계를 외면한 나머지 경제를 박살내고 말았다. 반면 '플라밍고(홍학)'는 점진적인 재건을 상징했으며 떼를 지어 날아올랐다.

카헤인은 변혁을 위한 시나리오 계획법에 참여하는 사람들이 새로운 상황을 구상하기 위해 객관적인 시각으로 심사숙고할 때 굉장히 창의적으로 변한다고 지적한다. 건설적이고 개방적인 방식으로 새로운 이야기를 창조하기 위해 당사자들이 반드시 서로를 이해하거나 공감하거나 신뢰해야 하는 것은 아니다. 다만 자신들이 떠올리는 시나리오가 실제로 실현 가능하다는 사실에 동의하기만 하면 된다.

카혜인은 자신이 활용하는 방법론이 크게 다섯 단계로 이루어져 있

Tip. 몽플레 프로젝트

공동체의 극심한 대립과 갈등을 소통과 타협으로 푼 성공적인 사례 중 하나다. 1991년 남아공은 극심했던 흑인과 백인 간의 인종 갈등을 해결하고자 흑인과 백인 대표 22명이 모여 6개월 동안 '남아공의 미래'를 놓고 격론을 벌였다. 이 과정에서 30개의 다양한 사례를 종합해 네 가지 시나리오를 만들었는데, 이것이 '몽플레 프로젝트'의 네 가지 시나리오다. 각각의 시나리오는 다음과 같다.

타조 시나리오 _ 백인 정부가 모래 속에 머리를 처박고 흑인에 대한 탄압을 외면하면서 극단적인 폭력 사태가 발생한다는 시나리오.
레임덕 시나리오 _ 힘이 없는 흑인 정부가 탄생해 이리저리 눈치만 보다가 아무런 개혁 조치를 실행하지 못해 결국 나라가 휘청거린다는 시나리오.
이카루스 시나리오 _ 흑인 정부가 탄생해 과잉 의욕으로 무리한 개혁을 시도하고, 이 과정에서 많은 재정 지출이 발생해 국가가 경제위기를 맞는다는 시나리오.
플라밍고 시나리오 _ 플라밍고가 함께 날아오를 때 무리를 짓는 시간이 필요한 것처럼, 시간이 걸리더라도 새로운 전환을 위해 함께 힘을 모으고 연합한다는 시나리오.

다고 설명한다.

1. 중재자는 문제가 있다고 여겨지는 시스템 전 분야에서 골고루 구성원을 소집
   해 팀을 구성한다.
2. 팀은 시스템 내에 무슨 일이 벌어지고 있는지 관찰한다.
3. 팀은 앞으로 어떤 일이 벌어질 수 있을지 이야기를 구상한다.
4. 팀은 구상한 이야기를 바탕으로 자신들이 무슨 일을 할 수 있을지 혹은 해야
   하는지 밝혀낸다.
5. 팀은 시스템을 변화시키기 위해 행동을 취한다.

단순할지언정 결코 쉽지는 않다. 일반적으로 당사자들이 상충되는 생각, 의견, 감정을 확고하게 지니고 있기 때문이다. 게다가 완전히 새로운 시도이다 보니 절차를 예측하거나 통제하기 어려울 뿐만 아니라 절차가 불편하게 느껴질 수 있다. 시나리오 계획법에 참여하는 사람들은 절대 바뀌지 않는 일들이 있다는 사실도 받아들여야 한다. 이 역시 어려운 일이다. 결국 첫 단계에는 '행동을 취하겠다는 것이 아니라 무엇이 가능한지 알아보겠다'는 공통 목표 아래 당사자들을 한데 모으는 일이 핵심이다. 그러면 당사자들이 참여하는 데 드는 부담 역시 훨씬 줄어든다.

광장의 오염은 힘과 사랑의 균형이 무너질 때 발생한다

사람들이 함께 협력하도록 독려하는 카헤인의 비법은 무엇일까? 카헤인은 사람들이 해결책을 향해 나아가도록 만드는 요소가 크게 두 가지 있다고 말한다. 바로 좌절감과 변화를 향한 강렬한 욕구다. 카헤인은 이렇게 지적한다. "만약 나 혼자서도 목표에 도달할 수 있다면 내가 왜 굳이 신뢰하지도 공감하지도 않는 사람들과 마주보고 앉아 기나긴 회의를 하려고 하겠습니까?" 그렇다면 일단 대화가 진행된다면 그걸로 충분할까? 카헤인은 이렇게 답했다. "충분할 때도 있지만 보통은 그렇지 않습니다. 대화만으로는 상황을 진전시킬 수 없어요. 우리가 바꾸어야 하는 것은 말뿐만이 아니라 행동까지입니다. 물론 문제를 논의하는 것만으로 긴급한 문제가 사라지기를 기대하는 사람들에게는 어려운 일이지요. 캐나다에서 진전을 이루기가 힘들다고 생각하는 이유 중 하나도 바로 그 때문입니다. 대부분의 사람들이 현 상황에 그런대로 만족하다 보니 변화를 이끌어내기가 굉장히 어려워요. 그에 비하면 남아프리카 공화국이나 과테말라, 인도에서는 아무도 현 상황이 괜찮다는 환상에 빠져 있지 않지요."

카헤인은 다시 힘과 사랑이라는 주제로 돌아갔다. 서로 모순되는 것처럼 보이는 두 요소는 오늘날 식량 안보, 사법 개혁, 기후변화 등 어떤 주제를 논의하는 자리에서든 공적 담론의 상태에 관해 많은 것들을 가르쳐준다. 힘은 우리가 일을 처리하도록, 야망을 성취하도록 돕는다. 힘이 없다면 세상에는 문자 그대로 아무 일도 일어나지 않을 것이다. 정치인, 석유회사, 사회운동가의 야망 역시 바로 힘에 포함된다. 반면 사랑은 힘을 상쇄하는 평형추 역할을 한다. 사랑 없이 힘을 발휘한다는 것은 모두가 자신만의 야망을 밀어붙이면서 자기 할 일만 한다는 뜻이다. 이런 시나리오하에서는 자기이익과 야망에 눈이 멀어 자신의 행동이 다른 사람들에게 혹은 사회 전체에 어떤 영향을 미칠지 전혀 알아차리지 못한다.

카헤인의 설명에 따르면 광장의 오염은 힘과 사랑의 균형이 무너질 때 발생한다. 예컨대 사랑 없이 힘을 행사하는 사람들은 거대한 차를 몰거나 자원을 낭비함으로써 '궁극적으로 지구상에 생명체가 살아갈 수 있는 조건 자체를 파괴'한다. 반대 역시 마찬가지다. 어쩌면 더 중요한 문제일 수도 있다. 힘이 없이 사랑을 나타내는 사람들은 무엇이 전체 인류에게 최선인가에만 집중하며 개별 구성원의 이익이나 욕망에는 무관심하다.

따라서 가장 좋은 접근법은 힘과 사랑 모두에 주의를 기울이는 것이다. 카헤인은 이것이 두 발로 걷는 일과 똑같다고 비유한다. 누구와 협력해 일하든 물리적으로 균형을 잡으면서 양발을 번갈아 내딛지 않으면 우리는 앞으로 나아갈 수 없다.

카헤인은 기후변화 같은 문제의 구조를 이해하는 게 도움이 될 수 있다며 크게 세 가지 층위를 고려해야 한다고 설명한다.

첫째는 역학적 복잡성이다. 원인과 결과가 시공간적으로 멀리 떨어져 있다. 예컨대 우리가 50년 전에 태운 석탄이 지금 기후에 영향을 미칠 수 있으며 앨버타의 오일샌드 사업이 남아프리카공화국의 강우에 영향을 미칠 수 있다. 둘째는 사회적 복잡성이다. 당사자들이 근본적으로 서로 다른 관점과 이익을 가지고 있다. 셋째는 생성적 복잡성이다.

기본적으로 상황이 익숙하지 않거나 예측 불가능하다. 예컨대 우리는 "지난번에 지구가 이만큼 뜨거워졌을 때 우리가 어떻게 했더라?"라고 물어볼 수 없다.

이를 고려할 때 기후변화는 모든 면에서 가장 까다로운 문제임이 분명해 보인다. 우리가 나름 지성과 의지를 보태 진지한 노력을 기울이고 있음에도 진전을 보이지 못하는 이유 역시 바로 이 때문이다.

하지만 우리가 다양한 집단(시스템 속에서 우리와는 다른 부분을 이루고 있는 집단)과 협력한다면 다른 시각으로 상황을 바라볼 수 있다. 이전에는 보지 못했던 방식으로, 이전에는 보고 싶지 않았던 방식으로 상황을 바라볼 수 있다. 고정관념을 탈피해 우리가 다른 방식으로 행동할 수 있음을 깨달을 수 있다. 물론 그런다고 해서 우리가 꼭 다른 방식으로 행동하게 된다는 것은 아니다. 여러 연구 결과에 따르면 기후변화 문제를 가장 잘 이해하는 집단은 엘리트 집단이지만 그렇다고 그들이 기후변화 학회나 해외 여행을 포기하고 비행기를 덜 탄다는 뜻은 아니니까 말이다. 그렇기 때문에 우리에게는 늘 대항력이 필요하다.

자기 이야기 매달기

이 과정에서 역시 중요한 것은 질 높은 의사소통이다. 이는 열린 마음, 자기를 인식하는 능력, 귀담아듣는 기술에서 비롯한다. 또한 좋은 의사소통을 하기를 원한다면 우리는 자기 견해를 복사하는 데 그쳐서는 안 된다. 자기 생각만 되풀이해서는 변화를 받아들일 수 없다. 그 대신 우리는 우선 자기 이야기를 매달아놓을 줄 알아야 한다. 우리 앞에 줄이 있다고 생각하고 거기 이야기를 걸어놓음으로써 자신과 자신의 이야기 사이에 약간의 거리를 두는 것이다. 그러면 우리는 객관적인 시각으로 자신의 이야기에 의문을 제기할 수 있다. 어쩌면 논의가 끝날 무렵에는 자신의 이야기가 그리 효과적이거나 정확하거나 적절하지 않다고 판단하게 될지도 모른다.

자기 이야기를 매달아놓는 것은 사실상 "나는 변화할 가능성을 열어놓고 있어요"라고 말하는 것이나 다름없다. 만약 모두가 이런 단계를 밟지 않는다면 우리는 서로에게 미리 준비해온 말만 앵무새처럼 반복하게 될 것이다. 애석하게도 일상적인 담론의 80~90퍼센트가 그런 식으로 정체되어 있다.

최근 카헤인은 정치적으로나 사회적으로 극심하게 분열되어 팽팽한 긴장감이 감도는 곳인 짐바브웨에서 일한 적이 있다. 그런데 카헤인이 모임을 마칠 때마다 사람들이 '매달기'라는 단어 하나는 끝까지 기억하고 있었다. 카헤인은 굉장히 기뻤다. 유독 단어 하나가 사람들의 기억에 남는다는 것은 그것이 사람들이 배운 가장 중요한 교훈이라는 뜻이기 때문이다. 자기 생각을 매달아놓는다는 것은 자기 입장이나 이야기를 부정한다는 의미가 아니다. 나 자신은 물론 다른 사람들이 내 이야기를 객관적으로 인식할 수 있도록 허락한다는 의미다. 그러면 나 자신을 비롯해 사람들은 내가 아니라 내 이야기에 의문을 제기하고 비판을 가할 수 있다.

카헤인은 대화가 아주 강력한 도구이기는 하지만 대화에만 초점을 맞추는 것은 기초적인 실수를 저지르는 일이라며 이렇게 말했다. "물론 대화도 필요하지요. 하지만 어쨌든 대화는 사랑에 기초한 방법론이에요. 분리된 것을 결합시키는 사랑의 도구인 셈이지요. 저도 사랑이라면 언제나 대환영입니다." 하지만 사랑에 힘이 결여되어 있으면 대화는 행동이나 실천으로 이어지지 않는다. 카헤인은 이렇게 지적한다. "저는 대화를 도모하는 데 평생을 바쳤어요. 분명 대화에는 장점이 많지요. 하지만 대화만 강조하는 것이 정답은 아닙니다. 대화를 행동으로 연결함으로써 시스템을 변화시켜야 하지요." 게다가 힘이 없는 사랑은 눈에 잘 드러나지 않기 때문에 사랑이 없는 힘보다 더 위험할 수 있다. 카헤인도 이렇게 경고한다. "힘이 없는 사랑은 왜곡된 결과를 초래합니다. 한쪽 다리로만 걷지 않기 위해 조심해야 해요."

나는 카헤인에게 역대 위대한 지도자들이 발휘한 설득의 힘을 간과할 수는 없느냐고 물어보았다. 그들은 대화를 주고받는 담론에 전혀 참여하지 않은 채 오로지 상대를 설득하는 데에만 외곬으로 집중했기 때문이다. 카헤인은 맞는 말이라며 다만 '대화'와 '설득'을 구분하는 것이 아니라 '대화'와 '일방적인 행동'을 구분해야 한다고 강조한다. 카헤인이 보기에는 둘 다 반드시 필요하다. 사람들이 무언가 조처가 필요하다고 판단하거나 이익이 된다고 판단해 그에 따라 행동할 때 세상은 변화한다. 그런 행동이 무신경하거나 강압적이거나 폭력적으로 느껴질 수도 있다. 하지만 어쨌든 그런 종류의 추진력이 있어야 변화의 기틀이 마련될 수 있다. 물론 사랑이 없는 힘이 어떤 위기를 초래하고 있는지는 주변에서 쉽게 확인할 수 있다. 사랑이 결여된 힘은 지구를 파멸시키고 있다. 카헤인은 이렇게 경고한다. "우리는 추가 이쪽이나 저쪽으로 쏠리도록 내버려두어서는 안 됩니다."

시스템적 사고를 통한
문제 해결

피터 센게

우리가 우리 스스로 초래한 복잡성을 이해하지 못한다는 거대한 문제 밑에 다른
모든 문제가 딸려 있다.

· **피터 센게**(Peter Senge)

피터 센게는 시스템적 사고 분야의 세계 권위자다.[1] 학생들에게 '시스
템'의 의미가 무엇인지 설명할 때면 센게는 혹시 가족 구성원의 특정한
행동이나 감정 때문에 가족 전체에 의도치 않은 결과를 초래하는 모습
을 본 적이 있느냐고 물어본다. 이런 고민을 하고 나면 학생들은 온갖
이론 용어로 가득 찬 세계에서 빠져나와 우리 모두가 서로 복잡하게 얽
히고설킨 채 살아가는 현실 세계로 발을 내딛게 된다. 시스템적 사고는
우리가 마주하는 '복잡하고 까다롭고 고집스러운' 문제를 이해하는 것
은 물론 문제에 '다른 방식으로 접근하는 법'을 깨우치도록 도와준다.[2]
　나는 과학자들이 환경 위기가 심각하다고 경종을 울리는데도 대중이

이를 무시하는 이유가 무엇인지, 우리가 그저 신랄한 논쟁 속에 파묻혀 있는 이유가 무엇인지 알고 싶었다. 센게는 전반적으로 논쟁 자체에 회의적이었다. 대학이라는 공간만 보더라도 사람들이 한 가지 주제를 놓고 끊임없이 논쟁을 벌이지만 그렇다고 이렇다 할 결과물이 나오지는 않는다. 센게의 설명에 따르면 논쟁이 큰 성과를 거두지 못하는 핵심적인 이유는 과학자들이 새로운 문제나 불확실성을 발견하는 면에서는 탁월하지만 복잡한 사안을 놓고 합의를 이루는 면에서는 딱히 재능이 없기 때문이다. 이런 실패를 단적으로 보여주는 예가 기후변화 논쟁이다. 센게는 이렇게 지적한다. "기후과학자들은 자기들끼리 전반적인 합의를 이룬 기초적인 생각들조차 대중에게 제대로 전달하지 못했지요."

일례로 기후과학에서 기초적인 지식 한 가지는 온실가스가 대기 중에 누적이 되기 때문에 온실가스 배출을 적당히 줄인다고 해서 대기 중 온실가스 농도가 줄어들지는 않는다는 점이다. 반드시 대기 중 온실가스가 자연 소멸하는 수준까지 배출량을 삭감해야 한다. 이런 기본적인 개념을 일반인들에게 이해시키는 데 실패했기 때문에 많은 사람들은 왜 대대적인(80퍼센트 이상) 수준의 온실가스 배출량 감축이 요구되는지 직관적으로 이해하지 못한다. 당연히 문제 해결이 한참 지연될 수밖에 없다. '모두가 확신할 때까지 기다리자'라는 전략이 옳지 않은 이유도 바로 이 때문이다.

시스템적 사고

기본적으로 과학계를 구성하는 연구 공동체는 거대한 분야 내에 존재하는 지극히 작은 문제를 탐구한다. 기후 같은 복잡한 시스템이 있으면 과학자는 보통 작은 부분이나 요소를 깊이 파고들지 지구의 기후 시스템 자체를 논하지는 않는다. 따라서 주류 과학은 복잡하게 얽히고설킨 거대한 사안을 다루는 면에서 굉장히 취약한 편이다. 게다가 과학자에게 과학자 모두가 동의하는 생각을 내놓으라고 요구하는 것도 시간낭비다. 과학의 목적과 의무가 만장일치된 생각을 내놓는 것이 아니기 때문이다. 과학자는 주로 기존 생각에 의문을 제기하고 날카로운 논쟁을 통해 새로운 의문을 발견하는 데 초점을 맞춘다.

우리 사회는 두 가지 문제에 직면해 있다. 과학자들은 직관적이고 효과적인 방식으로 소통하는 데 어려움을 겪고 있으며 환경운동가들은 '상황이 얼마나 끔찍한지 귀에 때려 박는 겁주기 전략에 중독'되어 있다. 수많은 사람들이 그저 귀를 닫아버린 것도 이해할 만한 일이다.

우리는 흩어진 퍼즐 조각을 한데 모아 시스템적 사고를 활용해 문제에 접근해야 한다. 센게가 단호하게 지적하듯이 '현실은 원으로 연결되어 있지 직선으로 단절되어 있지 않기 때문'이다.

시스템적 사고에는 세 가지 특성이 요구된다. 첫째, 실질적인 배움에 지속적으로 깊이 전념하는 태도, 둘째, 우리 역시 문제의 일부임을 인정하는 자세, 셋째, 개인적인 시각으로는 놓칠 수 있는 전체론적인 문제를 파악하기 위해 시스템의 각 영역에 종사하는 다양한 사람들의 관점을 모으는 능력이다.

또한 센게는 우리에게 개인지성뿐만 아니라 집단지성 역시 필요하다고 설명한다. 우리가 각자 최선의 아이디어를 가지고 모여 협력한다면 도시는 전혀 다른 방식으로 기능하고 산업은 변화를 소중히 여기며 사회적·생태적·경제적 복지를 산출할 것이다.

센게는 어린 시절부터 시스템에 매혹되었다. 심지어 대학에 들어가기도 전에 이렇게 생각했다. "인류가 만들어낸 상호의존성이 이를 이해하고 관리할 수 있는 인류의 능력을 앞질러버렸구나." 환경 문제, 사회 문제, 세계 경제 문제 등 오늘날 우리가 직면한 모든 거대하고 까다로운 문제 이면에는 바로 그런 한계가 숨어 있다. 센게는 이렇게 지적한다. "우리가 스스로 초래한 복잡성을 이해하지 못한다는 거대한 문제 속에 다른 모든 문제가 딸려 있습니다." 로스앤젤레스에서 성장하면서 통제를 한참 벗어난 도시 개발을 직접 두 눈으로 관찰한 센게는 이렇게 말한다. "제가 어렸을 적에는 차를 타고 몇 킬로미터를 달려도 오렌지랑 레몬 밭밖에 안 보였어요. 그런데 불과 10년도 안 돼서 밭은 다 사라지고 그 자리에 쇼핑몰이랑 고속도로가 들어섰지요. 제대로 된 고민도 없이 난개발을 하다가 의도치 않게 온갖 사회적·환경적·경제적 문제를 초래한 충격적인 사례입니다. 이 일이 저한테 큰 영향을 미쳤어요."

센게는 자신이 살아온 세계가 아무런 계획도 없이 편의대로 돌아가는 완전히 무질서한 세계였다며 이렇게 꼬집었다. "다들 편협하고 근시안적인 사고로 경제적인 이익만 바라보며 살아왔습니다. 결국 의도치 않은 결과들이 평생토록 우리 삶에 영향을 미치고 있지요." 센게는 도시 확산 현상을 암에 비유했다. 세포들이 상호의존성을 잃고 제멋대로 뻗어나가는 맹목적인 성장 과정이나 마찬가지라는 것이다. 비슷한 형태의 무분별한 확장이 오늘날 전 세계에서 이루어지고 있다.

나는 시스템이 변화에 저항하는 힘과 균형을 잡는 힘을 발휘함으로써 스스로를 유지한다는 사실에 주목했다. 혹시 그런 힘 때문에 우리가 환경 문제를 헤쳐나가기가 어려운 것은 아닐까? 만약 그렇다면 우리는 어떻게 시스템이 변화를 받아들이도록 만들 수 있을까?

센게의 대답은 간단했다. 생물학적인 차원에서 생체 시스템의 중요한 특성 중 하나는 생존에 필수적인 균형을 유지하는 능력이다. 즉 생물 입장에서 가장 우선하는 욕구는 스스로를 유지하고자 하는 욕구이며 바로 그 균형을 달성하기 위해 항상성이 존재한다. 이런 관점에서 볼 때 모든 시스템은 외부의 변화에 저항하고자 한다. 만약 당신이 시스템에 압력을 가하면 시스템은 그 압력을 되받아친다. 센게는 우리가 개인적인 차원에서도 이 사실을 잘 알고 있다며 이렇게 설명했다. "누가 당신에게 '이봐요, 제임스. 행복하세요'라고 말하면 당신은 수긍하면서도 반사적으로 이렇게 생각합니다. '당신이 뭔데 나보고 행복하래?' 따라서 세계 곳곳을 다니면서 사람들에게 어떻게 생각해야 하는지 가르치는 것은 굉장히 나쁜 변화 전략이지요."

우리는 이런 인간의 특성을 망각하고는 순진하게도 우리 주장이 사실성과 논리성을 확보하고 있기만 하다면 얼마든지 사람들이 행동하도록 설득할 수 있다고 믿는다. 하지만 그럴수록 사람들은 더 방어적인 자세를 취할 뿐이다. 센게는 이 사실을 이해하는 것이 중요하다고 말하며 이렇게 이야기한다. "왜 상황이 이러한지 진정으로 깊이 생각해본다면 그 이유가 균형을 유지하는 힘 때문임을 알아차릴 수 있을 거예요. 이런 사실을 알고 있다면 더 효과적인 전략을 세우는 데 도움이 됩니다."

그러므로 어떤 종류의 변화를 이끌어내기를 원하든 첫 단계에서는 기존 흐름을 파악하는 데 집중해야 한다. 센게는 이렇게 말한다. "배움의 제1원칙은 누구나 자신이 배우고 싶은 내용을 배우게 돼 있다는 점입니다." 사람들한테 억지로 무언가를 배우도록 압박을 가한다면 오히려 반발심을 불러일으킨다. 하지만 혹시 이러이러한 내용을 배우기를 원하느냐고 정중하게 물어보면 사람들은 한 번 생각해보겠다고 답할지도 모른다. 우리가 이런 기본적인 사실을 간과하는 주된 이유 중 하나는 우리 모두가 자신만의 가치관을 가지고 있기 때문이다. 우리는 무언가가 우리에게 정말로 중요하다 싶으면 그것이 다른 사람들에게도 중요할 것이라고 짐작한다. 그래서 다른 사람들도 그것을 배워야 한다고 생각한다. 하지만 센게는 이렇게 강조한다. "중요한 건 우리의 가치관이 아니라 배우는 사람의 가치관인데 우리는 그 사실을 자주 까먹지요. 따라서 우리가 가장 먼저 던지는 질문은 늘 동기부여와 관련되어 있어야 합니다. 사람, 조직, 사회를 진정으로 움직이려면 어떻게 해야 할지 생각해야 합니다."

센게는 다음 단계를 이렇게 설명했다. "기존 에너지 흐름을 따라가는 법을 배워야 합니다. 오랜 세월 특정한 방향으로만 흘러온 강물을 막으려고 애쓰는 대신 올바른 방향으로 나아가고 있는 지점들에 초점을 맞추세요. 중국의 오랜 격언 중에 이런 말이 있습니다. '강을 움직일 수는 없다. 그 대신 새로 수로를 파라. 그러면 결국 강이 스스로 움직일 것이다.'"

기후변화 문제에 대한 대처

센게는 지구온난화가 전례 없는 문제임을 늘 기억해야 한다고 지적했다. 과학의 요구에 따르면 우리는 개인적으로나 집단적으로나 역사 전반을 넘어서는 시각을 가져야 한다. 여태까지 한 번도 일어나지 않았던 일이 바로 지금 일어나고 있기 때문이다. 따라서 대중의 인식 밑바닥에 아직도 불신이 깔려 있는 것도 충분히 이해할 만한 일이다. 거짓 정보 공작 역시 바로 이 지점을 노리고 있다. 만약 사람들이 증거가 제시하는 사실을 쉽게 받아들일 수 있다면 거짓 정보 역시 지금처럼 강력한 힘을 발휘하지는 못할 것이다. 그렇다고 불신을 품고 있는 사람들이 어리석다고 생각해서는 안 된다. 인간이 유발한 기후변화가 전 지구적인 차원에서 일어난 적이 한 번도 없기 때문에 그게 왜 하필 지금 일어나고 있느냐고 의심하더라도 이상한 일은 아니다. 한 번 뿌리 내린 믿음은 빠르게 혹은 쉽게 바뀌지 않는다. 따라서 스스로를 기후변화 회의주의자로 인식하는 사람을 설득하는 데 초점을 맞추는 것은 좋은 전략이 아니다. 센게는 시스템을 변화시키는 데에는 고차원적인 이해가 요구된다며 이렇게 말한다. "사람들이 반드시 변화에 저항하는 것은 아닙니다. 하지만 누군가 자신을 변화시키려 할 때에는 확실히 저항합니다."

센게는 또한 이렇게 덧붙인다. "그렇기 때문에 저는 워싱턴의 정치적 분위기를 바꾸려고 애쓰는 게 완전히 시간낭비라고 생각합니다. 중국 지도층은 기후변화에 공격적으로 대처하는데 미국 지도층은 그러지 않는 것이 결코 우연이라고 생각하지 않아요." 워싱턴의 공직자들은 문제에 압도당할 때면 자신들이 가장 편안해하는 일에 몰두하기 시작한다. 바로 '법률가처럼 논쟁하고 행동하는 일'이다. 실제로 그들 대부분이 법률가이기 때문이다. 반면 중국의 공직자들은 대부분 일처리를 선호하는 공학자다. 기초적인 기후변화 지식을 이해하고 있는 공직자도 많다. 물론 중국 역시 기존 경제 성장 동력이 지닌 관성을 고려할 때 여전히 벅찬 문제를 안고 있기는 하지만 말이다.[3]

그러나 미국에서는 이미 고착화된 이익 구조를 바꾸기가 힘들기 때문에 변화를 달성하기가 어려운 반면 중국에서는 에너지 전환을 가속화할 유인이 존재하는 것이 사실이다. 센게도 이렇게 지적한다. "안타깝게도 중국 밖에 있는 사람들은 중국이 다른 방향으로 나아가기 위해 힘쓰고 있다는 사실을 거의 알아차리지 못합니다. 진짜 일어나고 있는 일인데도 말이에요." 실제로 중국은 2020년까지 탄소집약도를 40~45퍼센트 감축하겠다는 적극적인 목표를 설정했다. "그건 정말 어마어마한 결정이거든요. 근데도 서구권에서는 그런 노력을 사실상 무시하고 있습니다. 제 개인적인 생각으로는 중국, 특히 베이징에서 충분히 많은 사람들이 변화의 문턱을 넘는 데 성공한 거 같거든요. …… 사고방식이 바뀌었어요. 중국인들은 서구권 국가들이 선봉에 서서 화석연료 기반 경제를 구축했듯이 중국이 선봉에 서서 에너지 전환을 이끌 수 있으리라 믿기 시작했습니다. 정말 까다로운 문제에 대처할 능력과 정신을 갖추고 있어요. 그 뒤를 국가가 지원하고 있고 기업이 지원하고 있지요."[4]

센게는 독일 같은 나라들이 탈탄소 정책이나 태양열 발전을 밀어붙이려고 애쓰는 등 올바른 방향으로 나아가고 있기는 하지만 지구온난화라는 문제의 긴급성을 고려할 때 현재 변화가 이루어지는 속도는 형편없는 수준이라고 판단했다. 특히 북미 환경운동에 나타나는 가장 큰 문제는 환경운동가들이 사람들에게 문제를 인식시키는 데 집중하느라 정작 기업의 움직임을 이끌어내지는 못하고 있다는 점이다. 대형 환경 단체 대부분이 학술 기관 성격을 띠고 있으며 정부나 기업으로 하여금 재생에너지를 적극적으로 활용하도록 촉구하기보다는 대중에게 학문적 사실을 설득하는 데 지나치게 많은 에너지를 소모하고 있다. 하지만 분명 새로운 에너지원을 활용하도록 촉진하는 것은 환경적으로 좋은 일일 뿐만 아니라 사업과 일자리를 생성한다는 점에서 경제적으로도 좋은 일이다. 다행히 점점 더 많은 환경 단체가 실효성이 있는 대책을 찾아 반복적으로 빠르게 실행에 옮기는 일이 중요하다는 사실을 깨닫고 있다. 우리는 실천의 규모를 빠르게 확장하는 면에서 더욱 창의적이고 적극적으로 임해야 한다.

한편 센게는 북미 환경운동가들이 일의 순서를 잘못 파악하고 있다고 지적했다. 오늘날 북미 정책 환경에는 공익기업의 로비가 지대한 영향을 미친다. 따라서 환경이라는 사안이 우선순위가 될 수 없는 상황임에도 환경 단체들은 오로지 환경보호만 주장함으로써 로비 단체들에 놀아나고 있다. 반면 경제, 고용, 기술, 안보 같은 사안들은 정치적 합의를 이끌어낼 수 있다. 물론 현상을 유지하려는 로비 단체들의 힘이 너무나 막강하기 때문에 움직임을 이끌어내기가 쉽지는 않겠지만 정말 환경보호를 촉구하기를 원하는 사람들이라면 좀 더 현명한 정치적 전략을 세울 필요가 있다.

문제 해결을 위한 한 걸음

센게는 시스템적 사고가 굉장히 실용적이라고 강조한다. 시스템적 사고에 따르면 변화는 저항을 억지로 꺾을 때가 아니라 시스템이 이미 움직이고 있는 방향을 읽고 따라갈 때 도래한다. 즉 작은 노력으로 이룰 수 있는 큰 변화를 찾아냄으로써 바람직한 방향으로 나아가는 환경을 조성해야 한다. 센게는 이렇게 조언한다. "씨앗을 옆에서 지켜보면서 '네가 잘 자라주었으면 좋겠어'라고 말하는 것만으로는 나무 하나도 기를 수 없습니다. 물, 영양분, 햇빛 같은 요소를 이해해야 합니다. 시스템, 환경을 공부하면서 씨앗이 이미 어떻게 자라고 있는지 파악한 다음에 그 성장 과정을 지원해야지요. 스스로 자라나는 과정을 무시해서는 우리가 딱히 할 수 있는 일이 없어요."

이런 비유를 환경 문제에 적용한다면 우리가 처음으로 해야 할 질문은 '누가 이미 유익한 일을 하려고 애쓰고 있으며, 우리는 어떻게 그들을 지원할 수 있을까?'다. 센게는 '잘못된 것'에 맞서 싸우는 것은 과거에 머무르는 것이나 다름없다고 지적한다. 우리는 다가오는 미래에 몸을 내맡긴 채 긍정적인 노력을 북돋기 위해 애써야 한다. 다시 말해 적극적으로 옳은 일을 실천하고 있는 기업들을 지원해야 한다.

거대한 시스템 변화를 이끌 잠재력이 있는 생각 하나는 인터넷과 관련되어 있다. 인터넷은 현재 세계 전력 사용량의 8~10퍼센트를 차지한다.[5] 이에 대해 센게는 이렇게 말한다. "막대한 에너지 소비량이지요. 게다가 전 세계적으로 2~3년마다 두 배씩 늘고 있어요. 그런데 마침 인터넷이 우리의 미래를 상징한다고 생각하는 사람들은 기술이 변화의 핵심 지렛대 역할을 할 것이라고 믿더군요. 그렇다면 오직 대체에너지만으로 인터넷을 감당하는 미래를 향해 나아가는 건 어떨까요? 처음에는 대형 서버팜(server farm: 일련의 컴퓨터 서버와 운영 시설을 한데 모아 놓은 곳—옮긴이)부터 시작할 수 있습니다. 다음으로는 무선 셀 기지국에 집중하고요. 그다음에는 소비자들이 개인 기기에도 대체에너지를 사용하도록 점진적으로 움직임을 도모할 수 있겠지요."

그러기 위해 대형 전자기기회사 두세 군데 정도를 섭외해 20년 내에 인터넷 사용을 완전히 탈탄소화하자는 목표를 세울 수 있다. "전력을 사용하는 가장 대표적인 성장 동력 산업을 대체에너지 기반으로 탈바꿈시킨 다음 이를 지렛대 삼아 전체 에너지 생산 시스템을 구축하는 것이지요." 결국 핵심은 시스템이 움직이도록 만드는 것이다. 센게는 계속해서 이렇게 말했다. "큰 변화가 이미 일어나고 있는 지점들을 찾아 어떻게 거대한 움직임을 이끌어낼 수 있을지 상상하는 겁니다." 물론 거대한 변화가 일어나더라도 기후변화의 영향을 서서히 늦추다 완전히 뒤집기까지는 50~100년이 걸릴 수도 있다.

센게는 오스트레일리아의 환경운동가 폴 길딩Paul Gilding의 책《대붕괴The Great Disruption》와 TED 강연 '지구는 꽉 차 있다The Earth Is Full'를 언급했다.[6] 그린피스인터내셔널 총책임자를 역임한 길딩은 다가오는 세계 경제 위기와 지정학적 불균형에 대처하기 위해 '1도 전쟁 계획One Degree War Plan'이라는 위기 대응 전략을 개발했다. 길딩은 우리가 성장주의 사고방식에 따라 물질적 필요를 한참 넘어서는 규모의 경제를 발전시킨 탓에 기후변화라는 증상이 나타났다고 생각한다. 세상에는 실제로 물질적 필요를 채우지 못해 허덕이고 있는 수많은 사람들이 있지만 그들은 이런 무분별한 경제 성장을 일으킨 원인 제공자가 아닌 셈이다.

길딩은 강을 움직이려 애쓰기보다는 새로운 수로를 개척함으로써 탈탄소화를 시작하고 기후변화의 영향력을 역전시켜야 한다고 제안한다. 길딩의 주장에 따르면 기후변화, 멸종 위기, 해양 산성화 등 환경 문제 자체를 논의하려는 태도를 버려야 한다. 이런 환경 위기가 오히려 양극화된 정치적 논쟁을 야기할 뿐이기 때문이다. 그 대신 경제에 초점을 맞추어야 한다. 사람들의 지갑 사정을 논함으로써 사람들을 움직여야 한다. 예컨대 우리는 기후 붕괴가 (앞으로가 아니라 지금 당장) 초래하고 있는 온갖 비용을 전부 더해볼 수 있다. 가뭄, 홍수, 자연재해 때문에 필요한 난민 캠프, 기상 이변으로 인한 폭풍, 2013년 여름 워싱턴에서 600만 명이 정전을 겪도록 한 허리케인 수준의 바람 등 온갖 피해로 발생하는 비용 전부를 말이다. 길딩은 우리가 진지하게 계산에 임하기만 한다면 이미 기후 붕괴가 초래하는 경제적 비용이 우리 경제를 휘청거리게 만들고 있다는 사실을 깨달을 것이라고 말한다. 10년 뒤가 아니라 지금 벌어지고 있는 일이다.

젊은이의 미래를 담보로 한 도박

시스템적 사고를 한마디로 요약하자면 '지렛대 원리'라고 할 수 있다. 기후변화를 놓고 보자면 우리는 에너지 시스템이 나아가는 방향을 최대한 빨리 전환해야 할 과제를 안고 있다. 이런 상황에서 논쟁을 펼치고자 하는 욕구는 보통 '자신이 옳고 다른 사람이 틀렸다는 것을 증명하고자 하는 자아의 욕구'에서 비롯한다. 따라서 우리는 그런 욕구를 내려놓아야 하며 사람들이 감당하지도 못할 생각을 억지로 주입하려고 애쓰지 말아야 한다. 세계는 너무나 큰 반면 인류는 한없이 작아서 인류가 세계 기후를 바꾸는 것은 말도 안 되는 일이라고 믿는 사람들한테 그렇지 않다고 이야기를 하느라 시간을 낭비할 필요가 없다. 센게는 이렇게 권한다. "열린 마음을 가진 사람들, 이미 변화하고자 하는 열망이 있는 사람들과 손을 잡으세요. …… 젊은 사람들에게 가세요."

센게는 젊은 사람들이 변화의 선봉에 설 것이며 에너지 혁명을 진두지휘할 것이라고 보았다. 1갤런에 100~150마일밖에 못 가는 차를 타는 게 정신 나간 짓이라고 생각할 사람들, 연료전지로 움직이는 오토바이를 타기 원할 사람들이 바로 젊은 사람들이기 때문이다. 그러면 정부도 정책을 구상하기 시작할 것이다. 다만 센게는 이렇게 강조한다. "정책을 구상하는 과정은 괜한 논쟁을 하는 데 시간을 낭비하지 않도록 시스템적 사고에 입각해야 합니다."

우리는 사실상 젊은 사람들의 미래를 판돈으로 도박을 하고 있는 것이나 다름없다. 그렇기 때문에 10대, 20대, 30대가 목소리를 내고 운동에 참여하도록 독려하는 전략이 효과가 있을 것이라는 주장이다. 젊은 이들의 목소리는 공명을 일으킨다. 우리를 움직일 만한 감정적 자질을 가지고 있다. 센게는 이렇게 말한다. "젊은이들이 '당신들은 우리 삶을 가지고 도박을 하고 있어요'라고 말하면 어른들은 갑자기 멈추어 서게 됩니다. 물론 확실한 게 아니라거나 변화하는 데 드는 비용이 어마어마하다거나 나 혼자 할 수 있는 게 없다는 등 주장을 펼칠 수는 있겠지요. 하지만 우리가 젊은이들의 삶을 가지고 도박을 하고 있다는 사실은 변하지 않아요."

환경 문제든 사회 정의 문제든 부의 양극화 문제든 수많은 문제들이 해결되지 않는 공통적인 이유는 우리가 앞을 내다보는 현명한 전략을 구상하지 못한다는 데 있다. 우리 사회는 시스템적으로 미래를 평가절하하고 단기적인 결과에만 집중하는 경향이 있다. 이는 우리 사회에 아이들과 청년들의 목소리가 결여되어 있다는 사실과 깊이 연관되어 있다. 미래가 감정적으로 현실감 있게 와닿지 않는 셈이다. 센게도 이렇게 지적한다. "미래라고 하면 온갖 통계와 예측만 가득하지요. 하지만 아이들과 젊은이들이 관여한다면 이야기가 달라질 겁니다."

젊은 사람들의 참여를 독려하는 일은 이미 움직임이 발생하고 있는 지점에 초점을 맞추어야 한다는 전략과도 일맥상통한다. 센게는 지속 가능성을 모토로 시스템적 사고 프로그램을 운영하는 학교들을 소개했다. 예컨대 '아이들의 탄소발자국 프로그램Kid's Footprint Project'은 고등학교 학생들에게 학교 건물부터 시작해 탄소발자국 지도를 그리는 법을 가르쳐준다. 또한 학생들은 데이터를 분석하는 법을 배우고 더 좋은 조명, 더 좋은 단열, 자동 사용량 측정 시스템 등의 투자수익률을 계산해 제안서를 작성해보기도 한다. 이에 대해 센게는 이렇게 평한다. "배움이 살아 숨 쉬는 실험의 장인 셈이지요. 목표는 학생들이 막대한 에너지 상승폭을 감당할 수 없는 중소기업과 협업하는 등 공동체에 참여하도록 독려하는 것입니다."

생선이 없으면 생선 튀김도 없다

어린아이와 대화를 나눌 때면 열이면 아홉 이런 생각이 스친다. "저 아이들이 살아갈 세상은 어떤 모습일까?" 어른들은 거울을 들여다보다가 어느 날 이렇게 말한다. "이런, 내가 지금 뭐하고 있는 거지?" 지극히 개인적인 질문을 던질 수 있게 된 것이다. 만약 CEO로서 자기가 맡은 역할에만 집중하면서 살아간다면 창의적으로 새로운 시각을 떠올리기가 무척 힘들다. 센게는 이렇게 설명한다. "이해당사자들, 특히 주주들을 기쁘게 만들려고 애쓰느라 꽉 묶여 있게 되지요. 밥그릇이 수익을 성장시키는 데 달려 있으니까요."

센게는 어떤 어른이 이런 종류의 통찰을 얻게 된다면 그건 보통 철저한 분석을 거쳐서 나오는 게 아니라고 말한다. 오히려 단순한 깨달음에서 나온다. 갑자기 가슴에 확신이 차올라서 "이게 내가 해야 할 일이야"라는 말이 튀어나오는 것이다. 그처럼 문제를 현실적으로, 실제적으로 받아들이게 되면 창의적인 생각이 가능해지고 나무가 아니라 숲을 보는 게 가능해진다. 센게는 한 사례를 소개했다. "유니레버Unilever(지속 가능한 경영 방식을 추구하는 다국적기업으로 냉동식품을 제조하는 자회사를 가지고 있는 만큼 수자원 보호에 앞장선 바가 있다—옮긴이)에는 문제를 지극히 개인적으로 받아들인 회장이 한 분 계셨지요. 그분은 의사가 확실했습니다. 저한테 이렇게 말씀하셨지요. '저는 그저 회사 사람들에게 생선이 없으면 생선 튀김도 없다는 사실을 납득시키려는 것일 뿐이에요.'"

변화는 깊은 이해가 동반될 때 일어난다. 따라서 우리는 다른 사람의 논리와 추리 방식을 파악하려고 노력해야 한다. 그렇게 할 때 서서히 사람들을 움직일 수 있는 방법 역시 찾아낼 수 있다. 센게도 이렇게 조언한다. "사람들이 입을 닫고 가만히 있는 이유는 단지 문화 때문일 수 있어요. 아니면 자신들이 정말 소중히 여기는 것들에 아직 스스로를 연결시키지 못했기 때문일 수도 있지요."

센게는 전형적인 종 모양 그래프를 떠올려보라며 이렇게 말했다. "한쪽에는 이미 참여한 사람들이 있지요. 그래프 반대쪽에는 대놓고 반대하는 사람들이 있고요. 그 중간에는 애매모호한 입장을 가지고 있는 수많은 사람들이 있겠지요. 이들은 문제 자체를 이해하지 못했거나 무엇을 해야 할지 모르거나 행동을 취하는 게 실용적인 관점에서 어떤 차이가 있는지 모릅니다." 이때 우리의 목표는 중간 그룹의 핵심적인 인물이나 기업을 표적으로 삼아 그들의 마음에 닿는 법을 파악하는 것이다.

바로 이 지점에서 주장과 탐색 사이의 균형을 잘 잡아야 한다. 예컨대우리는 사람들에게 "이 상황을 어떻게 보시나요?" 내지는 "당신에게 중요한 문제는 무엇인가요?"라고 질문할 수 있다. 의사소통을 할 때 사람들이 어떤 처지에 있는지, 무엇을 진정으로 중요하게 여기는지 이해하는 데 초점을 맞추어야 한다는 뜻이다. 상황이 허락한다면 아예 조언을 구할 수도 있다. 센게는 이렇게 요약한다. "판매 권유를 하듯 설득하지 말고 진짜 대화를 하세요. 효과적인 시스템적 사고란 바로 그런 것입니다."

타인의 말에
귀 기울이기

오토 샤머

어떤 직종에 종사하든 그 분야에 숙달하기 위해서는 듣는 기술이 기초가 되어야 한다. 모든 창의적인 활동에 있어서 듣는 기술은 가장 중요하고 가치 있기 때문이다.

• **오토 샤머**(Otto Scharmer)

하노버인슈어런스그룹 CEO를 지냈으며 《직장에서의 성품Character at Work(국내 미출간)》을 집필한 빌 오브라이언Bill O'Brien은 자신이 얻은 깨달음을 한 줄로 정리했다. "상황을 성공적으로 중재할 수 있는가는 중재자의 내면 상태에 달려 있다."[1] 우리가 하는 행동의 성공 여부는 우리가 무엇을 하는가 혹은 어떻게 하는가보다는 우리 내면에 달려 있다는 것이다.

이 말은 오토 샤머가 리더십 워크숍에서 자주 인용하는 말이기도 하다. 샤머는 MIT 경영대학원 부교수로 일할 때도 내면이 중요하다는 통

236

찰을 가르침의 중심으로 삼았다. 그렇다면 우리는 어떻게 우리 내면 공간에 접근할 수 있을까? 그러기 위해 어떤 도구가 필요할까?

샤머가 처음으로 내면 상태와 외부 현실이 연결되는 경험을 한 것은 열여섯 살 때였다(그때 이후로 줄곧 이 주제는 샤머의 핵심 연구 과제가 되었다). 샤머는 독일 북부에서 자랐으며 부모님은 그 지역에서 거의 처음으로 유기농 농법을 시도한 선구자 같은 분들이었다. 어느 날 샤머가 함부르크에 있는 기숙학교에 와 있을 때였다. 교장 선생님이 샤머의 교실에 오더니 지금 당장 집에 가보라고 말했다. 집에 전화를 걸어도 아무도 받지 않았고 기차역에도 나와 있지 않았다. 샤머는 생애 처음 기차역에서 택시를 타고 집까지 8킬로미터를 달려갔다. 반쯤 가서 보니 온 하늘이 새까맣게 물들어 있었다. 까만 연기는 샤머네 농장에서 피어오르고 있었다.

어린 샤머는 택시에서 얼른 내려 구경꾼들과 소방관들을 헤치고 나아갔다. 샤머는 당시를 이렇게 회상했다. "눈에 보이는 광경을 믿을 수 없었습니다. …… 내가 평생을 살아온 세계가 더 이상 존재하지 않게 된 것이지요. 아직도 기억이 나는데, 시간이 서서히 느려지더니 내 마음의 겉껍질을 깨부수고 들어가 마음속 깊이 서서히 침잠하는 느낌이 들었어요." 샤머는 자신의 인생에서 거대한 무언가가 끝나버렸다는 사실을 알아차렸다. 하지만 동시에 새로운 무언가가 시작되고 있다는 사실 역시 이해했다. '사라진 모든 것들에 자신의 정체성이 얼마나 단단히 묶여 있었는지' 깨닫게 된 것이다. 바깥에 있는 세계만 사라진 것이 아니었다. 속 깊숙한 곳에 있는 무언가도 사라졌다. 이런 깨달음을 얻자 강렬한 자유가 느껴졌다. 그 순간 샤머는 정신이 고양되어 스스로를 위에서 내려다볼 수 있게 되었다. 자신이 겪은 상실이 물리적 차원을 넘어 자신의 근원적인 자아와 미래의 순수한 가능성에도 연결되어 있다는 사실을 이해했다. 샤머는 '우리가 특정 상황에서 그처럼 다른 차원에 연결될 수 있다는 사실'을 그때 처음 깨달았다고 한다.[2]

경제경영학 박사인 샤머는 MIT IDEAS 프로그램을 이끌고 있으며 세계경제포럼World Economic Forum의 글로벌어젠다위원회Global Agenda Council에서 부의장을 맡고 있다. 또한 MIT 내에 혁신의 중추인 프리젠싱연구소Presencing Institute를 설립해 사람들이 '다가오는 미래'로부터 배움을 얻는 법을 지도하고 있다. 샤머가 집필한 저서 중에는 베스트셀러를 기록한《U 이론Theory U(국내 미출간)》과《본질에서 답을 찾아라Leading from the Emerging Future》가 있다.[3]

프리젠싱, 이상적인 미래 가능성을 감지하다

샤머는 피터 센게가 MIT 내에 설립한 배움센터Learning Center에 합류한 뒤 지나간 과거가 아니라 다가오는 미래에서 배움을 얻는 법을 연구하는 데 집중했다. 샤머의 커리어는 바로 이때부터 본격적으로 시작되었다고 할 수 있다. 샤머의 설명에 따르면 우리는 크나큰 상실을 경험할 때뿐만 아니라 사회운동에 참여하거나 특정한 사명을 받아 자신이 왜 여기에 있는지, 자신이 어떤 존재인지, 자신이 어떤 길을 가고 있는지 묻게 될 때도 깊은 차원의 인식에 도달해 '전혀 다른 질감과 감정을 느끼는 상태'에 돌입할 수 있다고 한다.

샤머는 중부 유럽에서 시작된 초창기 반전 운동, 녹색 운동, 반핵 운동을 떠올렸다. 이런 운동들은 어떻게 사람들을 움직일 수 있었을까? 분명 사실을 통해서는 아니었다. 샤머는 사실이 사람들을 움직인다는 주장은 미신이나 다름없다고 보았다. 새로운 현실을 추구하고자 하는 움직임은 새로운 작동 방식, 소통 방식, 창조 방식 등을 독려함으로써 사람들을 가능성의 영역에 연결시킬 때 나타난다. 공포심을 불어넣음으로써 사람들을 움직일 수 있다는 생각 역시 또 다른 미신에 불과하다. 실제로 과거의 환경운동가들은 이런 접근법을 사용해왔다. 하지만 내가 인터뷰한 다른 많은 전문가들과 마찬가지로 샤머 역시 겁을 주어 사람들을 움직이려는 전략은 '생각보다 훨씬 악수'라며 이러한 방법은 사람들의 움직임을 이끌어내지 못한다고 지적했다.

샤머는 우리가 맹점을 파악하고 인식을 전환하며 최선의 미래에 접근하기 위해서는 우리의 생각과 의지를 활짝 열 필요가 있다고 말한다. 이는 특히 지도자들에게 필수적인 태도다. 오래전부터 리더십 교육 프로그램은 역사로부터 교훈을 얻는 데 집중했다. 하지만 오늘날 우리가 직면한 과제들에 대처하기 위해서는 이전과는 다른 새로운 능력이 필요하다. 바로 과거를 놓아줌으로써 가능성의 영역에 스스로를 연결시키고 다가오는 미래로부터 배움을 얻는 능력이다. 이 점을 염두에 두고 샤머는 '프리젠싱presencing'이라는 개념을 만들었다. 이는 미래의 가능성을 감지하는 능력인 '센싱sensing'과 지금 이 순간에 존재하는 상태인 '프리젠스presence'를 결합한 표현으로 가장 이상적인 미래 가능성을 감지하고 실현하는 것, 즉 출현하고자 하는 미래가 현존한다는 감각에 따라 행동하는 것을 가리킨다. 결국 마음을 활짝 열고 깊숙이 뛰어드는 것, 진정한 사업가 정신이 무엇인가에 대한 사고를 전환하고 새로운 통찰을 얻는 것에 해당한다.

프리젠싱은 현상을 유지하고자 하는 태도와 뿌리 깊은 습관, 판단, 생각을 뛰어넘는 것을 의미한다. 낡은 의사소통 방식은 부인, 냉소, 우울을 야기할 뿐이다. 하지만 어떤 사람들은 새로운 현실을 감지하고 미래의 에너지를 받아들일 줄 안다. 샤머는 이런 태도가 창의성과 사업가 정신의 본질이라고 강조하면서 이렇게 말한다. "당신은 아직 도래하지 않은 가능성을 감지하는 가운데 행동합니다. 가능성을 전부 실현하기 위해 나아가기 시작하지요. 앞을 가로막는 것이라면 무엇이든 뿌리칩니다."

우리는 어떻게 미래를 부정하고 두려워하는 태도를 피할 수 있을까? 우리는 어떻게 사람들 혹은 공동체가 다음 단계로 나아가도록 도울 수 있으며 변화의 메시지를 널리 퍼뜨릴 수 있을까? 샤머는 그 답이 두려움과 상실을 넘어서는 데 있다고 보았다. 시스템적 차원의 근원적인 변화는 인간관계, 프로젝트, 네트워크가 모두 어우러질 때 이루어질 수 있다.

다소 난해하게 느껴질 수 있다. 하지만 샤머는 '공감 몰입empathy immersion' 활동을 통해 경영대학원 학생들이 이런 경험을 실제적으로 체험할 수 있도록 지원한다. 이때 학생들은 극적일 만큼 생생한 상황을 여과 없이 겪어야 한다. 샤머는 그 취지를 이렇게 설명했다. "요즘 세상에서 월스트리트에 내보낼 사람을 양성하는 경영 대학교만큼 냉소적인 공간이 없지요. 원칙적으로 저는 절대 학생들에게 제 가치관을 주입시키지 않습니다. 그럼 또 다른 구속복을 입히는 것이나 마찬가지일 테니까요. 그보다는 학생들이 스스로 자신이 주변 사회를 얼마나 잘 이해하고 있는지 그리고 주변 사회와 얼마나 잘 연결되어 있는지 탐구할 수 있도록 높은 품질의 환경을 조성하려 합니다."

샤머는 학생들이 자기 자신을 자신들의 가치관과 정반대되는 가치관을 가진 사람들과 동일시할 수밖에 없는 상황으로 몰고 간다. 그럴 경우 학생들은 다른 사람의 삶을 경험하고 다른 사람에게 온전히 공감하며 잠깐이나마 다른 사람과 하나가 되는 체험을 한다. 자신들과 철저히 다른 가치관을 가진 것은 물론 월스트리트의 삶에 아무런 관심이 없는 사람들과 진정으로 연결되는 경험을 하고 나면 학생들은 새로운 역량을 습득하게 되며 훨씬 깊이 있는 사업가 정신을 발휘하게 된다. 공감 몰입 활동은 학생들이 이전 사고방식을 답습하는 대신 자기 인생의 진정한 사명을 파악할 수 있도록 돕는다.

U 이론의 3단계 발달 과정

샤머는 'U 이론'이라 불리는 발달 과정을 통해 깊이 있는 변화를 이룰 수 있는 것은 물론 진정한 리더십을 발전시킬 수 있다고 생각했다. U 이론은 크게 세 단계로 구성된다.

1단계: 생각의 차원에서 이전과는 달리 판단을 유보할 줄 아는 단계.
2단계: 가슴을 열고 공감하며, 다른 이해당사자의 시각으로 문제를 바라보기 시작하는 단계.
3단계: 내려놓을 것은 내려놓고 받아들일 것은 받아들이는 능력을 갖추는 단계.

샤머는 특히 사업 영역에서 세 번째 단계가 중요하다며 이렇게 설명한다. "보통 사업을 할 때 문제는 두려움과 집착이거든요. 직원을 잃을까 봐, 성공하지 못할까 봐, 실패할까 봐, 공동체로부터 배제당할까 봐 두려워 아무것도 내려놓지 못합니다." 하지만 샤머는 혁신가 중에 이런 두려움으로 고민하는 사람을 본 적이 없다며 그 이유를 이렇게 지적한다. "혁신가라면 자기 분야 공동체에 깔려 있는 전제 자체에 의문을 제기해야 하니까요."

'리더십leadership'이라는 단어의 영어 어근은 '나아가다' 혹은 '문턱을 넘다'를 의미한다. 그런데 언젠가 인도유럽어 어근을 추적해보니 문자적인 의미가 '죽다'였다고 한다. 결국 리더십이란 궁극적으로 과거를 내려놓고 미래를 받아들이는 과정이라고 할 수 있다. 샤머는 이렇게 덧붙인다. "리더십을 발휘하는 것은 우리에게 굉장히 익숙한 세계를 놓아주고 미지의 영역으로 발을 내딛는 것과 같습니다. 노련한 사업가들은 모두 이런 자질을 지니고 있지요. 우리가 세계 공동체라는 집단으로서 기후변화라는 위기를 경험하는 방식도 그와 같아야 합니다. …… 두려움이 감돌고 있는 문제를 다룰 때 필요한 능력인 셈이지요."

U 이론의 3단계 발달 과정은 우리가 상황을 깊고 넓은 시야로 바라볼 수 있게 해준다. 다음으로는 우리가 관찰하고 경험한 것들을 전부 하나로 연결해야 한다. 그러기 위해서는 사람들이 의도적인 고요함 속에 빠져들 수 있도록 깊이 사색하고 묵상할 수 있는 시간을 주어야 한다. 이에 대해 샤머는 이렇게 설명한다. "사실상 개인이든 공동체든 모두에게 무엇이 가장 중요한지 집중할 수 있는 질 높은 시간을 제공해야 합니다. …… 아무런 가치가 없는 소음을 전부 놓아버릴 수 있도록 허

락하는 것이지요."

샤머는 환경운동가들이 바로 이 지점을 놓치고 있다며 이렇게 조언했다. "집단이든 개인이든 다른 이해당사자와 함께 사색할 수 있는 질 높은 공간이 필요합니다. 시스템을 들여다볼 가능성이 진정으로 존재하는 공간 말이지요." 샤머의 설명에 따르면 대화는 두 명 혹은 세 명이 모여 앉아 서로 이야기를 나누는 게 전부가 아니다. 대화란 사람들이 반성적인 시각을 가지고 자기 자신이 더 큰 생태계의 일부임을 인식하는 가운데 자신의 행동이나 생각이 오늘날 상황에 어떤 영향을 미치고 있는지 확인하는 과정이다. 샤머는 이렇게 정리했다. "대화란 마치 외부 세계를 인식하는 스위치를 켜는 것과 같지요."

샤머는 U 이론을 따라 나아가다 보면 훌륭한 결과를 얻을 수 있다고 자신한다. 사람들이 자아에 사로잡혀 자신의 커리어를 높이거나 맹목적으로 조직의 이익이나 이념을 따르는 데에만 집중한 탓에 수렁에 빠져 있던 시스템이 변화하기 시작할 수 있다. 사람들이 자기인식을 넘어 시스템을 인식함에 따라 협력에 기반을 둔 창조 활동이 시작될 수 있다.

생산적 듣기 연습

그렇다면 오늘날 변화에 저항하려는 태도를 극복하는 데 이런 지혜가 어떻게 도움이 될 수 있을까?

자기 자신은 물론 다른 사람들과 강렬하게 연결되는 순간 사람들은 훨씬 심오한 사업가적 욕구에 따라 행동하기 시작한다. 샤머는 이렇게 설명한다. "당신은 더 심오한 방식으로 자기 자신을 경험하기 시작할 겁니다. 이전에는 자각하지 못했던 자신의 가능성을 감지하기 시작하지요. 사실 그처럼 깊은 차원의 인식은 우리가 이미 지니고 있습니다. 우리는 그저 그런 인식을 가리고 있는 돌무더기를, 그런 인식에 주의를 기울이지 못하게 막는 소음을 치워버리면 됩니다." 샤머는 이런 과정을 거칠 때 자신감과 창의성을 얻을 수 있는 것은 물론 더 나은 방식으로 문제를 해결할 아이디어가 솟구친다고 덧붙였다.

그처럼 더 깊은 차원에 연결되기 위해 생각과 가슴을 활짝 열려면 어떻게 해야 할까?

샤머는 이것이 '즉흥적인 기술'에 가깝다고 인정하면서도 실용적인 차원에서는 진솔한 대화와 관계 형성이 그 출발점이 될 수 있다고 설명한다. 샤머는 학생들을 가르칠 때 수업 내용의 절반을 듣는 기술을 가르치는 데 사용한다고 말한다. 학생들이 이미 아는 사실에만 주의를 기울이는 비판적 듣기 대신 새로운 무언가를 발견하기 시작하는 사실적 듣기를 연습할 수 있도록 돕는 것이다. 사실적 듣기는 상황을 다른 사람의 눈으로 보기 시작하는 공감적 듣기로 이어진다. 이는 최종적으로 생산적 듣기로 이어진다. 생산적 듣기는 아직 실현되지 않은 새로운 무언가가 나타날 수 있도록 듣는 방식을 가리킨다. 생산적 듣기를 위해서는 생각을 열어 이전의 편협한 습관을 버려야 한다. 가슴을 열어 다른 이해당사자, 특히 가장 소외된 사람의 눈으로 상황을 바라보아야 한다. 마지막으로 의지를 열어 버릴 것은 버리고 받아들일 것은 받아들여야 한다.

이렇게 한다면 듣는 활동은 '효과적'이 된다. 또한 이전에 존재하지 않았던 무언가를 불러일으킨다는 점에서 일종의 출산 과정 역할을 하게 된다. 이런 관점에서 본다면 듣는 활동은 공동 창조 과정이다.

샤머는 리더십 발휘는 물론이고 어떤 직종에 종사하든 그 분야에 숙달하기 위해서는 듣는 기술이 기초가 되어야 한다고 생각한다. 모든 창의적인 활동에 있어서 듣는 기술은 가장 중요하고 가치가 있다. 대화를 시작할 때보다 대화를 마치고 떠날 때 더 많은 에너지가 느껴진다면 무언가를 성취했다는 마음이 들 것이다. 실제로 다른 사람과 진정으로 생산적인 상호작용을 하고 나면 우리는 이전의 자신과는 다른 존재가 된다. 오히려 진정한 자기 자신에 가까워진다. 샤머는 이렇게 말한다. "'이전의 나'를 살며시 놓아주고 나에게 주어진 최상의 미래 가능성인 '진정한 나'와 강렬하게 연결됩니다." 진정한 자기 자신을 잃어버리면 우리는 지치고 우울해진다. 반면 진정한 자아에 다시 연결될 때 풍부한 활력이 되살아난다. 샤머는 이렇게 충고한다. "연습하고 또 연습하세요. 10분 만에 숙달할 수 있는 기술 같은 게 아니니까요." 그럼에도 생산적 대화를 연습하는 것은 악기를 배우는 것만큼이나 만족스러운 일이다.

샤머는 문화적 충돌이나 분열이 있을 때 생산적으로 듣는 기술이 특히 중요하다고 강조한다. 물론 생산적 듣기는 무언가를 고치거나 문제를 해결하는 데 초점을 맞추지 않는다. 샤머는 이렇게 경고한다. "그런 태도는 변화를 가로막는 거대한 장애물일 뿐입니다. 또 다른 미신이지요." 샤머의 설명에 따르면 문제를 고치고자 하는 충동은 그 자체로 또 다른 문제다. 공감적 듣기 역시 "무슨 말인지 내가 잘 알고 있어. 그럴

땐 이렇게 해야 돼" 같은 말처럼 고식적인 이야기를 건네는 것을 의미하지 않는다. 그 대신 집단적인 차원에서 성공적인 창조 활동을 벌이기 위해 에너지를 끌어내는 것이 목표가 되어야 한다.

생산적 대화는 환경운동에도 유용할 수 있다. 여태까지 환경운동 담론은 주로 지속 가능성, 즉 지구를 덜 망치는 일에 집중했다. 그보다 훨씬 고무적이고 성공적인 태도는 행복이나 복지 등 삶에서 중요한 가치를 중심으로 경제 활동을 재구성하는 등 선넘할 만한 가치가 있는 미래를 그리고자 하는 것이다. 그쪽으로 초점을 옮긴다면 굉장히 자연스러운 방식으로 깊이 있는 인식을 독려할 수 있을 것이다.

샤머의 조언에 따르면 환경운동이 사람들 목구멍에 억지로 무언가를 쑤셔넣는 행위가 되어서는 안 된다. 필연적으로 저항을 불러일으킬 것이며 사람들이 자신의 입장을 고수하도록 만들 것이기 때문이다. 그 대신 환경운동은 이미 참여할 준비를 갖추고 기꺼이 행동하고자 하는 사람들에게 초점을 맞추어야 한다. 피터 센게와 마찬가지로 샤머 역시 이렇게 조언했다. "변화가 이미 일어나고 있는 곳으로 가세요."

샤머의 목표는 사람들이 작지만 점진적인 변화를 이룰 수 있는 환경을 발견하도록 돕는 것이다. 여러 기관들 역시 그처럼 작은 틈을 발견하기 위해 애써야 한다. 더 이상 이전 방식으로는 유의미한 결과를 만들어낼 수 없으므로 때마침 마련된 통로를 찾아내야 한다. 기꺼이 그곳에 주의를 기울이고 자원을 투자함으로써 새로운 방식으로 행동하고 협력해보아야 한다.

적은 힘으로 변화를 이끌어내는 방법은 우리의 내면 공간을 바꾸는 것이다. 우리가 주의 깊게 듣는 법을 깨우친다면 우리는 대화를 통해 사람들에게 이전과는 다른 방식으로 영향을 미칠 수 있을 것이다. 우리는 우리의 인식과 주의를 저항이 간섭하는 곳에서 새로운 곳으로 돌릴 수 있다. 바로 그 새로운 곳에 가장 거대한 변화의 잠재력이 숨어 있다. 리더라면 누구나 놓쳐서는 안 될 맹점인 셈이다.

2010년 세계경제포럼을 위해 준비한 논문에서 샤머는 바로 그 맹점에 관해 언급했다.[4] 오늘날 리더들은 전례 없는 21세기의 문제들과 그에 어울리지 않는 20세기의 방법론 사이에 갇힌 채 그 사이에 다리를 놓으려고 애쓰고 있다. 하지만 샤머는 진짜 문제는 집단적인 리더십의 부재라고 지적한다. '모든 핵심 이해당사자를 한데 모아 공통된 의향을 밝혀내고 진정한 혁신을 공동 창조하도록 이끌 능력이 부족한 것'이다.

샤머는 이런 능력이 오늘날 사회에서 가장 찾아보기 힘든 자원이라고 말한다. 거의 아무도 이런 자질을 양성하려 하지 않고 있으며 고등 교육 과정에서도 이런 자질을 발전시키는 데 주의를 기울이지 않고 있다. 경영 대학들은 리더십, 공공 정책, 사회적 영역에 초점을 맞추기는 하지만 이 모든 것들이 교차하는 지점에 관해서는 관심이 없다. 하지만 우리가 오늘날의 까다로운 문제들을 해결하기를 원한다면 우리에게는 세 요소가 모두 필요하며 그러지 않고서는 빈곤, 오염, 교착 상태 등 아무도 원하지 않는 결과만 계속 초래할 뿐이다.

2장

공적 서사라는
강력한 도구

효과적인
기후변화 커뮤니케이션 연구

앤서니 라이저로위츠와 에드워드 메이백

> 신뢰할 만한 사람들이 단순명료한 메시지를 반복적으로 전달하는 것이 효과적
> 이라는 사실을 뒷받침하는 데이터는 풍부하게 쌓여 있습니다. …… 여태까지는
> 거짓말이 효과적으로 승리를 거두어왔지요. 이제는 과학자들이 과학을 쟁취해
> 연구 결과를 단순명료하게 압축한 다음 끊임없이 반복해 말해야 합니다.

• 에드워드 메이백(Edward Maibach)

여러 해 전에 미국 해양학자인 케이트 모런Kate Moran이 내게 이메일을
보낸 적이 있었다. 당시 모런은 미국 백악관 과학기술국에 보조책임자
로 파견 근무를 나가 브리티시 페트롤륨British Petroleum의 딥워터 호라
이즌Deepwater Horizon 원유 유출 사고에 대한 반응을 조사하는 중이었
다. 모런은《기후 은폐 공작》을 읽은 뒤 상사에게도 책을 권했고 상사는
직원들 모두에게 책을 돌려 읽도록 권했다고 한다. 그러자 모런은 아예
내게 이메일을 보내 다음에 내가 워싱턴에 들를 때 기후변화 커뮤니케
이션 문제에 대해 이야기해줄 수 있느냐고 물어보았다. 이메일 끝에는

'프레지던트의 과학기술국'이라는 문구가 적혀 있었다. 설마 '프레지던트'가 대통령을 뜻하는 것은 아니겠지 생각했는데 정말 대통령을 말하는 거였다. 그래서 나는 전문가 몇몇을 모아 발표를 준비했고 오바마 정부의 과학 및 커뮤니케이션 인사 열다섯 명 정도 앞에서 발표할 기회를 갖게 되었다. 나중에 모런은 빅토리아 대학교 교수가 되었으며 넵튠 프로젝트 책임자이자 오션 네트웍스 캐나다Ocean Networks Canada 회장 겸 CEO를 맡았다.

나는 이 기회가 영광스러운 자리라고 생각하면서도 미국 여론을 신중하게 고려해야 했기 때문에 발표 준비를 하면서 앤서니 라이저로위츠Anthony Leiserowitz와 에드워드 메이백의 도움을 구했다. 기후변화 커뮤니케이션이라는 주제에 관해서라면 미국에서 이들만큼 지식이 풍부한 사람이 없었기 때문이다.

백악관에서 발표를 하면서 우리가 추천한 전략들은 당시 오바마 정부의 비공식적인 기후변화 공공교육 프로그램에 포함되었다. 또한 그날 경험은 나로 하여금 라이저로위츠와 메이백의 연구를 더 자세히 알아볼 수 있는 기회를 제공했다. 두 사회과학자는 '미국이 생각하는 기후변화Climate Change in the American Mind' 조사를 담당하는 연구책임자이자 실제로 기후변화에 관한 미국 여론 전문가다.[1] 둘은 지속적인 연구조사 가운데 사람들이 지구온난화에 대해 어떻게 생각하는지 그리고 왜 그렇게 생각하는지 꾸준히 분석해왔다. 그래서 나는 이 책을 쓰면서 둘을 다시 만나 이야기해야겠다고 결심했다.[2]

정보 제공자로 누구를 신뢰하는가?

라이저로위츠는 '예일 기후변화 커뮤니케이션 프로젝트'의 책임자이
자 예일 대학교 삼림환경연구대학원 소속의 저명한 과학자다. 대중의
환경 인식에 영향을 미치는 심리적·문화적·정치적·지리적 요소들을
탐구한 그의 연구는 세계적으로 높이 평가받고 있다. 라이저로위츠는
전 세계 대중이 지속 가능성, 환경보호, 경제 성상과 같은 가치들에 어떤
생각, 태도, 행동을 가지고 있는지 실증적으로 평가한 최초의 학자이기도
하다. 조지메이슨 대학교 기후변화커뮤니케이션센터 소속인 메이백은
기후변화 및 기후변화와 관련된 공중보건 문제를 다루기 위해 전략적 커
뮤니케이션과 소셜 마케팅 기법을 활용하는 면에서 권위자다.

'미국이 생각하는 기후변화' 설문은 대중의 기후변화 신뢰 여부, 태
도, 위험 인식, 동기, 가치관, 정책 선호도, 행동, 행동을 가로막는 장애
물 같은 요소들을 조사한다. 2008년 처음 조사를 시작했을 때 연구팀
은 사람들이 사안에 대응하는 방식에 따라 대중을 여섯 그룹으로 분류
할 수 있다는 사실을 파악했다.

① 놀란 사람들

② 걱정하는 사람들

③ 신중한 사람들

④ 참여하지 않는 사람들

⑤ 의심하는 사람들

⑥ 무시하는 사람들

그때 이후로 연구자들은 이 여섯 그룹이 어떤 식으로 변화를 겪었는지 추적해왔다. 조사에 따르면 2008년 후반부터 2010년 초반까지 대중의 참여가 급격히 떨어지기는 했지만 다행히 그 이후로 다시 점진적인 반등이 있었다.

예일 프로젝트의 2018년 보고서에 따르면 점점 더 많은 미국 성인들이 지구온난화를 걱정하고 있으며 지구온난화가 실재할 뿐만 아니라 사람들에게 해를 끼치고 있다는 확신 역시 점차 높아지고 있다. 미국인 70퍼센트가 지구온난화가 일어나고 있다고 생각했으며 이 수치는 2016년 3월 이후로 꾸순히 유지되고 있다. 지구온난화가 일어나고 있지 않다고 믿는 사람은 10퍼센트가 되지 않았다. 설문에 참여한 미국인 중 절반 이상이 지구온난화가 주로 인간의 활동 때문에, 특히 화석 연료의 사용 때문에 유발된다고 생각했으며 지구온난화가 주로 자연적인 변화 때문이라고 믿는 사람은 설문조사를 시작한 이래로 최저치인 30퍼센트를 기록했다.

뒤이어 2018년 11월과 12월에도 설문조사가 시행되었다. 수치는 놀라울 만큼 증가했다. 라이저로위츠가 핵심 부문들에서 수치가 그처럼 폭증한 경우는 본 적이 없다고 말할 정도였다. 과반이 훨씬 넘는 미국인들이 기후변화가 가설에 불과한 것이 아니라 실재한다고 생각했다. 미국인의 69퍼센트가 지구온난화를 '걱정'하고 있었으며 이는 3월 이후로 8퍼센트포인트 증가한 수치였다. 또한 미국인 28퍼센트가 지구온난화가 사람들에게 피해를 입히고 있다고 생각했으며 이 역시 3월 이후로 9퍼센트포인트 증가한 수치였다.

라이저로위츠는 이렇게 평했다. "점점 더 많은 사람들이 미국에도,

우리 주에도, 우리 동네에도 기후변화가 도래해 내가 아끼는 사람들과 장소들에 영향을 미치기 시작했다는 사실을 이해하고 있습니다. 지금으로부터 50년이나 100년 뒤에 일어날 일이 아님을 이해한 것이지요."

하지만 안타깝게도, 거의 모든(97퍼센트 이상의) 기후학자들이 지구온난화가 일어나고 있다고 결론 내렸다는 사실은 미국인 일곱 명 중 한 명밖에 모르고 있었다. 기후변화를 심각하게 염려하는 미국인들조차 과학계에 합의가 이루어졌다는 사실을 지극히 과소평가하고 있었다.

라이저로위츠의 연구는 단일한 대중 같은 것은 존재하지 않음을 분명히 밝혀준다. 세상에는 여러 부류의 대중이 존재한다. 모두 지식 수준도 다르고 오해하고 있는 내용도 다르며 서로 다른 가치관을 가지고 있기 때문에 정보를 해석하는 방식도 다르다. 서로 다른 정치관을 가지고 있으며 누구한테서 나오는 메시지를 믿을지 생각하는 바도 다르다. 뉴스와 정보를 얻는 출처 역시 서로 다르다.

그렇기 때문에 단 하나의 메시지만 가지고 모두에게 접근하는 전략은 실패할 수밖에 없다. 라이저로위츠 역시 최소한 여섯 부류의 대중이 있는 만큼 그들의 참여를 독려할 때도 서로 다른 필요를 의식하여 훨씬 정교하게 메시지를 구성할 필요가 있다고 강조한다.

라이저로위츠는 자신을 예로 들어 설명한다. "저는 과학자로 훈련받았기 때문에 실증적인 데이터, 분석, 연구 결과에 반응합니다. 따라서 저를 설득하고 싶다면 저에게 데이터를 보여주셔야 합니다. 그게 제 문화이자 세계관이니까요." 그렇기 때문에 라이저로위츠는 누군가 자신의 생각에 반대한다고 하면 일단 증거나 논문을 가져오라는 말부터 나온다고 한다. 반면 음모론을 좋아하는 사람들은 전혀 다른 사고 과정을 거친다. 라이저로위츠는 이에 대해 이렇게 말한다. "더 강력한 증거를 가져다줄수록 그들은 음모론을 더 강하게 믿습니다. 따라서 데이터를 보여주는 식의 일반적인 접근법은 애초에 우리를 믿지 않는 사람들을 참여시키는 면에서 전혀 효과적인 방법이 아니지요."

결국 핵심은 '우리 각자는 정보 제공자로 누구를 신뢰하는가?'라고 할 수 있다. 라이저로위츠는 기후변화에 관한 정부 간 협의체IPCC: Intergovernmental Panel on Climate Change'가 2010년도 보고서에서 저지른 실수들이 부각되는 이유 역시 바로 이 때문이라고 지적한다. 이미 회의적인 태도를 가지고 있던 사람들은 당시 사건 이후로 과학계를 한층 더 의심하게 되었다. 그리고 일단 잃어버린 신뢰는 되찾기가 무척 어렵다. 신뢰를 되찾으려면 당사자를 직접 만나 고된 노력을 기울여 신뢰를 점차 쌓아가야 한다. 그저 "봐요. 제가 옳다고 뒷받침하는 논문이 여기 몇 개 더 있어요"라고 말하는 것으로는 충분하지 않다. 사람들이 데이터 자체에 관심을 가지지 않는 상태에 이르렀기 때문이다.

기후변화 문제, 새로운 프레임이 필요하다

기후변화 회의주의자들은 사람들이 경제 상황이나 일자리를 걱정한다는 사실은 물론 기후게이트 사건(지구온난화가 과학자들이 꾸며낸 음모론이며 과학자들이 데이터를 조작했다는 이메일을 두고 벌어진 논쟁)이나 IPCC의 실수 같은 스캔들 역시 효과적으로 이용해왔다. 기후게이트 사건 당시 과학자들에게 제기된 모함은 전부 거짓임이 밝혀졌다. 하지만 이후에 이루어진 설문조사에서 응답자의 약 12퍼센트가 기후변화는 물론 과학자 전반에 대한 신뢰마저 잃어버렸다고 답했다. 실로 어마어마한 비율이었다. 특히 애초에 회의적인 성향을 가지고 있던 사람들이 주된 영향을 받았다. 라이저로위츠는 이렇게 말한다. "기후변화 회의주의 운동은 특히 '무시하는 사람들'의 수를 늘리는 면에서 가장 큰 성공을 거둔 셈이지요." 회의주의 운동가들은 이런 스캔들을 이용해 자신들의 기반을 단단히 하고 과학계를 향한 적대심을 증폭시켰다.

라이저로위츠는 이제 새로운 프레임을 구축할 때라고 주장한다. 지금까지 기후변화를 널리 알리는 주된 메신저 역할을 한 과학자들과 환경운동가들은 모두가 기후변화라는 문제를 접하도록 만들었을 뿐만 아니라 정책 결정 과정에서 지구온난화 문제를 최우선순위까지 끌어올렸다는 점에서 큰 성공을 거두었다. 따라서 이들은 초창기 주창자들로서 칭찬받아 마땅하다. 하지만 이들은 더 이상 선봉에 서서는 안 된다. 이제는 새로운 전략을 구상할 때다. 환경 이외의 부문에서도 광범위하고 초당적인 참여를 이끌어내야 한다.

라이저로위츠는 설문조사 결과에서 생생한 예를 끌어내 그 이유를 설명했다. 환경에 경각심을 가지고 있는 사람들은 북극곰을 비롯한 다른 생물에도 깊은 관심을 가지고 있으며 기꺼이 행동을 취하기를 원한다. 하지만 북극곰이 위기에 처했다는 식의 메시지는 다른 집단에게 역풍을 불러일으키기도 한다. 그들은 자신들이 신경 쓰는 건 사람이지 북극곰이 아니라고 응수한다. "북극곰을 마주치면 개는 나를 잡아먹으려고 할 텐데?"라는 식이다. 따라서 이런 접근법은 더 이상 효과적이지 않다. 기존 접근법은 이미 알맞은 사람들에게 도달해 제 역할을 마쳤으므로 이제는 기존 프레임을 깨고 나와 새로운 접근법을 찾아야 할 때다.

예컨대 데이터에 따르면 미국인 중 기후변화가 인간의 건강에 미치는 영향을 이해하고 있는 사람은 거의 없었다. 둘 사이의 연결고리를 전혀 모르고 있는 셈이다. 따라서 이는 새로운 프레임을 구축할 때 핵심적인 사안으로 기능할 수 있다. 해수면 상승 때문에 대서양 연안의 대도시들을 포기해야 할지도 모른다고 말하면 모두가 이에 대해 나름의 의견을 지니고 있다. 하지만 기후변화가 인간의 건강에 심각한 영향을 미칠 수 있다고 말하면 미국인 절반이 아예 처음 듣는 이야기처럼 반응하며 뭐라 억측조차 하지 못한다. 나머지 절반은 "2050년쯤이면 몇 천 명 정도가 피해를 입기는 하겠지요. 설마 수백만까지 가겠어요?"라는 식으로 자릿수를 놓고 어림짐작을 할 뿐이다. 따라서 기후변화가 얼마나 많은 사람들의 건강에 영향을 미치는지 정보를 알려준다면 사람들은 관심을 보이기 시작할 것이며, 자신의 핵심 가치 중 하나가 위험에 처했다는 사실을 깨달을 것이다.

라이저로위츠의 주장에 따르면 새로운 프레임은 우리 모두가 이해관계를 가지고 있는 사안들을 겨냥할 필요가 있다. 저 멀리 떨어진 북극곰이나 빙하를 걱정하는 메시지라든가 위험 지역에 살고 있는 특정 집단을 겨냥한 메시지로는 한계가 있기 때문이다. 기존 프레임은 기후변화가 대다수 사람들에게 멀리 떨어진 일이라는 인상을 주었다. 기후변화가 일어나고는 있지만 내가 사는 나라, 내가 사는 도시, 내가 사랑하는 사람들과는 상관없는 일이었던 셈이다. 이제는 기후변화가 신념, 안전, 사업과 같은 차원에서 어떤 위험과 기회를 제공하는지 설명함으로써 메시지를 각자의 집으로까지 전달해야 할 때다.

라이저로위츠는 지구온난화에 대한 인식을 높이고 행동을 촉구하기 위해 노력해온 수많은 환경 단체와 환경운동가를 칭찬하면서도 그들이 체계적으로 연합하지는 못했다고 지적한다. 반면 기후변화 회의주의자들은 비교적 작은 규모에도 불구하고 엄청난 단결력을 보여주었다. 이에 대해 라이저로위츠는 이렇게 비판한다. "마치 백열등과 레이저의 차이를 보는 것 같습니다. 똑같은 양의 에너지를 쏘는데 전혀 다른 결과가 나오는 거시요. 그리고 하필 우리 쪽이 흐릿한 백열등 같군요. 사람들이 열심히 일하기는 하는데 서로 의도가 어긋나서 자꾸 부딪히기만 하고 시너지를 내지는 못하고 있습니다."

지난 20년 동안 기후변화 논의는 세 가지 프레임을 벗어나지 못하고 있다.

첫째는 기후과학과 관련된 프레임이다. 우리는 기후변화를 초래한 것이 인간인지 아닌지 끝없는 논쟁을 듣고 있다. 하지만 미국인들이 기후변화 결과에 대해 여섯 그룹으로 나뉜다는 설문조사 결과만 보더라도 우리는 결코 이 문제에 있어서 합의에 이르지 못할 것임을 짐작할 수 있다.

둘째는 환경과 관련된 프레임이다. 기후변화 논의는 늘 인간이 아니라 북극곰을 중심으로 이루어졌다. 기후변화가 인간이 아니라 다른 종들에게만 영향을 미친다는 것이다.

셋째는 정치와 관련된 프레임이다. 만약 당신이 진보주의자라면 당신은 지구온난화가 실재한다고 믿어야 한다. 반대로 당신이 보수주의자라면 당신은 지구온난화가 실재한다고 믿지 않아야 한다. 라이저로위츠는 이를 두고 이렇게 한탄한다. "기후학자 입장에서 보자면 너무

답답한 일이지요. 기후는 당신이 민주당 지지자인지 공화당 지지자인지 가리지 않으니까요."

기후변화 문제를 더 이상 지금까지 그랬던 것처럼 워싱턴의 법률가들이나 로비스트들에게 맡겨서는 안 된다. 우리 모두에게 영향을 미치는 거대한 문제이기도 하지만 기후변화의 핵심 원인이 우리 문명을 살아 움직이게 하는 혈액 같은 존재, 즉 화석 연료이기 때문이다. 화석 연료는 우리 옷에도 사용되고 음식에도 사용되며 우리가 이동하는 과정에도 사용된다. 사실상 우리가 하는 모든 활동에 스며들어 있다. 따라서 라이저로위츠는 이렇게 말한다. "전 인류가 삶의 방식을 근본적으로 뒤바꿔야 한다는 전례 없는 규모의 문제가 닥친 셈이지요. 워싱턴에서 전문가들이 정책을 조금 수정한다고 해서 해결될 문제가 아닙니다. 민주주의에 기반을 두고 풀어나가야 할 문제이지요."

스포츠맨십을 가진 운동선수처럼

그렇다면 우리는 왜 지지부진하고 있을까? 우리가 움직이려면 무엇이 필요할까? 라이저로위츠는 사람들이 기후변화 문제에 개인적인 이해관계가 달려 있다는 사실을 알아차려야 한다고 답한다. 수자원 관리자들은 기후변화가 자신들의 문제인 걸 깨달아야 한다. 공중보건 관계자들은 기후변화가 동네, 지역, 국가 차원에서 커다란 영향을 미칠 것임을 이해해야 한다. 군 관계자들은 이미 기후변화가 중대한 안보 위협을 가하고 있음을 인지해야 한다. 사업가들은 기후변화가 법적 위험을 초래하는 것은 물론 평판에도 해를 가할 수 있는 부채라고 인식해야 한다. 신앙 공동체는 사안에 적극적으로 관여함으로써 기후변화가 어떻게 우리의 핵심 가치에 영향을 미치는지 알려야 한다.

또 다른 중요한 전략은 침묵하는 다수를 끌어들이는 것이다. 한창 시민운동이 펼쳐지던 격동의 시기에 거리에 시위를 하러 나온 사람들은 모든 시민의 25퍼센트가 채 안 될지도 모른다. 하지만 어쨌든 문제가 거리 위에서 공개적으로 조명을 받았고 그 결과 침묵하는 다수의 견해 역시 바뀌었다. 요컨대 우리에게는 변화를 요하는 사안이 필요하고 침묵하는 다수의 승인이 필요하다.

라이저로위츠는 기후변화에 적절히 대응하기 위해서는 도시, 주, 국가 할 것 없이 모든 차원의 사회에서 의사 결정이 이루어져야 한다고 강조한다. 기후변화는 중앙집권적인 절차로 해결하기가 불가능한 문제다 보니 셀 수 없이 많은 의사 결정 과정을 거쳐야 한다. 종종 시 정부나 지방 당국이 상위 정부보다 더 진보적인 대응을 하는 것처럼 보일 때가 있는데 이는 설문조사 결과에도 나왔던 것처럼 일부 집단 사람들이 기후변화가 실재한다고 믿는 경향이 더 강하기 때문이다. 예컨대 해수면이나 기온이 높아지고 있는 지역에 가까이 거주하는 사람들일수록 대응책을 마련하는 데 더 적극적일 것이다.

이상 기후가 점점 더 심각해지면서 기후변화가 재조명을 받고 있기는 하지만 그렇다고 '놀란 사람들'에 속하는 집단이 뚜렷한 영향을 받지는 않는다. 이미 기후변화가 일어나고 있다고 굳게 확신하는 사람들이기 때문이다. 기후변화가 일어나고 있지 않다고 확신하는 '무시하는 사람들' 집단에게도 딱히 영향을 미치지 않는다. 변화하는 기후에 가장 크게 흔들릴 사람들은 그 사이에 있는 사람들일 것이다.

라이저로위츠는 지금이 수많은 요인들이 한데 합쳐지고 있는 때라며 결국은 우리의 세계관이 근본적으로 변화할 것이라고 기대한다. 일단 전 세계적으로 힘이 분산되고 있다. 또한 경제, 과학, 정치, 커뮤니케이션, 가치관 등 세상이 변화하는 속도가 점점 가속화하면서 걱정과 기대를 동시에 불러일으키고 있다. 마치 '롤러코스터'를 타는 것 같은 격변의 시대에 들어서고 있으므로 '안전벨트를 단단히 매야' 할 때인 셈이다. 라이저로위츠는 희망을 품을 만한 근거들이 많다고 보았다. 지구헌장Earth Charter은 우리의 핵심 가치를 명료하게 정립하기 위해 의식적인 노력을 기울인 훌륭한 사례였다. UN의 새천년개발목표Millennium Development Goals는 우리가 기초적인 신념에 발맞추어 나아갈 수 있도록 구체적인 단계를 수립했다. 미국국립과학원National Academy of Science이 자금을 지원해 펼친 프로젝트는 대전환 계획Great Transition Initiative으로 이어졌다.

그러므로 지금은 분노를 내뿜느라 효율성을 놓치는 것을 조심해야 할 때다. 물론 분노 역시 적절한 방식으로 표출한다면 사람들을 움직이는 강력한 힘이 될 수 있다. 하지만 분노는 통제하기가 쉽지 않으며 오히려 다른 정치적 목적을 가진 자들이 분노를 이용할 수도 있다. 라이저로위츠의 설명에 따르면 특히 '걱정하는 사람들' 집단에 다가갈 때 분노를 표출해 죄책감을 느끼게 만들지 않도록 주의해야 한다. 오늘날에는 기꺼이 투쟁에 참여하되 얼굴에 미소를 띤 채 참여하는 '행복한 전사들'의 말이 효과적으로 작용할 가능성이 높다. 투쟁을 사람들이 서로를 비난하는 성전聖戰으로 격화시키지 않을 줄 알기 때문이다. 라이저로위츠는 훌륭한 스포츠맨십을 가진 운동선수를 떠올리라고 권한다. 상대를 쓰러뜨리려고 애쓰면서도 상대를 존중하고 추켜세울 줄 알아야 한다는 것이다. 딱딱한 도덕군자 같은 운동가는 오히려 사람들의 열의를 떨어뜨린다는 점에서 효과적이지 못하다.

라이저로위츠는 이렇게 말한다. "맞아요. 우리 앞에는 심각한 문제들이 쌓여 있지요. 하지만 다양한 배경, 가치관, 시각을 가진 사람들을 한데 뭉치게 할 수만 있다면 문제를 해결할 수 있습니다. 아직은 우리 인식이 케케묵은 국가주의를 벗어나지 못하고 있어요. '나는 미국인이야. 나는 캐나다인이야. 나는 일본인이야'라고 생각하지요. 하지만 우리는 자신이 지구의 시민이라는 사실을 깨우쳐야 해요. 지구상에 존재하는 우리 모두는 서로 복잡하게 얽힌 운명 공동체입니다. 예컨대 전 세계 인구 80퍼센트 이상이 휴대 전화를 가지고 있지요. 우리는 인터넷이라는 연결고리를 통해 세계적인 차원의 인식을 가질 수 있어요."

안타깝게도 미국 정부를 보면 사람들이 한데 뭉치기는커녕 양극단으로 분열된 가운데 진전 없이 대치만 이루고 있다. 미국의 내적 분열은 너무나 심각한 수준이라 공화당이 무슨 제안을 하고 민주당이 무슨 제안을 하든 아무런 의미가 없을 지경이다. 어차피 합의가 이루어지지 않기 때문이다. 라이저로위츠는 워싱턴 상황을 이렇게 평했다. "기후, 환경, 부채, 사회보장, 건강보험 등 멀리 보아야 하는 집단적인 차원의 문제들을 수십 년에 걸쳐 논의해왔지요. 하지만 양쪽 진영 모두 자기 입장만 내세운 채 요지부동입니다. 뭐라도 타협하면 상대한테 승리를 내주는 것이라고 생각하고 있어요."

기후변화에 관한 커뮤니케이션 실험

라이저로위츠의 동료 연구원이자 조지메이슨 대학교 교수인 에드워드 메이백은 선출직 대표자들이 나타내는 극도로 편파적인 태도 때문에 오늘날 미국의 정치 환경이 극심한 긴장과 양극화를 겪고 있다며 이렇게 비판한다. "그들은 문제의 본성에 관해 제대로 된 대화를 나눌 줄도 모릅니다. 애초에 문제가 무엇이며 문제를 야기하는 원인이 무엇인지 정반대로 이해하고 있거든요."

메이백은 또한 대다수의 사람들이 내일이 어떤 모습일지 알려고 애쓰기보다는 작년을 추억하는 데 더 관심이 있다며 이렇게 지적한다. "진심으로 진실을 알기를 원하는 사람은 거의 없어요. 그저 상황이 지금처럼 계속 괜찮기만을 바랄 뿐이지요." 사람들은 왜 그러는 것일까? 라이저로위츠와 메이백 역시 그 답을 찾으려고 애썼다.

지난 20년 동안 해양 산성화, 멸종 위기, 사막화, 만년설 해빙, 해수면 상승 등 기후변화가 어떤 영향을 미치고 있는지 수많은 정보가 밝혀져 왔다. 하지만 라이저로위츠와 메이백 같은 연구자들이 그에 대한 사람들의 인식을 조사하기 시작한 것은 비교적 최근의 일이다. 메이백의 설명에 따르면 우리 모두는 서로 다른 신념 체계, 관심사, 심리적 특질을 가지고 있기 때문에 정보를 받아들이고 판단을 내리는 방식 역시 다를 수밖에 없다. 반드시 이 차이를 이해해야만 우리는 사람들과 연결될 수 있으며 사람들이 자원은 물론 인간과 지구를 보전하는 단계까지 한 걸음씩 나아가도록 독려할 수 있다.

스탠퍼드 대학교에서 커뮤니케이션 연구학 박사 학위를 취득한 메이백은 자신의 연구 목표가 '어떻게 하면 더 많은 대중이 기후변화 문제에 적극적으로 참여하도록 만들 수 있을까?'라고 밝혔다. 메이백이 이 분야에 흥미를 갖게 된 계기는 대중이 기후변화 문제를 어떻게 인식하고 있는지 알아보기 위해 여론조사 자료를 찾아보기 시작할 때였다. 메이백은 기후변화 자체를 다루는 정보가 산더미처럼 쌓여 있는 데 반해 사람들의 인식을 다루는 자료는 거의 없다는 사실을 발견하고는 깜짝 놀랐다.

그래서 메이백과 라이저로위츠는 이 주제를 깊이 파고들기 시작했다. 연구 결과에 따르면 미국인 21퍼센트에 달하는 '놀란 사람들'은 기후변화의 결과로 당장 내일 무슨 일이 생길지 극도로 염려했다. 그들은 점차 무력감을 느끼고 있었다. 더 나은 결정을 내려야 할 대표자들이 정작 어떤 선택지가 있는지 대화조차 나누고 있지 않기 때문이다. 기후변화라는 단일 쟁점만을 걱정하는 '놀란 사람들'은 사안을 깊이 걱정하고 있기는 하지만 주체성과 집단 효능감을 잃어버리고 있는 형국이다.

하지만 이상 기후에 대한 인식에 있어서는 대중이 기후 체계가 망가지고 있다는 사실을 확실히 이해하기 시작한 것으로 보인다. 집단 간 여론의 격차가 점점 줄어들고 있기 때문이다. 메이백은 이것이 우리 모두가 기후변화를 거대한 차원의 종말론이 아니라 지역적인 차원의 문제로 받아들이기 시작한 증거라며 이렇게 말했다. "이상 기후에 대한 인식에서 나타나는 변화는 대중의 이해가 발전하고 있음을 보여주는 흥미로운 지표입니다." 대중은 이상 기후라는 매개를 통해 기후변화 문제를 개인적인 문제로 받아들이고 있다. 결과적으로 대중이 기후변화 문제를 확고히 이해하고 사안에 적극적으로 참여할 가능성이 더 높아졌다.

하지만 메이백은 가장 거대한 집단인 '신중한 사람들'과 '걱정하는 사람들' 대다수가 아직도 기후학자들 사이에 합의가 이루어지지 않았다는 오해를 하고 있다고 지적한다. 메이백은 그런 오해가 기후변화가 정말 실재하는지 알기를 원하는 우리의 호기심 자체를 죽여버린다는 점에서 '완벽한 킬러 앱'이나 다름없다며 이렇게 꼬집었다. "기후변화가 진짜 일어나고 있는지를 놓고 전문가들이 아직도 논쟁을 벌이고 있다는데 일반인인 내가 무슨 동기로 사안을 이해하려고 하겠습니까? 오히려 TV나 보고 있을 완벽한 핑곗거리가 되겠지요."

연구에 따르면 과학자들이 기후변화가 실재한다고 합의했음을 믿는지 여부는 '관문 역할을 하는 믿음'과 같다. 다시 말해 과학자들의 합의가 있다는 믿음이 깔려 있어야 기후변화의 위협을 걱정할 수 있고 결과적으로 사회가 기후변화에 대응해 행동해야 한다고 확신할 수 있다. 기후변화 문제를 다루는 데에는 네 가지 핵심 믿음이 요구된다. ① 기후변화가 실재한다는 사실, ② 기후변화를 인간이 초래했다는 사실, ③ 기후변화가 인류에게 해롭다는 사실, ④ 기후변화를 해결할 수 있다는 사실을 믿어야 한다. 그런데 전문가들도 이 문제에 있어서 합의에 이르지 못했다고 생각하는 사람들은 네 가지 사실 중 어떤 사실도 믿지 않을 가능성이 높다. 따라서 우리에게 시급한 과제는 기후변화에 대한 합의가 이루어지지 않았다는 조작된 미신을 무너뜨릴 방법을 찾는 일이다.

메이백도 그렇게 하는 것이 '우리가 직면한 가장 시급한 기후변화 커뮤니케이션 문제'라고 지적한다. 라이저로위츠와 메이백은 바로 여기에 착안해 2013년에 여섯 종류의 실험을 실시했다. 실험의 목표는 모두 동일했다. 우리는 어떻게 관문 역할을 하는 미신을 무너뜨리고 무려 97퍼센트가 넘는 기후 전문가들이 인간이 유발한 기후변화가 실재한다고 합의하고 있음을 이해시킬 수 있을까? (사실 메이백이 확인한 바에 따르면 2012년 가을에 나온 리뷰 논문에서는 합의가 거의 99.9퍼센트에 이르렀다고 보고했다. 수만 편의 논문이 인간이 유발한 기후변화가 실새한다고 지지했으며 극소수의 논문만이 이에 반대했다.)

실험 결과 몇 가지 간단한 방법들로 미신을 무너뜨릴 수 있다는 사실이 밝혀졌다. 우선은 과학적 합의가 있다는 사실을 말하되 질적인 표현보다는 양적인 표현을 사용하는 게 중요했다. "압도적인 다수의 전문가들이 이에 동의합니다"라는 질적인 진술은 대중의 인식을 바꾸는 데 큰 영향을 미치지 못했다. 하지만 "현재 97퍼센트의 기후학자들이 인간이 유발한 기후변화가 실재한다고 확신합니다"라는 양적인 진술은 사안에 대한 대중의 이해를 약 15퍼센트포인트 상승시켰다. 메시지에 한 번 노출된 것 치고는 어마어마한 변화였다. 또한 동일한 진술 앞에 '증거에 따르면'과 같은 말을 덧붙임으로써 '과학적 추리를 할 준비'를 갖추게 하자 대중의 이해는 추가로 2~3퍼센트포인트 증가했다.

다른 수많은 연구에서도 동일한 결과가 나온다는 점을 볼 때 충분히 믿을 만한 발견이라고 할 수 있다. 라이저로위츠와 메이백은 다음으로 적절한 비유를 소개함으로써 이해를 한층 더 증진시킬 수 있을지 실험해보기로 했다. 그래서 이런 질문을 던졌다. "만약 거주하시는 지역의 의사들 중 97퍼센트가 당신의 자녀가 아프다고 말한다면 어떻게 하시겠어요?" 의아하게도 이런 비유는 오히려 기존 진술의 효력을 2~3퍼센트포인트 감소시켰다. 어쩌면 사람들이 이미 이해한 내용에 굳이 부연 설명을 듣고 싶지 않았기 때문일 수 있다.

다음으로는 시각 자료로서 파이그래프를 사용해 실험을 진행했다. 그래프에는 아주 작은 조각을 이룬 반대자와 커다란 조각을 이룬 찬성자가 나와 있었다. 파이그래프는 기존 진술의 효력을 해치지는 않았지만 그렇다고 도움이 되지도 않았다. 사람들의 인식과는 무관했다. 반면 다음 실험에서 사용한 전략은 사람들의 이해를 높이는 데 도움이 되었다. 진술을 제시하기 전에 먼저 "기후 전문가들 중 몇 퍼센트가 인간이 유발한 기후변화가 실재한다고 믿을 것 같나요?"라는 질문을 던지는 전략이었다. 이는 기존 진술의 효력을 3~4퍼센트포인트 증가시켰다. 이를 두고 메이백은 이렇게 정리했다. "사람들에게 자기 믿음을 표명하도록 했다면 그다음 그 믿음과 상충되는 깜짝 놀랄 만한 정보를 보여주세요. 그러면 사람들은 차이를 받아들이는 수밖에 없을 겁니다."

결론적으로 사람들의 이해는 20퍼센트포인트 가까이 증가했다. 따라서 평균적으로는 60~62퍼센트에 머물러 있던 이해가 80~85퍼센트까지 올라간 것이다. 이 놀라운 결과는 우리가 사람들에게 다가갈 때 어떤 커뮤니케이션 전략을 사용해야 하는지 암시해준다. 다시 말해 사람들에게 기후변화가 실재한다는 과학적 합의를 전달하고 싶다면 기존 믿음을 타파하기 전에 사람들이 지금 과학적 합의가 어느 정도 이루어졌다고 생각하는지 종이에 쓰거나 공개적으로 말하게 할 수 있다. 자신들이 이 중요한 정보를 완전히 잘못 이해하고 있었다는 현실을 마주하게 한다면 그들이 새로운 견해를 확고히 형성하는 데 도움이 될 것이다.

또 다른 실험에서는 기존 진술에 더해 저명한 기후학자의 사진을 함께 제공했다. 사진에는 이런 소개말이 달려 있었다. "그가 체서피크만 지역에서 일어나는 기후변화에 관해 어떤 사실을 밝혀내고 있는지 알아보고 싶다면 여기를 클릭하세요." 연구자들은 기존 진술을 지역 사람들 모두가 우러러볼 만한 전문가와 연관시킨다면 사람들이 추상적인 진술을 개인적인 사안으로 받아들일 수 있으리라 추측했다. 그리고 실제로도 그러했다. 전문가의 사진을 접한 뒤 실험 참가자들의 편견은 조금 더 줄어들었다.

메이백은 이렇게 결론 내렸다. "신뢰할 만한 사람들이 단순명료한 메시지를 반복적으로 전달하는 것이 효과적이라는 사실을 뒷받침하는 데이터는 풍부하게 쌓여 있습니다." 또한 메이백은 기후과학 공동체에서는 바로 그 '신뢰할 만한 사람들'이 오히려 비방과 모함의 대상이었던 만큼 이제는 그들이 직접 나서서 미신을 타파해야 한다고 주장했다. "여태까지는 거짓말이 효과적으로 승리를 거두어왔지요. 이제는 과학자들이 과학을 쟁취해 연구 결과를 단순명료하게 압축한 다음 끊임없이 반복해 말해야 합니다." (달라이 라마 역시 똑같은 조언을 했다. 과학자들이 전달하는 메시지는 간단명료해야 하며 반복적으로 되풀이되어야 한다는 것이다. 티베트 속담에도 이런 말이 있다. "아홉 번 실패하면 다시 아홉 번 시도하라.")

메이백은 화석 연료를 생산하고 판매하는 회사들의 커뮤니케이션 및 마케팅 책임자는 전부 이 사실을 이미 잘 이해하고 있다고 지적했다. 그들이 계속해서 그린워싱 캠페인을 벌이거나 주요 신문마다 전면 광고를 싣는 이유 역시 바로 그 때문이다. 그들은 이렇게 홍보한다. "저희는 착한 기업 시민입니다. 저희는 환경을 걱정하지요. 오늘밤도 걱정 없이 푹 주무세요. 저희가 열심히 일하고 있으니까요." 반복의 힘을 잘 알고 있는 것이다.

나는 의사 비유가 효과가 없었던 이유가 과대 선전이기 때문이었냐고 물어보았다. 메이백은 아직 자신도 왜 어떤 비유는 정보가 더 잘 전달되도록 돕는데 어떤 비유는 그러지 못하는지 이유를 연구하는 중이라고 답했다. 지금까지 알아낸 바로 비유는 전달하고자 하는 정보가 방대하고 난해한 경우에 주로 가치가 있다. 정보가 복잡할수록 정보를 단순화하는 비유의 가치는 높아지는 셈이다. 물론 지금까지 우리가 살펴본 사례에서는 메시지가 그리 복잡하지 않았다. 그러니 사람들 입장에서는 "97퍼센트가 뭘 의미하는지는 우리도 다 잘 알아요"라는 반응이 나올 수밖에 없다.

---

* 이 장에 언급된 연구가 기후변화에 관한 연구이기는 하지만 그 과정을 살펴보면 공공 커뮤니케이션 전략의 모본이라고 해도 손색이 없다. 커뮤니케이션 문제를 훌륭하게 연구하고 평가하고 분석했으며 이를 바탕으로 대중 교육에 사용할 효과적인 전략과 메시지를 발전시켰다. 어느 모로 보나 전문성의 결정체라 할 만하다.

사람들이 환경 문제에 무관심하다는 것은 미신이다

르네 러츠먼

변화는 무엇이 부족한가가 아니라 무엇을 창조하는가에 초점을 맞추어야 합니다. 거대한 무언가의 일원이 되고 싶다는 내적 열망을 자극할 수 있는 건 긍정적이고 생산적인 이야기이기 때문이지요.

• **르네 러츠먼**(Renee Lertzman)

환경 커뮤니케이션 전문가 르네 러츠먼의 말대로 친환경적인 생활방식은 매력적이고 바람직하며 유익하다. 하지만 동시에 사람들을 겁에 질리게 만들기도 한다. 우리 대다수가 소중히 여기는 가치, 삶의 의미를 구성하는 데 중요한 역할을 하는 가치를 위협하기 때문이다. 따라서 생활방식을 환경 친화적으로 바꾸자는 말은 불안을 자아낸다. 러츠먼은 지속 가능성이라는 개념이 우리의 심리 깊숙이 어떤 영향을 미치는지 연구해왔다. 나는 러츠먼과 인터뷰를 하면서 왜 사람들이 극심한 환경 위기 속에서도 행동을 취하지 않는지, 왜 어떤 국가도 탄소 배출량을 유의미하게 줄이는 데 성공하지 못했는지, 왜 세계적으로 기후 문제에 무지하고 무관심한 태도가 나타나고 있는지 논의했다.

러츠먼은 노스캐롤라이나 대학교에서 커뮤니케이션학 석사 학위를, 카디프 대학교에서 사회과학 박사 학위를 받았다. 또한 포틀랜드 공공 인문학 센터Portland Center for Public Humanities에 객원연구원으로 참여하고 있으며《생태심리학Ecopsychology》편집위원으로 일하고 있다.[1] 러츠먼은 변화에 저항하는 태도가 생각보다 복잡한 문제라고 말한다. 흔히 전문가들은 오늘날 참여나 실천이 부족한 이유가 사람들이 현재 벌어지고 있는 일들에 충분히 관심이 없기 때문이라고 설명한다. 하지만 러츠먼은 이런 진단이 잘못됐다고 보았다. 그리고 이런 오해가 생기는 이유가 '무관심의 미신Myth of Apathy(사람들이 실천이 필요한 어떤 사실에 대해 반응하지 않을 때, 그들이 무관심하다고 생각하는 오해—옮긴이)' 때문이라고 지적한다. 러츠먼이 박사 연구 중 위스콘신의 굉장히 낙후된 산업 지구를 방문했을 때였다. 러츠먼은 오대호 지역을 조사하던 도중 그곳 환경 운동가들이 높은 수준의 절망감을 느끼고 있다는 사실을 발견했다. 오대호에 심각한 오염 위기가 닥쳤음에도 사람들이 충분히 반응을 보이지 않았기 때문이다. 그래서 러츠먼은 그린베이 주민 수천 명을 설문 조사한 뒤 상황을 어느 정도 알고 있으면서도 딱히 행동을 취하지 않는 사람들을 대상으로 심층 인터뷰를 진행했다. 러츠먼의 연구는《뉴욕타임스》와《에콜로지스트The Ecologist》는 물론 닷어스Dot Earth 블로그와 KBOO 라디오에도 소개되었다.

사람들은 정말로 환경 문제에 무관심할까?

러츠먼은 위스콘신 주민들의 가치관, 신념, 견해를 조사하는 대신 주민들이 실제로 어떤 경험을 하고 있는지를 조사했다. 자신들이 사는 지역에 대해 어떻게 생각하는지, 수질과 공기질은 어떻다고 생각하는지 탐구한 것이다. 연구 결과는 의외였다. 온갖 종류의 '복잡하고 모순적인 경험, 감정, 인식'이 나타났지만 분명 사람들이 무관심하다는 증거는 전혀 없었기 때문이다. 오히려 주민들은 오대호를 비롯해 지금 일어나고 있는 환경 문제에 크게 염려하고 있었으며 슬픔, 우울, 향수가 복잡하게 얽힌 상실감을 느끼고 있었다. 긴장감 역시 강하게 나타났다. 주민들은 호수를 아꼈으며 깨끗한 호수에서 낚시를 할 수 있기를 바랐지만 딜레마에 빠져 있었다. 가족이 근처 제지공장에서 일하는 경우가 많았기 때문이다. 제지공장은 수질을 오염시키는 주범이었지만 동시에 생계의 근원이기도 했다.

그렇게 무관심의 미신에 대한 기본 전제가 형태를 갖추기 시작했다. 환경운동가들은 무관심을 물리쳐야 할 '적'으로 인식해왔다. 우리는 '마치 주위에 만연한 무관심을 헤치고 나아가 사람들이 관심을 갖도록 만들어야' 한다고 생각한 것이다. 하지만 연구 결과는 예상과 정반대였다. 따라서 러츠먼은 이런 의문을 던졌다. '만약 다른 사람들도 우리가 염려하는 것과 똑같은 문제들을 아주 깊이 염려하고 있다고 가정한다면 어떻게 될까?'[2] 그렇다면 오늘날 환경운동의 말하기 전략이 실패할 수밖에 없는 이유도 납득이 간다. 사람들의 무관심이 심각한 장애물이라는 잘못된 인식에서 비롯했기 때문이다.

러츠먼은 우리 모두에게 이렇게 자문해보라고 권했다. 사람들이 기후변화 문제에 적극적으로 참여하지 않는 이유가 그들의 관심과 걱정이 인정받거나 표출될 기회가 없기 때문은 아닐까? 사람들에게 관심과 걱정뿐 아니라 상황을 바로잡고자 하는 열망이 넘치도록 존재한다고 상정한다면 환경운동은 어떤 커뮤니케이션 전략을 취해야 할까? 이에 대해 러츠먼은 "우리는 사람들이 관심을 갖도록 만든다는 무의미한 일에 초점을 맞출 게 아니라 어떻게 사람들을 지원하고 초대하고 장려하고 연결할 수 있을지 고민해야 하겠지요"라고 답한다.

러츠먼은 사람들에게 무관심하다는 낙인을 찍는 일이 오류일 뿐만 아니라 무례하고 거만한 태도라고 지적했다. 그런 판단은 성급한 판단을 내리는 인간 성향에 기반을 두고 있다는 점에서 나태한 접근법이기도 하다. 우리는 사람들이 자기가 진심으로 원하는 대로 말하고 행동할 것이라고 추측한다. 하지만 러츠먼은 이렇게 말했다. "이상한 얘기처럼 들릴 수도 있겠지만 그런 추측은 한참 잘못됐어요." 우리가 어떤 행동을 취하는 이유는 굉장히 복잡하다. 따라서 우리는 무관심의 미신을 깨부수고 관심의 문제를 새롭게 정립할 필요가 있다. 사람들에게 관심과 에너지는 물론 상황을 바로잡고자 하는 진솔한 열망이 넘쳐난다고 가정한 채로 행동한다면 과연 어떤 일이 벌어질까? 러츠먼은 이처럼 새로운 관점으로 사안을 바라볼 때 우리의 커뮤니케이션 전략이 구조적으로 변화할 수 있다고 믿는다.

물론 무관심은 존재한다. 러츠먼은 미국 정신분석학자 해럴드 설즈 Harold Searles의 연구를 언급한다. 설즈는 생태 위기가 사람들에게 미치는 영향을 처음으로 논의하기 시작한 인물 중 한 명이다. 설즈가

1972년에 집필한 논문들에 따르면 실제로 어떤 사람들은 무관심에 가로막혀 행동을 억제당하는 것으로 나타났다. 하지만 설즈는 그런 무관심을 증상symptom으로 이해한다. 투사projection 같은 방어 기제에 해당한다는 것이다. 러츠먼은 "우리가 무관심을 일종의 증상으로 이해한다면 또 그림이 달라지지요"라고 말하면서 사람들의 내적 갈등과 긴장 상태가 생각보다 훨씬 복잡하다고 덧붙였다.[3] 다른 사람들을 탓하면서 모든 책임을 남에게 전가하는 것은 쉽다. 하지만 그처럼 증오를 퍼뜨리고 다른 사람들에게 투영하는 경우 어떤 사람들은 무관심이라는 방어 기제를 택하는 수밖에 없다.

러츠먼은 이런 통찰이 사고의 폭을 넓히고 탐구 정신을 확장하는 데 도움이 될 수 있다고 주장한다. 우리 대부분은 다른 사람 마음은 고사하고 자기 마음에서 무슨 일이 일어나는지조차 알지 못한다. 게다가 우리의 무의식 속에 어떤 내적 갈등과 긴장이 벌어지고 있는지도 전혀 모른다. 그렇다면 사람들이 슬픔, 불안, 분노 등 어떤 감정을 느끼는지 어떻게 판단할 수 있을까?

우선 우리는 사람들에게 접근할 때 사용하는 언어와 어조를 새로운 이해에 맞추어 조정함으로써 사람들의 이야기를 끌어내야 한다. 사회적인 차원에서도 마찬가지다. 우리는 어조를 바꿈으로써 '당신을 환영한다', '진솔한 이야기를 듣고 싶다', '당신의 감정을 인정한다'는 인상을 전달해야 한다. 세금 같은 외부적인 인센티브를 사용하는 전략에 반대하는 것은 아니다. 하지만 러츠먼은 사람들의 이야기를 끌어내는 심층적인 작업에 비하면 그런 전략은 피상적인 차원에 머무른다며 이렇게 말한다. "애초에 우리 행동은 우리가 삶의 의미를 어떤 식으로 생성하고 구축하는가에 달려 있으니 그처럼 근본적인 과정에 집중하자는 겁니다."

예를 들어 어떤 건물이 하나 있다고 하자. 우리는 어떻게 그곳에 사는 사람들이 전기와 물을 덜 쓰고 재활용을 더 열심히 하도록 독려할 수 있을까? 물론 외부적인 자극을 이용해 사람들의 행동을 강제로 조정할 수도 있다. 하지만 만약 우리가 그런 활동들에 깊은 의미를 부여한다면 더욱 성공적인 결과를 거둘 수 있다. 이런 접근법은 건물의 이야기와 역사라든가 그곳 공동체 일원으로 살아간다는 게 어떤 느낌인지 등에 초점을 맞출 것이다. 이처럼 의미를 활용한다면 사람들에게 건물의 일원이자 관계망에 속해 있다는 느낌을 줄 수 있으며 따라서 공동체에 기여하는 일 역시 자연스럽게 받아들이도록 만들 수 있다.

강요만으로는 진정한 변화, 지속적인 변화를 이룰 수 없다. 변화가 자연스럽게 생겨나도록 만들어야 한다. 러츠먼은 이렇게 조언한다. "변화는 무엇이 부족한가가 아니라 무엇을 창조하는가에 초점을 맞추어야 합니다. 거대한 무언가의 일원이 되고 싶다는 내적 열망을 자극할 수 있는 건 긍정적이고 생산적인 이야기이기 때문이지요." 한편 우리는 혼자 진공 상태에서 의미를 창조할 수 없다. 서로 간의 상호작용 속에서 함께 만들어야 한다. 의미는 우리가 보다 큰 무언가에 속한다는 느낌을 준다는 점에서 연결, 유대, 인정과 같은 개념과 관련되어 있다. 우리가 깊은 차원에서, 즉 의미를 중심으로 소통을 나눈다면 우리는 사람들과 더 수월하게 연결될 수 있을 것이다.

나는 러츠먼에게 기후변화를 부인하는 사람을 공개적으로 밝히는 일이 괜찮은 전략인지 물어보았다. 러츠먼은 연민이 동반되기만 한다면 나름의 역할을 할 수 있다며 이렇게 말했다. "무지를 효과적으로 상대하려면 연민에 기대는 수밖에 없습니다. 여기서 우리가 말하는 건 문자 그대로의 무지라기보다는 정신적인 의미에서의 무지니까요. 자기 자신을 모르고 자신이 다른 모든 것과 연결되어 있다는 사실을 모르는 무지 말입니다." 그런 종류의 무지는 심각한 파멸을 초래할 수 있다. 기후 변화를 부인하는 사람들 역시 굉장히 폭력적인 성향을 띠는 경우가 있는데 이는 두려움과 불인김에서 기인했을 확률이 아주 높다. 브라이언트 웰치가 《교란 상태》에서 지적한 대로 사람들은 혼란을 느낄 때면 방어 기제로 증오를 나타내는 경향이 있다.

따라서 러츠먼은 굉장히 섬세한 접근법이 필요하다고 경고한다. 만약 사람들이 내세운 방벽을 억지로 무너뜨리고자 한다면 오히려 반발심을 불러일으킬 것이다. 우리는 늘 변화를 저항한다. 심지어 성장과 발전을 가져오는 긍정적인 변화마저 거부한다. 보호가 필요하거나 위험에 처했다고 생각하는 대상을 용감하게 보호하고자 하는 성향이 있기 때문이다. 그럼에도 기후변화 회의주의를 비판하는 것은 홀로코스트에 관해 진실을 말하는 것만큼이나 중요한 일이다. 영국의 유명한 정신분석학자 해나 시걸Hanna Segal의 말대로 침묵이야말로 가장 큰 죄악이다.[4] 하지만 러츠먼은 그럴 때조차 합당한 비판을 가하면서도 동시에 연민을 잃지 않는 것이 중요하다고 주장한다. 달라이 라마Dalai Lama가 지적했듯이 "연민은 굉장히 강력한 무기가 될 수 있기 때문"이다. 러츠먼은 우리가 자기 자신에게도 연민을 나타내 자신의 분노와 불안에 관심을 가질 필요가 있다고 덧붙였다.

연민은 사람들이 행동을 취하지 않는 진정한 이유를 이해하도록 돕

276

는다. 사람들이 소극적인 이유는 그들이 복잡한 딜레마와 갈등에 사로잡혀 있기 때문이다. 너무나도 모순적인 욕구와 불안이 충돌해서 도저히 빠져나갈 길을 못 찾고 있기 때문이다. 따라서 러츠먼은 이렇게 조언한다. "이런 긴장 상태를 관리하고 해결하기 위해 우리에게 요구되는 것이 무엇인지 알아보려고 해야 합니다. 인간으로서 우리가 어떤 존재인지 우리의 정체성을 파고들어야 한다는 뜻이지요."

침묵, 불안에 대한 자기방어 기제

인간의 내적 욕구는 합리적이지 않으며 표면적인 감정을 넘어 무의식의 차원까지 내려간다. 이에 대해 러츠먼은 이렇게 말한다. "우리는 강한 불안을 야기하는 수많은 환경 문제를 상대하고 있지요. 그건 명백한 사실이에요. 그럼에도 이 사실은 좀처럼 주목받지 못했어요." 우리는 여태까지 행동을 이끌어내기 위해 계속해서 사람들의 이성과 지식에 초점을 맞추거나 사람들의 이해관계에 호소해왔다. 연민을 바탕으로 문제를 제대로 인식하려고 하지는 않은 것이다. 러츠먼의 말대로 우리는 '두려움이라는 경험'을 건너뛰려 하고 있다.

러츠먼은 지속 가능성을 논의할 때 정신분석학의 분열splitting이라는 개념이 유용할 수 있다고 설명한다. 인간은 불안, 감정적 상실, 두려운 감정 등을 분리시키려는 경향이 있다. 예를 들어 환경운동가는 사물을 흑백 논리에 따라 선과 악으로 나누어서 보는 경향이 있다. 그래야 '무척 까다로운 변화를 마주하고 있다는 지저분한 현실을 외면'할 수 있기 때문이다.

러츠먼은 모든 변화가 불안을 불러일으킨다는 사실을 다시 한 번 강조한다. 더 좋은 집으로 이사하거나 더 좋은 직장으로 옮기는 등의 긍정적이고 생산적인 변화라 할지라도 마찬가지다. 모든 변화는 기회와 성장을 동반하는 만큼 불안과 상실 역시 동반한다. 기후변화에 수반되는 변화는 훨씬 더 불안을 자극할 수밖에 없다. 인류가 잘못을 저질렀다는 사실을 인정해야 하기 때문이다. 어떤 사람들은 '우리가 세상을 제대로 망쳐놓았다는 사실'에 견딜 수 없는 수준의 죄책감을 느낄지도 모른다.

따라서 러츠먼은 기후변화 문제가 사회적 문제인 동시에 심리적 문제라고 주장한다. 기후변화는 극도의 불안감을 자아낸다. 러츠먼의 말대로라면 거의 모든 문제를 압도할 정도다. 특히 세상을 생명이 살 수 없는 곳으로 변화시킨 게 인간이기 때문이다. 사람들에게 이 사실을 마주하라고 요구하는 것은 일어난 일에 책임을 지라고 요구하는 것이나 마찬가지다. 하지만 사람들이 감당하기에는 너무 버거운 사실이기 때문에 사회적으로나 문화적으로나 개인적으로나 무리한 요구처럼 보인다. 요컨대 대중의 정치적 의지가 부족하고 정부와 기업 지도자들이 나서서 행동하지 않는 것도 문제지만 죄책감과 무력감이라는 문제 역시 그 위에 얹혀 있다고 할 수 있다. 러츠먼은 이렇게 말한다. "이처럼 극심한 무력감을 유발하는 문제로부터 스스로를 분리시키는 것은 스스로를 보호하기 위한 전략인 셈이지요."

자기방어는 부인, 투사, 분열과 같은 형태로 나타날 수 있다. 사회학자 카리 노르가르드Kari Norgaard의 설명에 따르면 이런 방어 전략들은 개인적인 차원에서는 물론 사회적·조직적·정치적인 차원에서 활용될 수도 있다. 다시 말해 우리는 부인하는 과정에 서로를 가담시킴으로써 불안을 통제하고자 한다. 또한 노르가르드는 기후변화라는 주제에 사람들이 침묵한다고 해서 그것을 무관심으로 해석할 필요가 없다고 말한다. 단지 기후변화를 유발하는 데 자신이 기여했다는 사실을 인정하기가 너무 버거워서 나타나는 현상일 수 있다.[5]

나는 사람들이 이런 감정을 회피해서는 안 된다면 어떻게 해야 하는지 그에게 물어보았다. 개인, 집단, 조직이 불안감을 극복하고 까다로운 환경 문제에 맞서도록 만들려면 어떻게 해야 할까? 러츠먼은 바로 이때 임상심리학과 최신 임상 연구 결과가 혜안은 물론 '강력한 지침'을 제공할 수 있다고 말한다.[6]

심리치료사는 환자가 자기방어적인 태도로 일대일 상담에 임할 때 크게 세 가지 지침을 따른다고 한다. 첫째, 인정하라. 둘째, 진실을 말하도록 독려하라. 셋째, 지지하고 고무하라.

인정한다는 것은 "그렇군요. 알겠어요. 공감해요"라고 말하는 것을 포함한다. 단순한 행동이지만 상대의 방어 기제를 효과적으로 무너뜨릴 수 있다. 누군가 내 이야기를 듣고 지지해준다고 느끼면 우리는 살짝 경계심을 풀게 된다. 좀 더 수용적으로 변하고 자신이 변호해야 하는 감정 대신 진짜 감정을 느끼게 된다. 다음으로는 진실을 드러낼 필요가 있다. 심리치료사는 환자가 진실을 말할 때면 잘했다고 지지해주고 함께 헤쳐나갈 것이라는 인상을 전달해야 한다. 마지막으로 리더십과 결단력을 드러낼 필요가 있다. 러츠먼은 그 예로 윈스턴 처칠의 연설 '우리는 해변에서 싸울 것이다'를 떠올린다. 이 연설에서 처칠은 군

사적 재앙이 닥쳤다고 밝히며 독일이 침공할 가능성이 있음을 경고한다. 하지만 그럼에도 다 함께 고국을 수호하고 전쟁을 이겨낼 것임을 장엄하게 밝힌다. 러츠먼은 처칠이 지난날의 상실과 패배를 숨기거나 현재 마주한 현실을 부정하지 않으면서도 앞으로 나아가고자 하는 영웅적인 결의를 다졌다고 강조한다.

요컨대 심리치료사들이 사용하는 기술은 현실이 얼마나 끔찍하든 진실을 드러내고 인정하며, 더 나아가 적극적인 해결책을 도모하는 것이라고 할 수 있다. 러츠먼은 가능성에 집중하는 것이 중요하다며 이렇게 덧붙였다. "열정적인 치어리더가 되자는 것이지요. 진실을 말하는 과정도 있어야 하고 현 상황을 인정하는 과정도 있어야 하며 앞으로 나아가는 과정도 있어야 합니다. 어느 하나라도 빠지면 한계가 생길 수밖에 없어요. 우리는 혁신과 가능성과 잠재력을 가리키면서 말해야 합니다. '함께 나아갑시다. 함께 싸웁시다.'"

도덕적 착시 현상은
왜 발생하는가?

폴 슬로빅

우리의 감정 체계는 일반적으로 주변 사람들을 보호하는 쪽으로 기능하지만, 일부 맥락에서는 도움이 필요한 사람을 보고도 제대로 기능하지 않을 수 있습니다. 우리가 목격한 고난이 멀리 떨어져 있거나 규모가 크거나 익명이라면 말이지요. 시각적 착시 현상이 발생하는 것처럼 도덕적 착시 현상도 발생하는 것입니다.

• **폴 슬로빅**(Paul Slovic)

판단 및 의사 결정 전문가인 폴 슬로빅은 의사 결정 연구소Decision Research 소장이자 위험분석협회Society for Risk Analysis 회장이며 오리건 대학교에서 심리학 교수로 활동하고 있다.[1] 슬로빅의 연구는 일반 대중과 전문가가 위험과 위기를 인식하는 방식이 어떻게 다른지에 초점을 맞추고 있다. 이는 위험 인식 및 위험커뮤니케이션 분야에 종사하는 사람들에게 중요한 교훈을 제공해줄 뿐만 아니라 우리가 세계적인 차원의 거대한 비극에 제대로 대응하지 못하는 이유를 설명해준다. 특히 가장 최근에 슬로빅이 주목하고 있는 현상은 '정신적 마비psychic numbing'다. 슬로빅의 설명에 따르면 우리가 기후변화 같은 대규모 위기에 대응하는 데 실패하는 이유 역시 이와 관련되어 있다.

물동이에 물 한 방울 떨어뜨리기

나는 궁금했다. 왜 우리는 어린아이 하나가 58시간 동안 우물에 갇혀 있다는 소식에는 TV, 휴대폰, 태블릿에서 눈을 떼지 못하면서 100일 동안 르완다에서 50만 명 이상이 학살당했다는 소식에는 하품을 하면서 채널을 돌리는 것일까? 규모가 거대한 위험이나 문제를 인식할 때 우리의 감정은 어떤 역할을 할까? 이런 의문을 생명공학, 처방약, 테러, 나노기술 등 다양한 문제와 관련해 연구한 슬로빅은 어떤 결론을 내렸을까?

슬로빅은 우리 집 안팎에 영향을 미치는 세계적인 규모의 거대한 문제들이 많이 있지만 우리는 보통 이러한 문제에 귀를 닫는다 말한다. 이유를 딱 하나 콕 집어서 말할 수는 없다. 문제의 규모가 큰 만큼 미온적인 반응을 보이는 이유도 복잡할 수밖에 없기 때문이다. 동네 차원에서 일어나는 문제와는 현격히 다르다. 예컨대 동네에서 살인 사건이 벌어지면 일반적으로 즉각적이고 단호한 대응이 이루어진다. 슬로빅도 이렇게 말한다.[2] "가해자를 추적해 정의의 심판을 받게 할 법 집행 시스템이 있지요. 지방적인 차원에서는 아주 강력하고 적극적인 법률과 제도가 마련되어 있습니다. 하지만 세계적인 차원에서는 그런 게 거의 혹은 전혀 존재하지 않지요." 1915년 이후로 집단학살이 끊이지 않고 자행된 것도 어느 정도는 이 때문이다.

슬로빅은 정신적 마비 현상, 즉 규모가 큰 문제에 감정적으로 공명하지 못하는 현상이 멸종 위기와도 큰 관련이 있다고 주장한다. 예컨대 왜 우리는 조그만 얼음 위에 마지막 북극곰이 서 있는 모습을 보기 전까지는 북극곰이 멸종할 가능성을 진지하게 받아들이지 않는 것일까? 왜 우리는 북극곰이 아직 수천수만 마리라도 남아 있을 때 행동하지 않는 것일까? 이 역시 우리가 개인의 고통에는 강렬하게 반응하지만 수천수만이 겪는 문제에는 반응하지 않기 때문이다.

이처럼 무신경한 태도를 단순명료하게 설명할 수는 없다. 하지만 슬로빅은 일단 숫자만으로는 재난의 진정한 의미를 전달하기가 어렵다고 지적한다. 무미건조한 통계치는 감정을 촉발하지 못하며 따라서 행동을 이끌어내지도 못한다.

슬로빅은 이런 문제를 해결하기 위해서는 강력한 지침과 법률이 필요하다고 강조한다. 우리가 옳은 일을 하기 싫어한다거나 사람들을 소중히 여기지 않는다는 식의 인식 문제가 아니기 때문이다. 오히려 우리는 어떤 경우에 사람들을 매우 소중히 여긴다. 하지만 슬로빅은 이렇게 지적한다. "우리가 개개인에게 높은 가치를 부여한다 할지라도 그런 인식을 규모에 비례해 확장하거나, 행동까지 연결하지는 못하는 것 같습니다." 대상의 규모가 증가하면 기본적인 가치와 관심에 일치하게 행동하고자 하는 우리의 의지도 무너져내린다. 대부분의 사람들은 한 개인이 겪는 절망적인 곤경에는 관심을 가지고 강렬하게 반응하지만 개인이 다수가 되면 무관심하고 무감각해진다. 정부의 지원을 받은 시민군

이 20만 명이 넘는 사람들을 살육한 수단의 다르푸르 사태에서도 이런 현상이 여실히 드러났다.[3]

슬로빅은 사람들의 참여와 결단을 가로막는 명백한 장애물 하나가 '물동이에 물 한 방울' 효과라고 보았다. '문제는 엄청나게 큰데 나 자신은 너무 작잖아. 내가 무슨 일을 벌이든 별 의미가 없을 거야'라고 생각하는 것이다. 슬로빅은 세계적인 폭력 사태를 조사할 때면 매일 이런 반응을 접한다며 이런 태도가 기후변화를 비롯한 대규모 환경 문제에서도 나타날 수 있다고 설명했다.

서구권에 거주하는 사람들이라면 기후변화를 비롯한 세계적인 환경 문제에 무감각해지기가 더 쉬울 수 있다. 당장 뚜렷한 방식으로 물리적인 영향을 받고 있지 않기 때문이다. 기온 상승으로 기상이변이 일어나더라도 자연이 심하게 변덕을 부린다고 받아들이지 전 세계적으로 기후변화가 상당히 진행되고 있다고 받아들이지는 못한다. 이에 대해 슬로빅은 이렇게 설명한다. "인간은 문제를 자기 자신에게 가장 편한 방식대로 바라보려는 경향이 매우 강합니다. 따라서 우리는 보통 아무것도 변하지 않았다고 생각하려 하지요." 그렇게 할 때 우리는 아무것도 희생할 필요가 없다. 실제로 많은 사람들은 우리가 지구 환경을 걱정해서 오염에 강경 대응을 하고 여러 규제를 마련하고 기술을 교체하는 경우 자신들이 누리는 이익이 위협받는 것을 두려워한다. 슬로빅도 이렇게 말한다. "힘을 가진 사람들은 경제적으로 타격을 받겠지요. 그들의 산업도 타격을 받을 거고요. 그러니 그들에게는 변화가 전쟁인 셈입니다."

도덕적 착시 현상

슬로빅은 행동과학자 엘케 웨버Elke Weber와 함께 위험 인식에 관한 논문을 집필한 바 있다.[4] 그래서 나는 전문가가 위험을 평가하는 방식과 일반인이 위험을 인식하는 방식에 어떤 차이가 있는지 설명해달라고 부탁했다. "흡연 같은 문제에서는 대중이나 전문가나 큰 인식 차이가 없습니다. 하지만 방사능, 화학물질, 생명공학과 관련된 문제에 있어서는 큰 차이가 나타나지요." 연구 결과에 따르면 자발적으로 위험에 노출되었는가 여부 혹은 위험이 불러일으킬 결과가 재난 수준인지 몇몇 개인에게만 영향을 미치는 수준인지 등이 사람들의 태도에 영향을 미칠 수 있다고 한다.

더 나아가 슬로빅은 '전문가들은 중요하게 생각하지 않지만 대중은 중요하게 생각하는 위험의 자질들'이 여러 가지 존재한다고 말한다. 예컨대 전문가들은 일이 잘못될 확률, 결과의 규모, 피해 규모 등에 집중하는 경향이 있다. 또한 그렇게 하는 데 있어서 굉장히 계산적이며 제한된 수의 요소들에 초점을 맞춘다. 반면 일반 대중은 단순한 통계 수치보다는 위험성 자체에 더 큰 의미를 둔다. 대중은 개인의 통제력 같은 요소에도 민감하다. 또한 그들은 위험을 감수하는 대신 어떤 이익을 얻을 수 있는지 알고 싶어 한다. 혹시 자신이 위험을 감내하는 사이에 다른 누군가가 이익을 취하는 것은 아닌지도 궁금해한다. 개인적인 이득이나 공정함과 같은 질적 요소 역시 대중의 위험 인식에 영향을 미치는 셈이다.

슬로빅과 웨버는 여러 자질 중에서도 위험 인식에 단연 지대한 영향을 미치는 요소를 발견했다. 바로 '두려움dread'이다. 사실 두려움이라는 요소는 사람들이 위험을 인식하고 수용하는 양상을 가장 잘 예측하는 지표였다. 연구를 하면 할수록 두려움이 얼마나 중요한 요소인지가 분명히 드러났다. 슬로빅은 1970년대 후반부터 위험 인식을 연구하기 시작했으며 1990년대부터 두려움은 물론 그보다 넓은 개념에도 관심을 기울였다. 그 결과 《위기감The Feeling of Risk》이라는 책이 탄생했다.[5] 책을 집필하면서 감정과 인지가 어떤 식으로 상호작용하여 위험 인식에 영향을 미치는지를 탐구한 슬로빅은 위험에 직면할 때 좋은 판단을 내리려면 지식, 인지 능력, 의사소통과 같은 요소들도 중요하지만 감정이라는 요소를 고려하지 않고는 위험을 이해하기가 거의 불가능하다고 강조한다.

기후변화 논의에 등장하는 통계 수치들은 헷갈리기도 하지만 무엇보다 감정이 결여되어 있다. 대기 중 이산화탄소 농도가 400ppm을 넘었다고 말하면 그 영향을 제대로 이해하는 사람은 거의 없다. 하지만 거대한 빙하가 녹는다거나 해수면이 상승한다거나 가뭄과 허리케인이 더 자주 발생한다거나 말라리아와 뎅기열을 퍼뜨리는 모기가 더 많아진다고 말하면 우리가 진짜로 마주한 위기가 무엇인지 와닿기 시작한다. 감정은 사람들이 행동하도록 자극할 수 있으며 어쩌면 더 큰 재난을 막도록 동기를 부여할 수 있을지 모른다.

슬로빅은 이렇게 강조한다. "여러 해에 걸친 연구 끝에 분명해진 사실은 감정이 중요하다는 점입니다. 우리는 대개 감정이라는 영역에서 위험을 인식해요." 머릿속에서 계산기를 두드려 위험을 파악하는 경우는 거의 없다. 우리는 주로 직감에 의존해 고속도로에서 차를 추월해도 될지 혹은 냉장고에 오래 보관한 음식을 먹어도 될지 판단한다. 감각과 감정을 활용하는 인간의 능력은 인간 진화 역사 초창기까지 거슬러 올라간다. 사실상 인간은 수백만 년에 걸쳐 감정과 감각을 바탕으로 위험을 판단해온 것이다. 슬로빅도 이렇게 설명한다. "인간의 뇌는 감정을 통해 정보를 처리하는 방식을 발전시켰습니다. 무척 정교할뿐더러 여러 면에서 효과적인 방식이지요." 하지만 시간이 지나면서 인간은 '위험을 좀 더 분석적인 방식으로 생각하고 처리하는 능력'을 발전시켰다. 예컨대 우리는 확률 이론, 수학, 기호 추론 같은 수단을 개발했다. 결과적으로 위험 평가는 분석적인 분야로 자리를 잡았으며 독성학, 전염병학, 환경과학과 같은 학문이 탄생했다. 요컨대 인간의 두뇌는 두 가지 놀라운 능력에 기초해 작동한다고 할 수 있다. 감정을 바탕으로 판단을 내리는 능력이 있는가 하면 과학적 지식과 방법론을 바탕으로 분석하고 계산하는 능력도 있다. 분석하고 계산하는 능력 덕분에 우리는 달이나 화성에 갈 수 있다. 그건 감정으로 될 일이 아니라 과학이 해야 할 일이다.

일상에서는 많은 경우 직감에 따라 위험을 판단한다. 하지만 과학적인 방법론 역시 필수적이다. 예컨대 인간의 시각은 매우 정교한 능력이며 높은 정확성과 합리성을 자랑한다. 하지만 때로는 우리 눈이 특정한 시각 패턴에 속아 넘어가기도 한다. 슬로빅은 이렇게 설명한다. "우리는 무언가를 보고 A가 B보다 크다고 생각할 수 있지요. 실제로는 B가 A보다 큰데 말이에요. 그건 특정 맥락 때문입니다. 이렇듯 우리의 시각 체계는 오해를 할 수 있어요. …… 우리의 감정 체계는 일반적으로 우리 주변 사람들을 보호하는 쪽으로 기능하지만, 일부 맥락에서는 도움이 필요한 사람을 보고도 제대로 기능하지 않을 수 있습니다. 우리가 목격한 고난이 멀리 떨어져 있거나 규모가 크거나 익명이라면 말이지요. 시각적 착시 현상이 발생하는 것처럼 도덕적 착시 현상도 발생하는 것입니다." 따라서 우리는 누군가 위험에 처했다는 소식을 듣거나 보고도 등을 돌린 다음 자기 할 일에만 집중할 수 있다. 당장 할 수 있는 일이 없다면 이런 경향은 더 심해진다. 사실 전혀 괜찮지 않은데도 모든 것이 괜찮다고 착각하는 도덕적 착시 현상인 셈이다.

감정적 사고와 분석적 사고

기후변화의 경우 문제가 너무 심각해서 지금 당장 행동을 취해야 하는 상황이다. 그럼에도 슬로빅은 지구온난화, 멸종 위기, 환경 오염 같은 문제들이 천천히, 섬세하게, 분석적으로 생각해야 할 문제들이라고 보았다. 훨씬 쉬운 방법이라고 해서 혹은 강한 자신감을 동반한다고 해서 즉흥적인 직감에만 의존해서는 안 된다. 슬로빅은 대니얼 카너먼의 베스트셀러 《생각에 관한 생각 Thinking, Fast and Slow》을 추천했다.[6] 이 책에서는 우리가 정보를 처리할 때 천천히 깊이 생각하기보다는 빠르게 직관적으로 생각하는 경향이 있다고 밝힌다. 또한 두 사고방식의 차이는 물론 빠른 사고에 내재한 몇 가지 문제점 역시 소개한다. 슬로빅과 카너먼은 아모스 트버스키와 함께 《불확실한 상황에서의 판단 Judgment under Uncertainty》이라는 책을 편집하기도 했다.[7]

물론 사람들이 빠른 사고에서 기인하는 감정에 계속 의존하는 한 우리는 기후 데이터를 사람들의 감정을 자극하는 방식으로 제시할 필요가 있다. 무미건조한 사실과 통계 자료에 개인적인 이야기나 일화 혹은 감정적인 이미지를 덧댐으로써 사람들의 빠른 사고 시스템을 꿰뚫어야 한다. 숫자를 아예 무시하라는 뜻이 아니다. 숫자가 주가 되어서는 안 된다는 말이다. 감정을 전달하려면 반드시 수치 자료를 개인적으로 와닿게 만들어야 한다. 상대가 숫자를 보는 순간 좋은지 나쁜지를 바로 느낄 수 있어야 한다. 만약 숫자에 감정이 실려 있지 않다면 상대는 숫자를 제대로 이해하지 못할 것이고 행동하지도 않을 것이다.

강렬한 감정을 느끼게 할 수 있는가는 사람들이 체험하는 두려움에도 직결된다. 예컨대 우리는 특정한 사고를 막는 것보다는 암을 연구하고 예방하는 데 더 많은 돈을 투자한다. 사고 역시 암만큼 치명적이고 끔찍한데도 말이다. 슬로빅의 설명에 따르면 이는 암이 '두려움을 자아내는 성질'을 더 많이 가지고 있기 때문이다. 슬로빅은 테러를 조사할 때에도 사람들이 폭탄 테러보다 탄저균 테러를 더 두렵게 느낀다는 사실을 발견했다. 탄저균은 눈에 보이지 않고 위력도 짐작이 가지 않는 반면 폭탄은 비교적 우리 예상 범위 내에 있기 때문이다. 슬로빅은 이렇게 정리한다. "위험을 막기 위해 얼마나 많은 노력을 기울여야 하는지에 따라 어떤 위험은 다른 위험보다 더 강렬한 감정을 동반하며 따라서 더 두렵게 느껴집니다."

요컨대 슬로빅의 조언에 따르면 우리는 감수성이 풍부한 메신저를 내세워 상대의 감정을 건드리고 상상력을 자극하는 방식으로 정보를 제시해야 한다. 예컨대 환경 오염이라는 위험을 경고하고 싶다면 심각하게 오염된 세계의 끔찍한 모습을 떠올리게 해야 한다. 슬로빅은 이렇게 덧붙였다. "물론 미국에서도 가뭄을 통해 기후변화가 일어나고 있다는 사실을 눈으로 확인할 수 있지요. 하지만 이는 실제로 가뭄을 경험하고 있는 사람들을 제외하면 우리 대다수가 멀리 떨어진 위협이라고 느끼는 편입니다. 따라서 우리가 해야 할 일은 두 가지입니다. 첫째는 빠른 사고방식을 가진 사람들, 그러니까 '시스템 1' 사고방식을 가진 사람들을 감화하는 데 집중하는 것이지요. 그들에게는 생생한 이미지, 풍부한 감정, 이야기와 서사라는 수단을 사용해 정보를 전달해야 합니다. 둘째는 과학적으로 심사숙고하는 사람들, 즉 '시스템 2' 사고방식을 가진 사람들과 함께 문제에 접근하는 겁니다. 그들에게는 뒤로 물러나 이렇게 말해야겠지요. '이 문제는 좀 더 신중히 생각해봅시다. 과학적이고 분석적인 방식으로 그림을 바라보면 어떨까요?'"

분명 거대한 문제를 다룰 때 우리에게는 빠른 사고와 느린 사고, 감정적 능력과 분석적 능력 양쪽 다 필요하다. 하지만 빠른 사고는 종종 우리가 현실에 안주하도록 꾄다는 사실을 잊지 말아야 한다. 반면 우리가 시간을 내서 자리에 앉아 신중히, 천천히 생각한다면 우리는 문제를 적극적으로 해결할 법률이나 제도를 확장할 기회를 얻을 수 있으며 계속 감정적으로 예민한 상태를 유지할 필요도 없다. 특정한 결과가 자신이 소중히 여기는 가치에 어떤 영향을 미칠지 신중하게 평가하는 가운데 법률이나 제도로 이루어진 시스템을 구축한다면 그 시스템은 우리 감정과는 상관없이 밤낮으로 작동할 것이다.

'법률과 제도', 시스템의 문제

"문제는 분쟁 지역을 보면 그런 법률이나 제도가 국제적인 차원에서 존재하지 않는다는 점입니다. UN에 그런 제도가 존재한다고 생각했지만 사실상 무의미하지요. 제노사이드협약Genocide Convention을 통해 법적 장치 역시 마련했다고 생각했지만 역시 무의미한 것으로 드러났습니다. 그러니 다들 문제를 감정에 맡기고 있는 실정인데 사실 우리 감정은 시리아의 내전보다 올림픽에 더 관심이 많거든요."

똑같은 이유에서 환경 문제를 다룰 때도 법률과 제도가 필요하다. 순간순간 변덕스러운 감정에 의존하기보다는 천천히 신중하게 생각할 줄 아는 사람들이 테이블에 둘러앉아 인류가 어디를 향해 나아가고 있는지, 후손에게 어떤 종류의 미래를 물려주고 싶은지, 미래를 덜 암울하게 만들려면 어떤 법률과 제도를 마련해야 하는지 논의해야 한다.

슬로빅은 우리에게 '법률과 제도'라는 분석적인 틀이 필요하다고 말하면서 또 다른 비유를 제시한다. 우리는 정부가 제대로 기능하는 데 세금이 중요하다는 사실을 잘 알고 있기 때문에 납세를 개인의 감정에 맡기지 않는다. 오히려 각 개인이 소득에 따라 얼마를 내야 하는지 고지해주는 계산적이고 분석적인 시스템이 존재한다. 게다가 이는 법적 강제성을 통해 뒷받침된다. 빈틈이 없는 건 아니지만 핵심 틀은 그렇다. 분석적인 방식으로 징수하며 그 과정은 법적 제도의 지원을 받는다.

나는《기후 은폐 공작》이나 디스모그블로그에서 내가 말하고자 하는 바 역시 단순히 환경 문제에 국한되지 않는다고 말했다. 시스템을 악용하는 문제, 대중을 조종하고 기만하는 문제 역시 깊이 다루고 있기 때문이다. 혹시 기후변화 자체보다는 이런 문제가 사람들의 관심을 불러일으키기에 더 유리한 건 아닐까?

슬로빅은 실제로 그러하다며 이렇게 말했다. "당신이 하는 일도 결국 사람들의 주의를 붙잡기만 한다면 사람들을 화나게 만들 수 있는 정보를 제공하는 일이니까요. 분노는 정말 강력한 감정입니다." 정보를 조작하는 사람들이 나보다, 내 가족보다, 내 자녀보다 자기이익을 앞자리에 둔다는 사실은 분노를 불러일으킨다. 이는 우리가 행동하도록, 어떤 식으로인가 맞서 싸우도록 동기를 부여할 수 있다. 따라서 진실을 밝히는 일도 중요하다. 슬로빅은 계속 이렇게 말한다. "담배 문제에서도 비슷한 일이 있었지요. 제 생각에 지난 20여 년 사이에 국면을 뒤집는 데 결정적인 역할을 한 요소 하나는 간접흡연이 해롭다는 사실을 발견한 것이었습니다. 이제 흡연자가 자기 자신을 해치는 데서 끝나는 문제가 아니라 비흡연자에게도 위험을 초래하는 문제로 바뀐 것이지요. 그건 불공평하잖아요. 바로 이 공정성이라는 요소가 위험을 받아들일 만한가를 인식하는 데 영향을 미친 겁니다."

오랜 세월 인간의 본성과 위험을 탐구한 슬로빅은 과연 우리가 오늘날 직면한 문제들을 해결할 수 있으리라 기대할까? 슬로빅은 우선 자신이 발견한 바로는 위험과 불확실성을 동반한 문제들이 복잡하다는 사실을 강조했다. 그런 복잡성을 이해하지 못한다면 우리는 우리가 통제할 수 없는 요소들에 압도당하고 말 것이다. 슬로빅은 이렇게 덧붙인다. "그건 정말 걱정스러운 일이지요. 하지만 우리의 이해가 충분히 발전한다면 위험성과 복잡성이라는 중요한 영역을 다루는 법을 깨우

치게 될지도 모릅니다. 그러리라는 보장은 없지요. 하지만 더 나은 이
해를 통해서라면 미래를 더 나은 방식으로 바꿀 기회가 생길지도 몰
라요."

공적 서사,
이야기가 갖는 힘

마셜 간츠

공적 생활을 하는 사람이라면 자기 이야기를 말하는 법을 배워야 합니다. 그
러지 않으면 다른 사람이 대신 당신 이야기를 할 겁니다. 당신이랑 이해관계가
다를지도 모르는 사람에게 당신 이야기의 저작권을 넘겨주는 것이나 마찬가
지지요.

• **마셜 간츠**

다윗과 골리앗

오래전, 오늘날 이스라엘에 해당하는 엘라 골짜기에는 블레셋 군대가
집결해 이스라엘 사람들과 전투를 벌일 준비를 하고 있었다. 블레셋의
가장 뛰어난 전사이자 키가 9피트(약 274센티미터)에 이르는 거인 골리
앗은 이스라엘 사람들을 향해 나와서 싸우라고 도발하면서 모욕을 퍼
부었다. 하지만 이스라엘 사람들은 공포로 완전히 얼어붙은 채 몸을 움
츠리고 있었다. 그때 형들에게 점심을 가져다주러 온 어린 목자 다윗이

골리앗의 모욕에 격분해 골리앗에 맞서 싸우겠다고 자원했다. 이스라엘의 사울 왕은 의구심이 들었지만 다윗이 싸우도록 허락한 뒤 다윗에게 왕의 무구를 내어주었다. 충성스러운 다윗은 왕의 투구와 흉갑을 걸치고 왕의 방패와 칼을 들어보았지만 너무 무거워서 움직일 수 없었다. 그때 다윗은 자기 발치에 매끄러운 돌 다섯 개가 놓여 있는 것을 보았다. 다윗은 자신이 누구인지 되새겼다. 자신은 군인이 아니라 돌과 무릿매(물맷돌)를 가지고 늑대와 곰으로부터 양떼를 지키는 법을 배운 목자였다. 다윗은 무구를 벗은 뒤 돌을 집어 들고 골리앗을 상대하러 나갔다. 한껏 거만해진 골리앗은 웃음을 터뜨리며 말했다. "나를 상대하는데 꼬마아이에게 막대기를 쥐여서 보냈다는 말이냐?" 하지만 골리앗의 웃음은 오래가지 못했다. 이마에 돌이 박혔기 때문이다. 다윗은 골리앗의 칼을 들어 골리앗의 머리를 베었다.

다윗과 골리앗 이야기는 저명한 사회정의 운동가 마셜 간츠가 가장 좋아하는 이야기다. 뛰어난 공동체 조직가인 간츠는 2007년에서 2008년 사이 오바마 캠프를 구상해 성공적인 선거 승리에 일조했으며 그밖에도 미국 내외의 다양한 사회운동에 기여했다. 간츠는 하버드 대학교 케네디스쿨에서 리더십 강의를 할 때면 꼭 다윗과 골리앗 이야기를 들려준다고 한다. 왜일까? 용기, 노력, 상상력이 뒷받침하는 지략을 발휘할 때 수적으로 우세한(그래서 보통 거만한) 상대를 극복할 수 있음을 보여주기 때문이다.

간츠는 이렇게 말한다.[1] "사실, 때로는 다윗이 이깁니다." 다윗은 처음부터 모든 계획을 구체적으로 떠올린 것은 아니었다. 그러나 자신의 진정한 자아를 발견하고 왕이 빌려준 무구를 벗어던지자 비로소 승리할 수 있었다. 다윗은 무릿매를 능숙하게 다룰 줄 알았으며 군인이 아니라 목자였기 때문에 전장을 다른 시각으로 바라볼 수 있었다. 자신이 무슨 일을 해야 하는지 명확히 알고 있었고, 그에 맞추어 준비가 되어 있었으며, 힘을 사용하는 면에서 전략적으로 창의적이었고, 고작 돌 몇 개에서 자원을 끌어낼 줄 알았다. 간츠는 이렇게 평한다. "다윗은 가슴이 불타오른 덕분에 실제로 효력이 있는 전략을 떠올릴 수 있었습니다. 전략을 수행할 능숙한 손기술도 가지고 있었지요. 뛰어난 전략이 빠져 있었다면 이야기가 이렇게 흥미롭지 않았을 것입니다."

위험, 위기, 도전에 직면해 주체성을 가지고 행동하려면 도덕적·감정적 자원이 필요하다. 간츠는 다윗과 골리앗 이야기 같은 서사가 사람들로 하여금 바로 그 자원을 확보할 수 있도록 도와준다고 믿는다. 때로는 우리의 실제 경험, 즉 우리가 어떻게 인생의 고난에 맞섰으며 어디서 희망을 찾았는지를 이야기할 때 그런 자원을 발견할 수도 있다. 그런 이야기는 어떻게 우리가 불확실성을 마주하고도 탁월한 리더십을 발휘할 수 있는지 생생하게 묘사해준다. 우리는 이야기라는 통로를 통해 용기와 희망을 배울 수 있다. 우리가 어떤 가치를 지지하는지, 우리의 진짜 모습이 무엇인지, 우리가 왜 행동을 취해야 하는지 깨달을 수 있다. 간츠의 말대로 서사는 '초월적인 세계로 향하는 관문'인 셈이다.

간츠의 '공적 서사public narrative' 이론은 이 책에서 배울 수 있는 가장 중요한 교훈 중 하나다. 공적 서사는 리더십을 발휘하고 변화를 도모할 때 강력한 도구가 될 수 있다. 이 책 전반에 걸쳐 살펴본 것처럼 소통과 행동을 가로막는 장애물이 너무나 많기 때문에 오늘날 이야기 기술을 발전시켜야 할 필요성은 굉장히 시급하다. 형편없는 이야기 기술을 가지고 사실만 밀어붙이다 보면 대중의 반응을 이끌어내지 못할 뿐만 아니라 오히려 옹호의 덫에 빠져 반발심을 불러일으키고 양극화에 일조할 수 있다. 반면 뛰어난 이야기 기술은 변화로 이어지는 고무적인 메시지를 전달할 뿐만 아니라 PR과 거짓 정보의 영향을 상쇄할 수 있다. 우리가 우리 자신의 이야기에 나타나는 가치들에 단단히 뿌리를 내리고 있는 한 옹호의 덫에 빠지거나 심리적 방어 기제를 자극할 가능성도 줄어들 것이다.

기후변화의 서사는 왜 사람들을 움직이는 데 실패하는가?

나는 간츠를 만나 우리가 어떻게 하면 까다로운 문제를 논의하면서도 서로를 이해하고 공감할 수 있느냐고 물어보았다. 간츠의 대답은 내 예상과는 달랐다. 간츠는 자신이 어릴 때 접했던 수많은 고무적인 메시지를 비롯해 자기 자신의 이야기를 소개했다. 1943년에 미시간 베이시티에서 태어난 간츠는 제2차 세계대전 이후 3년간 가족과 함께 독일에서 살았다. 간츠의 아버지는 유대교 랍비이자 군 사제로서 홀로코스트 생존자들과 함께 생활했다. 덕분에 간츠는 어릴 때부터 '삶이 무너져내린 뒤 새로운 희망을 찾으려는 사람들'을 만날 수 있었다. 간츠의 오랜 기억 중에는 난민 캠프에서 다섯 번째 생일을 맞이한 기억도 있었다. 당시 옆에는 다른 수많은 아이들이 있었는데 간츠는 한참 후에야 아이들의 부모가 없었던 이유를 깨달았다.

간츠가 여덟 살이 되던 해 그의 가족은 캘리포니아 베이커스필드로 이사했다. 간츠는 거기서 고등학교를 졸업한 뒤 1960년에 하버드 대학교에 장학생으로 들어갔다. 케네디가 미국 대통령으로 당선된 해였다. 간츠는 새로운 세대의 리더십이 필요하다는 대통령의 고무적인 메시지에 매료되었다. 1963년에는 워싱턴 평화 행진, 버밍엄 전투, 시민운동가 메드가 에버스Medgar Evers 암살 사건, 케네디 대통령 암살 사건이 연달아 터졌다. 이에 자극을 받은 간츠는 공민권 운동Civil Rights Movement(백인과 동등한 권리를 보장할 것을 요구한 미국 흑인의 인권운동—옮긴이)에 참여하기 시작했다. 홀로코스트가 그저 반유대주의 운동이 아니라 넓게 보면 인종 차별이 불러일으킨 학살이라는 부모님의 가르침도 한몫했다. 간츠는 이렇게 회상했다. "단순한 생각이지만 진실한 생각이기도 합니다. 당연히 공민권 운동은 미국의 제도화된 인종 차별에 맞서는 운동이었고요. 그러니 고민할 필요도 없었지요."

유월절(이집트 탈출을 기념하는 유대인의 축제—옮긴이)마다 출애굽기(이스라엘 백성의 이집트 탈출기가 기록된 구약 성경의 하나—옮긴이)를 들으며 자란 간츠는 출애굽기에 담긴 노예 해방의 여정이 한 시대, 한 장소, 한 민족에 국한된 이야기가 아니라 세대를 거듭해 반복되는 이야기임을 이해했다. 공민권 운동은 사실상 미국에 출애굽 이야기를 들려주고 있는 것이나 마찬가지였다.

1964년에 간츠는 졸업을 1년 남겨둔 채 대학을 떠나 미시시피의 '자유의 여름 프로젝트Freedom Summer Project(인권운동가들이 흑인 탄압이 극심했던 미시시피주에 최대한 많은 흑인 유권자를 등록하기 위해 벌인 자원봉사 캠페인—옮긴이)'에 자원했다. 인권운동에 참여하면서 간츠는 자선과 정의의 차이를 깨닫기 시작했다. 사랑이 결여된 힘이 정의로울 수 없는 것과 마찬가지로 힘이 결여된 사랑 역시 결코 정의를 이룰 수 없음을 이해한 것이다. 흑인 공동체에 기본적인 정치적·경제적·문화적 힘이 주어지지 않는 이상 변화는 불가능했다.

간츠는 마틴 루서 킹Martin Luther King이 불과 스물다섯 살의 나이에 이끈 저항 운동인 버스 보이콧 운동을 떠올리면서 집단적인 힘에 대한 근원적인 통찰을 얻었다. 만약 사람들이 버스에 오르는 데 발을 사용했다면 힘은 버스회사가 쥐었을 것이다. 하지만 사람들이 버스에 타지 않고 직장까지 걸어가는 데 발을 사용했기 때문에 자신들이 힘을 쥘 수 있었다. 간츠는 이렇게 설명한다. "사람들이 의존성을 독립성으로 탈바꿈하는 데 자신의 자원을 사용할 방법을 발견하기만 한다면 실제로 변화를 일으킬 수 있습니다." 이런 기술은 사람들이 한데 뭉쳐 자신들의 문제를 스스로 해결할 힘을 갖추게 만들어준다.

1991년에 간츠는 대학으로 돌아가 마흔아홉의 나이에 학부를 졸업했다. 학구열로 불타오른 간츠는 케네디스쿨에서 석사 과정을 밟았으며 역시 하버드 대학교에서 사회학 박사 학위를 받은 뒤 아예 교수진으로 합류했다. 이후로 간츠는 쭉 교단에 서 있었으며 최초로 리더십 강의를 개발한 것은 물론 최근에는 서사가 지닌 특별한 역할에 관해 가르치고 있다.

사람들에게 동기를 부여하는 것이 무엇인지, 사회운동의 주된 원동력이 무엇인지 연구하는 데 깊이 몰두하는 한편 출애굽기 이야기에 흠뻑 빠진 간츠는 공적 서사를 다루는 강의를 개설한 뒤 학생이 몇 명이라도 신청하기를 기다렸다. 그런데 첫 수업에 무려 35명이 나타났다.

간츠는 자신이 학생들의 가려운 곳을 제대로 짚었다는 사실을 깨달았다. 그는 당시를 떠올리며 이렇게 말했다. "제가 뭔가를 제대로 해낸 거지요. 그 뒤로 오바마 캠페인도 치렀고요. 수많은 사람들이 서사를 사용하는 법을 이해하도록 돕는 훌륭한 기회였습니다." 2015년 가을에는 31개국에서 온 130명의 학생이 강의에 등록했다.

우리가 서사를 통해 주체성을 발휘하는 법을 배울 수 있다는 점에서 서사는 힘을 돋우는 담론 형식이다. 서사는 우리가 도전에 직면할 때 겁을 먹는 대신 정신을 차리고 반응하도록 도와준다. 또한 공적 서사는 자신에 관한 개인의 이야기, 우리에 관한 공동체의 이야기, 지금 우리가 직면한 도전에 관한 이야기를 한데 결합함으로써 집단적인 주체성을 형성하는 데 기여한다. 간츠는 공적 서사가 보통 '나의 이야기'story of self'로 시작된다며 이렇게 강조했다. "공적 생활을 하는 사람이라면 자기 이야기를 말하는 법을 배워야 합니다. 그러지 않으면 다른 사람이 대신 당신의 이야기를 할 겁니다. 당신이랑 이해관계가 다를지도 모르는 사람에게 당신 이야기의 저작권을 넘겨주는 것이나 마찬가지지요." 이 장에 소개된 간츠 자신의 이야기처럼 '나의 이야기'는 어떤 가치들이 개인으로 하여금 행동하도록 만들었는가를 전달한다. 나의 이야기는 마음에서 우러나와야 하며 자신만의 독특한 경험을 묘사해야 한다. 즉 자신이 어떤 도전에 직면했는지, 그리고 어떤 선택을 내렸는지, 그래서 어떤 결과가 펼쳐졌는지 소개해야 한다. 나의 이야기는 자신이 어떻게 지금 하는 이 일을 하도록 부름을 받았는지는 물론 자신이 이 일과 어떤 식으로 연결되어 있다고 생각하는지를 밝혀준다. 이는 이야기를 듣는 사람들 역시 우리 자신을 매개로 그 일과 연결되도록 돕는다.

다음으로 '우리의 이야기story of us'는 특정 공동체가 공유하는 가치들에 생기를 불어넣는다. 모두가 잘 알고 있는 집단적인 경험을 이야기로 들려줌으로써 우리의 이야기는 공동체가 어떤 가치들을 공유하는지 인식하도록 돕는 것은 물론 우리가 서로 어떻게 연결되어 있는가를 보여준다. 나의 이야기와 마찬가지로 우리의 이야기 역시 우리가 어떤 도전에 직면해 어떤 선택을 했고 어떤 결과를 맞이했는지 구체적으로 들려주어야 하며 사람들이 공통 가치에 주의를 돌릴 수 있도록 특정 집단, 시간, 장소에 관해 세부 내용을 풍부히 제공해야 한다.

마지막으로 '현재의 이야기story of now'는 지금 이 순간을 서사적인 순간으로 뒤바꾼다. 우리가 현재 도전에 직면해 있으므로 희망의 근거를 찾아 용기를 발휘해 행동해야 한다고 역설한다. 물론 도전은 불안과 긴장을 자아낸다. 문제는 이때 우리가 어떻게 반응할 것인가다. 우리는 두려움, 고립감, 자기회의에 빠진 채 무기력하게 무너질 것인가? 아니면 희망, 유대감, 자신감으로 가득 찬 가운데 필요한 자원을 확보해 주체적이고 전략적으로 대응할 것인가? 지금의 이야기에서는 집단 전체가 이야기의 주인공으로서 갈등에 직면하고 시험에 맞선다.

간츠의 설명에 따르면 변화를 촉발하기 위해 조직자나 리더가 수행해야 할 과제는 '습관의 관성'을 뚫고 나아가 사람들의 주의를 붙들고 사람들이 새롭고 불확실한 일을 과감히 저지를 수 있도록 동기를 부여하는 것이다. 간츠는 사람들이 긴박감, 분노, 불의를 느끼도록 만든다면 돌파구를 만들 수 있다며 이렇게 말한다. "우리가 마주한 세상의 모습과 우리가 바라는 세상의 모습 사이의 괴리감을 느끼게 하는 것이지요. 그런 긴장을 경험할 때 우리는 관성과 무관심을 타파할 수 있습니다."

나는 그렇다면 기후변화 서사는 왜 사람들을 움직이는 데 실패한 것인지 물어보았다. 간츠의 설명에 따르면 환경운동가는 늘 사람들이 극도로 부당하다는 느낌, 즉각적인 변화가 필요하다는 느낌을 받도록 만들어야 한다. 마틴 루서 킹의 표현을 빌리자면 '지금이 긴급 상황'임을 인식하게 만들어야 한다. 하지만 실제로 긴급한 행동을 이끌어내기 위해서는 위기감에 더해 희망 역시 불어넣어야 한다. 다시 말해 실제 행동으로 옮길 만한 그럴듯한 실천 방안, 전략적으로 말이 되는 믿을 만한 실천 방안을 제시해야 한다. 간츠가 말하는 희망은 더 나은 미래를 막연히 꿈꾸는 것을 의미하지 않는다. 목표는 구체적이고 명확해야 한다.

일례로 몇 해 전에 간츠는 포도 농장 직원들을 도우려고 한 적이 있었다. 농장 직원들이 공정한 대우를 받으려면 노동조합이 필요했다. 하지만 필요를 역설하는 것만으로는 충분하지 않았다. 고용주들이 노동조합의 존재를 인정하게 만들려면 사람들이 농장 상품(이 경우에는 포도)을 보이콧해야 했다. 따라서 농장 직원을 위해 정의를 구현하는 방법은 "포도를 먹지 말자. 포도를 사지 말자. 포도를 시장에서 몰아내자"로 압축되었다. 이는 전략적이고 상징적이면서도 사람들로 하여금 공감대를 형성하도록 만들었다. 인도에서 간디가 주도한 소금 행진도 구체적이고 명확한 목표를 제시한 사례다. 마틴 루서 킹이 이끈 버스 보이콧 운동, 18세기 미국 독립혁명으로 이어진 보스턴 차 사건 역시 마찬가지다. 반면 앨 고어의 다큐멘터리 〈불편한 진실〉은 끝에 가서 우리가 할 수 있는 일을 53개나 제시하고 말았다. 지나치게 많은 정보가 오히려 메시지를 사소해 보이도록 만들었다. 게다가 어떤 방안도 성공으로 이어질 만한 집중적인 전략이라기에는 무리가 있었다.

불의를 인식할 때 나타나는 감정적 부조화는 사람들이 행동하도록 동기를 부여할 수 있다. 하지만 그런 감정적 부조화가 절망으로 이어져서는 안 된다. 간츠는 이렇게 경고한다. "불안감이 절망으로 이어지면 두려움이 엄습합니다. 그럼 뒤로 물러나거나 포기하는 수밖에 없는데 어느 쪽도 문제를 해결하는 데 도움이 되지 않지요. 하지만 희망과 열정으로 차올라 굳게 일어나는 사람들은 예상치 못한 문제를 마주하더라도 자신이 무엇을 하면 되는지 기꺼이 묻고자 합니다. 결국 지도자나 조직자가 맡은 역할이란 사람들이 변화의 필요성을 인식하도록 적절한 긴장감을 조성하는 방법을 늘 고민하는 것입니다. 분노를 불러일으켜야 하지만 동시에 희망, 공감, 자신감도 불러일으켜야 하지요. 그래야 변화가 필요하다는 인식이 단순한 반응으로 그치지 않고 의식적인 행동으로 이어집니다."

간츠는 좋은 이야기라면 듣는 사람이 교훈을 머리로 이해할 뿐만 아니라 가슴으로 느끼게 만들어야 한다고 강조했다. 이야기가 용기, 공포, 희망, 불안, 기쁨과 같은 감정을 전달한다면 우리는 이야기를 개념적으로 이해하는 데에서 그치지 않고 느낄 수 있다. 이야기를 감정적으로 받아들인다면 우리는 이야기에 담긴 도덕적 교훈을 도구 삼아 우리 앞에 놓인 도전에 맞설 수 있다. 간츠는 신념이든 가풍이든 문화든, 전통을 전달하는 가장 좋은 방법은 이야기를 들려주는 것이라며 이렇게 말했다. "서사라는 담론 형식은 우리에게 힘을 부여합니다. 우리는 이야기를 통해 변화의 주체가 되는 법을 배울 수 있어요."

간츠는 이야기를 통해 책무를 공유할 때 관계가 형성된다고 강조했다. 하지만 리더가 긴급성을 전달하고 관성을 타개하기 위해 오직 불안만 자극한다면 사람들은 절망과 공포에 사로잡혀 아무런 행동을 취하지 않을 수도 있다. 따라서 리더는 불의나 위기에 관한 이야기를 전달할 때 반드시 희망의 메시지 역시 함께 전달함으로써 기대감, 공감, 자신감을 불러일으켜야 한다. 희망은 불안을 상쇄할 뿐아니라 우리를 창의적인 문제 해결사로 만들기도 한다. 간츠의 말대로 희망은 '우리가 함께 일하는 사람들과 나눌 수 있는 가장 값진 선물 중 하나'다.

설득력을 갖춘 이야기의 3요소

셰익스피어의 희곡《헨리 5세》에 등장하는 '성 크리스핀 축일 연설'은 도전에 직면할 때 어떻게 희망과 용기를 찾을 수 있는지 생생하게 보여준다. 아쟁쿠르 전투를 앞둔 어린 왕 헨리 5세Henry V는 연설을 통해 병사들의 사기를 북돋고자 한다. 영국군은 수적으로 매우 열세인 데에다가 굉장히 지친 상태였다. 반면 프랑스군은 쌩쌩한 상태였다. 승리할 가능성은 희박해 보였다. 그럼에도 헨리 5세는 떠나고 싶은 사람은 누구든 떠나도 좋다고 말한다. 그는 죽음을 두려워하는 자들과 함께 죽을 생각이 없다. 반면 싸우기 위해 남기로 결정한 '소수의 행복한 전우들'에게는 불멸성을 입을 기회를 약속한다.

간츠가 이 연설을 좋아하는 이유는 헨리 5세가 절대 '승리'라는 표현을 입에 담지 않고 프랑스군을 언급도 하지 않기 때문이다. 헨리 5세는 순전히 자신들이 어떤 존재인지, 자신들의 소명이 무엇인지, 자신들에게 어떤 가능성이 있는지를 역설한다. 간츠의 말대로 '삶과 죽음의 의미를 이해할 수 있는 순간'을 제공한다. 셰익스피어가 완전히 낙담에 빠진 사람들에게 어떻게 주체성과 가치 의식을 회복시킬 수 있는지 보여주는 방식 역시 라커룸 연설의 표본이라 할 수 있을 만큼 뛰어나다. 이 연설은 적들을 사악한 존재로 폄하하지도 않고 승리에 관해 언급하지도 않는다. 다만 삶에 의미를 부여하는 것이 무엇인지 설명함으로써 듣는 이들의 마음을 울릴 뿐이다.

공적 서사는 행동 개시를 요구하는 선언과 같다. 공적 서사는 우리가 다 함께 직면한 도전이 무엇인지, 그런 위기에 맞서 어떤 선택을 내려야 하는지, 그렇게 할 때 어떤 교훈적인 결과가 따라오는지 소개한다. 간츠는 이를 간단하면서도 현대적인 비유를 들어 설명했다. "학생에게 낭비가 심한 전구 하나를 경제적인 전구로 바꾸라고 요구하는 것은 별일이 아닙니다. 하지만 케네디스쿨의 전구를 전부 바꿀 수 있도록 학교를 설득하려고 하니 학생 청원서에 서명을 해달라고, 학장에게 찾아갈 대표단에 합류해달라고, 공개 명단에 이름을 올려달라고 요청하는 것은 일종의 동원 명령이나 다름없지요." 설령 성공 가능성이 희박해 보일지라도 이야기는 신뢰할 만하고 구체적인 실천 방안을 제시해야 한다.

이야기는 우리가 어떻게 행동해야 하는지 가르쳐줄 뿐만 아니라 행동을 취할 용기를 불어넣어주기도 한다. 간츠의 설명에 따르면 이야기가 설득력을 갖추기 위해서는 이야기를 구성하는 세 가지 필수 구성 성분이 뛰어날 필요가 있다. 바로 줄거리, 등장인물, 교훈이다. '줄거리

plot'는 우리의 관심을 붙잡아야 하며 우리가 특정한 목표를 향해 나아가도록 만들어야 한다. 줄거리에 예상치 못한 반전이 있으면 이야기가 더욱 흥미진진해진다. 우리는 무언가가 우리를 깜짝 놀라게 할 때, 미지의 존재가 줄거리에 개입할 때 이야기에 더 큰 주의를 기울인다. 꼭 애절한 재난이나 위험한 곤경이 등장할 필요는 없지만 긴장감을 불러일으키는 문제가 나타날 때 우리는 자극을 받는다.

바로 그럴 때 '등장인물character'은 이제 무슨 일을 해야 할지 고민하게 되며 등장인물이 중대한 결정을 내리는 순간 우리는 그에게 몰입하고 공감하게 된다. 이야기가 힘을 발휘하려면 반드시 듣는 사람을 감정적으로 끌어들여야 한다. 듣는 사람이 등장인물에게 감정이입하여 등장인물 입장에서 보고 듣고 느낄 수 있도록 만들어야 한다. 감정이입을 하기 전까지는 이야기가 지루할지도 모른다. 하지만 감정이입을 하는 순간 돌연 우리는 몸을 기울이고 귀를 쫑긋 세운 채 이야기를 듣게 된다. 왜 주인공에게 관심이 갈까? 우리 모두 전례 없는 상황에 맞닥뜨려 선택을 해야만 했던 순간이 있었기 때문이다. 이야기 속의 등장인물이든 현실 속의 우리든 인간 삶의 중심에는 의지와 선택이 놓여 있기 때문이다.

이야기의 결론은 '교훈moral'을 제공해야 한다. 다시 말해 더 나은 이해, 삶의 지침으로 삼을 만한 격률, 머리는 물론 가슴을 일깨우는 가르침을 제공해야 한다. 좋아하는 책이나 영화가 수십 년이 지나도록 기억에 남는 이유 역시 작품에서 얻은 풍성한 감정과 교훈을 계속 간직하고 있기 때문이다. 간츠도 이렇게 말한다. "이야기를 통해 우리는 지식을 얻어갈 뿐만 아니라 감정도 경험합니다. 이야기는 우리에게 교훈을 가르쳐주지요. '주인공은 어떻게 그런 감정적 자원을 활용할 수 있었을까? 어떻게 용기를 낼 수 있었을까? 어떻게 희망을 찾을 수 있었을까?' 알고 보면 우리는 그런 의문들을 생각 이상으로 궁금해합니다."

이야기는 우리가 삶을 어떻게 살아가야 하는지, 어려움에 어떻게 맞서야 하는지, 낯선 상황에 느껴지는 압박감을 어떻게 극복할 수 있는지 알려준다. 물론 투쟁의 결과가 불확실할 수 있지만 우리는 주인공이 도전에 직면해 역경을 헤치고 나아가는 모습을 보면서 힘과 희망을 얻는다. 공감을 통해 배우는 법만큼이나 두려움에 대항하는 법 역시 이야기가 가르쳐주어야 할 핵심 교훈이다. 이런 지혜를 물려주는 데에 더해, 긍정적인 가치를 고양시키기까지 해야 하기 때문에 뛰어난 이야기를 만들기가 그만큼 어려운 것이다. 우리는 모호하고 추상적인 지식의 언어가 아니라 감정의 언어로 말할 때 뛰어난 이야기를 만들 수 있다.

사람들은 대개 자기 이야기를 공유하기를 꺼린다. 자신의 경험이 지극히 하찮거나 중요하지 않다고 생각하기 때문이다. 하지만 그건 사실이 아니다. 특히 공적 영역에서는 모두가 자기 이야기를 가지고 있으며 자신이 어떤 사람인지, 무슨 일을 어떤 이유로 하는지, 어떤 미래로 향하고 싶은지 공개적으로 진술해야 할 책임이 있다.

공적 서사를 다루는 능력

자기 이야기를 발전시키도록 사람들을 지도할 때마다 간츠가 제일 먼저 듣는 말은 "저한테는 딱히 극적인 일이 일어난 적이 없는데요"라는 말이다. 그러면 간츠는 묻는다. "고통이나 상실을 느껴본 적이 없다고요? 희망을 찾은 적은요?" 이렇게 파고들기 시작하면 누구나 진짜 자기 자신에 관해 소통할 경험적 기반이 반드시 나타나기 마련이다.

간츠는 그런 이야기가 결코 사소하지도 않고 무의미하지도 않다고 강조한다. 어린 자녀를 둔 부모가 자녀에게 이야기를 들려주는 데 오랜 시간을 들이는 이유 역시 바로 그 때문이다. 부모는 단지 아이들을 즐겁게 해주려고 그러는 것일까? 그렇지 않다. 이야기 시간은 주체성을 기르는 시간이다. 다시 말해 언젠가 반드시 닥칠 선택의 순간에 올바른 선택을 할 수 있도록 감정적 자원을 활용하는 법을 가르치는 시간이다. 이야기 시간은 가치 교육 시간이며 아이들은 이에 열광한다.

이야기는 아이들에게든 어른들에게든 판단을 내리는 데 필요한 정보를 제공한다. 간츠는 이렇게 말한다. "종교지도자들이 수천 년 전부터 알고 지내던 기술을 우리는 이제 막 이해하기 시작했습니다." 따라서 이야기를 통해 두려움 대신 희망을 자아내고 소외감 대신 공감을 불러 일으키며 자기회의 대신 자신감을 북돋아야 한다. 오늘날 광장에는 학술적인 정보가 지나치게 많아 우리로 하여금 자신이 부족하다는 감정을 느끼도록 만든다. 간츠도 이렇게 꼬집었다. "경제학자들이 그 면에서 큰 성공을 거두었지요. 그들은 경제를 논하는 일 자체를 신비스러운 일처럼 만들어버렸어요."

훌륭한 리더는 이야기가 반드시 구체적이어야 하며 특정한 시간과 정서를 떠올리게 해야 한다는 사실을 잘 알고 있다. 이야기는 색채, 풍미, 질감이 선명하게 느껴질 만큼 생동감 넘치는 배경을 지니고 있어야 한다. 이야기꾼이 이야기의 디테일을 생생하게 살리면 살릴수록 듣는 사람에게 감정, 가치, 교훈이 더 효과적으로 전달된다. 역설적이게도 이야기는 구체적일수록 그만큼 보편적이어서 우리 모두의 공감대를 자극할 수 있다.

광장이 PR, 불신, 무관심으로 가득 찬 상황에서 공적 서사를 능숙하게 다룰 수 있는 능력은 리더에게 필수적인 자질이다. 이 책 전반을 통해 살펴본 것처럼 사람들에게 사실과 증거를 퍼부어 죄책감과 두려움을 느끼게 하는 전략은 좋은 전략이 아니다. 나와 인터뷰를 나눈 거의 모든 이들이 환경 문제를 논하는 서사의 질이 떨어진다고 우려를 표했으며 이야기를 풀어내는 리더들의 능력이 부족한 탓에 대중의 불안과 무관심이 심화되고 있다고 비판했다.

이 장에서 간츠는 리더들이 어떻게 공적 서사를 풀어내야 하는지 훌륭하게 설명해주었다. 공적 서사는 끔찍한 위기를 있는 그대로 전달하면서도 그때 촉발되는 불안을 넘어설 만한 희망을 동시에 제공해야 한다. 뛰어난 이야기는 감정을 전달하는 이야기로서 우리가 소중히 간직해야 하는 가치들이 무엇인지 일깨워주는 동시에 그런 가치들이 풍부히 실현되는 희망찬 미래를 제시해준다.

머리가 아니라
가슴으로

종교가 가르쳐주는
광장의 정신

카렌 암스트롱

그러므로 무엇이든지 남에게 대접을 받고자 하는 대로 너희도 남을 대접하라 이
것이 율법이요 선지자니라

• 마태복음 7장 12절

영국의 종교학자 카렌 암스트롱은 세계 여러 종교들의 역사와 미스터
리를 파헤치면서 거의 평생을 보냈다. 1984년에 암스트롱은 사도 바울
의 삶을 중점적으로 다루는 TV 다큐멘터리를 제작할 기회를 얻었다.
바울의 삶을 추적하는 동안 암스트롱의 삶 역시 새로운 전환점을 맞이
했다. 종교들 사이의 유사점과 연결고리를 파고드는 데 심취한 것이다.
종교의 역사를 파헤치던 그녀는 결국 2008년에 테드TED 상을 수상함
으로써 스스로 역사를 만들었다. 테드 재단 측은 암스트롱을 2008년의
가장 뛰어난 강연자로 선정했으며 암스트롱은 10만 달러의 상금을 사
용해 '자비의 헌장Charter for Compassion' 프로젝트를 진두지휘했다.[1]

암스트롱은 당시 소감을 이렇게 회상했다.[2] "테드 상을 수상한다는 건 더 나은 세상을 소망할 기회를 얻는 것이나 다름없지요. 테드는 그런 소망을 이룰 수 있도록 함께 노력해줍니다. 저 같은 경우에는 제가 속한 분야에서 제가 해야 할 일이 자비를 더욱 강조하는 일이라고 생각했어요." 전통적으로 자비는 종교적 삶의 중심에 놓여 있는 가치이자 진정한 영성의 증거로 여겨져 왔다. 그럼에도 우리는 우리의 '가장 중요한 의무'가 동료 인간을 존중하는 일이라는 말을 들을 기회가 거의 없다. 자비는 선순환을 불러일으킨다. 황금률Golden Rule을 실천하는 것은 자기인식을 확장시키며 이는 더욱 자비로운 행동을 나타낼 기반을 제공한다.

황금률의 정신

암스트롱의 연구에 따르면 공자, 소크라테스, 부처 같은 고대의 현인들, 철학자들, 종교 지도자들은 서로 다른 전통에서 나오기는 했지만 모두 일상생활에 실용적으로 유익이 되는 메시지를 설파했다. BC 551년에 태어나 BC 479년에 사망한 중국 철학자 공자는 "남이 나에게 하지 않기를 바라는 일은 나도 남에게 하지 말라"는 황금률을 처음 구상한 인물로 알려져 있다. 물론 BC 1400년경에 기록된 레위기에도 "네 이웃을 너 자신처럼 사랑하라"라는 명령이 등장한다. 비슷한 말이 도교, 불교, 힌두교 등 다른 많은 종교와 철학에도 나타난다.

오늘날 서구권에서는 사람들이 일종의 '정신 체험'으로서 교리나 신앙에 몰두하는 경향이 있다. 하지만 암스트롱은 종교적 지식이 본래 실용적인 목적을 지니고 있었다고 강조한다. 전통적으로 종교란 개인의 행동을 변화시킴으로써 개인이 새 인간성을 입도록 만드는 활동이었다. 계몽을 가로막는 주된 방해물은 이기심과 자기중심성이며 이런 자아를 뛰어넘도록 만들어주는 가장 확실한 방법이 바로 자비다. 암스트롱은 그 과정을 이렇게 설명한다. "당신은 당신 세계의 중심에서 자기 자신을 끌어내리고 그 자리에 다른 사람을 앉혀야 합니다." 공자의 제자들이 공자에게 "어떤 가르침을 매일 실천할 만한 덕목으로 삼아야 합니까"라고 질문했을 때에도 공자의 대답은 간단했다. 바로 '서(恕: 용서하다, 남의 처지를 잘 헤아리다)'였다. 카렌은 서를 이렇게 정의했다. "자기 가슴 속을 들여다보세요. 무엇이 당신을 고통스럽게 만드는지 알아보세요. 그 다음 어떤 상황에서도 다른 누군가에게 그런 고통을 가하지 않겠다고 다짐하세요. 내가 당하기 싫은 일은 절대 남에게도 하지 마세요."

공자는 '서'를 마음이 동할 때만이 아니라 매일 하루 종일 실천할 때 자아를 벗어나는 기쁨을 누릴 수 있으며 점차 계몽과 발전에 이를 수 있다고 말한다. 제자들이 공적 생활을 할 때에는 어떻게 서를 적용할 수 있느냐고 묻자 공자는 "평범한 민중 가운데 있을 때에도 귀빈을 모시는 것처럼 행동해야 한다"고 답했다. 또한 정치적으로나 경제적으로 스스로를 돕고자 한다면 우선 다른 사람을 도와야 한다고 가르쳤다. 불교식 표현으로 말하자면 세상에 존재하는 고통을 목격할 때 자기 일이 아니라고 무시하는 대신 그 고통을 자기 책임으로 받아들여야 한다. 즉 다른 사람에게 적극적인 관심을 나타내는 것이다.

나는 암스트롱에게 캐나다의 환경운동가들이 분노와 좌절을 겪고 있다고 말했다. 기후변화라는 위기에도 사람들이 행동하지 않고 있으며 정부 및 기업 지도자들은 오히려 방해를 하고 있기 때문이다. 또한 운동가들은 자비라는 메시지를 그리 탐탁지 않아 하는 것 같다. 방관자가 되지 않겠다는 도덕적 선택을 한 입장에서 자비라는 특성은 수동적으로 보이기 때문이다.

암스트롱은 물론 자비가 오늘날 현실로부터 동떨어진 이상적인 특성처럼 보일 수 있지만 자비를 설파한 위대한 현인들이 동굴 속에 갇혀 산 사람들이 아님을 강조했다. 그들 역시 우리 시대만큼이나 극도로 폭력적인 사회, '공격성이 전례 없는 수준으로 증폭된' 사회 속을 살아갔다. 예컨대 공자 시대에는 수많은 나라들이 하나의 제국을 이룰 때까지 두 세기 동안을 치고받으면서 싸웠다. 수많은 생명이 죽어나갔고 문화유산과 환경이 끔찍한 수준의 파괴를 겪었다.

우리가 살고 있는 세계 역시 여러 면에서 위기가 산재한 세계다. 만약 우리가 지금 노선을 계속 따라간다면 우리는 살아남지 못할지도 모른다. 이런 우리가 맞이해야 할 가장 시급한 변화는 서로를 무조건적인 존중으로 대하는 태도다. 물론 불의에 맞서 목소리를 내는 일 역시 중요하다. 하지만 암스트롱은 이렇게 강조한다. "제대로 효과를 거두려면 이렇게 자문해보아야 합니다. '내가 하는 행동은 내 자존심을 세우고 상대를 벌하기 위한 것인가? 아니면 진정한 변화를 이루기 위한 것인가?'" 적대적이고 자기중심적인 태도로 문제에 임한다면 사람들은 우리가 이루고자 하는 목표에 더욱 완강히 저항할 것이다. 그렇기 때문에 사회운동가를 비롯한 공인은 뛰어난 절제 및 자기의식 기술을 발전시켜야 한다. 암스트롱도 이렇게 권고했다. "그들은 자신들이 고통과 두려움 때문에 분노를 느끼는 것과 마찬가지로 반대자들 역시 바로 그 똑같은 고통과 두려움 때문에 이 끔찍한 시나리오를 부정한다는 사실을 깨달아야 합니다."

간디만큼 극도로 열악한 환경에서 운동을 전개해야 했던 사람은 드물 것이다. 그럼에도 간디는 영국인을 비난하지 않았다. 목소리를 내기를 주저하지는 않았지만 항상 자기 지지자들에게 '벌을 주기 위해 목소리를 내는 것인지 아니면 상황을 해결하기 위해 목소리를 내는 것인지' 자문해보라고 조언했다.

암스트롱은 바울의 말을 인용하기를 참 좋아했다. 바울은 고린도 사람들에게 보내는 편지에서 자비를 이렇게 칭송한다. "자비(사랑)는 오래 참고 친절합니다. 자비(사랑)는 교만하지 않습니다." 뒤이어 이렇게 강조하기도 한다. "자비(사랑)는 불의를 기뻐하지 않습니다."[3] 사람들은 불의에 저항할 때면 흔히 의분으로 우쭐대고는 한다. 이런 태도는 결코 좋은 결과를 가져다주지 못한다. 암스트롱은 우리가 늘 이렇게 자문해야 한다고 강조했다. "나는 변화를 이루고 싶은 것인가? 아니면 그저 열을 내고 싶은 것인가?"

무엇이 사람의 행동을 바꾸는가?

암스트롱은 과격한 원리주의 종교 역시 연구해왔다. 연구에 따르면 모든 무장 종교운동의 이면에는 종교의 기원을 잃어버릴까 두려워하는 종교인들의 마음이 자리 잡고 있었다. 암스트롱은 이렇게 말한다. "심지어 미국에서조차 그들은 현대적이고 진보적이고 세속적인 이데올로기가 자신들을 쓸어버릴 것이라고 생각하고 있어요."

사람들은 막다른 길에 다다랐다는 생각이 들면 격렬하게 저항한다. 어떤 운동이든 공격적인 압력을 받으면 받을수록 더욱 극단적으로 변하는 경향이 있다. 환경 문제에서도 마찬가지다. 암스트롱의 주장에 따르면 사람들이 기후변화를 부인하는 주된 이유는 두려움에 있다. 기후변화를 인정하고 대처하기 위해서는 우리가 지금까지 누린 수많은 물질적 안락함을 포기해야 하기 때문이다. 우리, 특히 서구권 사람들은 너무나도 이기적이고 자기중심적으로 변했다. 물질주의 문화에 물든 사람들은 결핍에 대처할 심리적 자원이 부족하기 때문에 소유물에 부단히 집착한다. 소유물을 포기해야 한다는 생각은, 예컨대 따뜻한 집이나 필요할 때마다 사용할 수 있는 차를 포기해야 한다는 생각은 사람들을 당황시키고 마비시킨다. 암스트롱도 이렇게 지적한다. "우리가 이위기를 극복하기 위해 해야만 하는 일의 규모가 어마어마하다 보니 어떤 사람들은 아예 위기가 존재하지 않는다고, 말도 안 되는 일이라고 말합니다." 이런 상황에서 우리가 적대적인 태도로 사람들에게 윽박을 지른다면 사람들은 몸을 더 움츠릴 것이다. 따라서 암스트롱은 운동가들이 사람들이 그런 마비 상태에서 빠져나올 수 있도록 부드럽게 인도해야 한다고 강조한다. 우리에게 남은 최선의 희망은 서로의 고통을 나누고 격론을 누그러뜨림으로써 우리 모두가 인류 역사상 전례 없는 위기를 코앞에 두고 있음을 인식하도록 만드는 것이다.

우리는 어떻게 지속 가능한 환경을 구축할 수 있을까? 아직 온전한 답을 내놓을 수 있는 사람은 아무도 없다. 우리가 이미 해답을 손에 쥐고 있다고 생각하는 사람은 스스로를 속이고 있는 것이다. 환경 문제는 다른 온갖 사회적·정치적 문제와 복잡하게 얽혀 있기 때문이다. 개발도상국 사람들은 서구권 사람들이 훨씬 더 나은 생활 조건을 즐기고 있는데 왜 자신들이 경제 성장을 멈추어야 하느냐고 묻는다. 암스트롱은 우리가 차분히 앉아 문제를 직시한 채 해결책을 찾은 뒤 새로운 현실을 살아가는 법을 배워야 한다고 말한다.

테러의 위협을 줄이려고 노력하는 사람이든 지속 가능한 환경을 만들려고 노력하는 사람이든 우리 모두는 '영적 부흥spiritual revival'을 거쳐야만 한다. 다들 속세를 떠나 자신의 신에게 기도를 해야 한다는 뜻이 아니다. 그렇게 생각하는 사람들은 종교를 오늘날의 환원주의적인 방식으로 바라보는 사람들이다. 암스트롱은 영적 부흥의 진정한 의미를 이렇게 설명한다. "그건 우리가 우리의 내적 자아를 갱생하는 데 많은 노력을 투자해야 한다는 뜻입니다. 우리가 기꺼이 희생을 치르고 안락함을 포기하고 여행을 줄일 수 있도록 말이지요."

물론 이는 사람들에게 어마어마한 희생을 요구하는 것이다. 그저 합리적으로 생각한다고 해서 모두가 이런 일을 할 수 있는 것은 아니다. 따라서 암스트롱은 이렇게 제안한다. "두려워하는 사람들을 다독여주어야 합니다. 세상이 냉혹한 공포로 가득 차 있다는 인상을 전달하지 않기 위해 조심해야 해요. 그렇지 않으면 사람들이 땅굴 속으로 숨어버릴 테니까요. 오히려 사람들이 '승용차 없는 삶을 어떻게 살아가야 할까?'라고 고민하기 시작하도록 인도해야 합니다."

2008년 경제 위기 중에 많은 기업인들은 탐욕이 세상을 잠식할 때 어떤 일이 벌어지는지 그 심연을 목격했다. 탐욕은 우리가 물질적인 소비를 갈망하게 함으로써, 원하는 일이라면 아무 책임도 지지 않은 채 즐기도록 종용함으로써 환경을 파괴하는 데 일조해왔다. 하지만 아직도 늦지는 않았다. 사람들이 아직까지 부처나 공자 같은 인물들을 기억하는 이유는 그들이 사람들이 생각하고 행동하는 방식을 바꿈으로써 세상을 변화시켰기 때문이다. 그들과 동시대를 살았던 수많은 왕들과 사업가들은 대부분 잊혀졌다. 하지만 종교와 전통은 오래도록 건재하게 남아 있다.

내면의 생태
가꾸기

조앤 할리팩스

절망감을 부정하거나 속에 묵혀두지 마세요. 절망은 중요합니다. 절망은 당신을
꼼짝 못하게 만들기도 하지만 당신을 인간답게 만들어주기도 하니까요.

• **조앤 할리팩스**(Joan Halifax)

미국인 선승 조앤 할리팩스는 우리가 기후변화라는 거대한 위기를 외
면하는 이유가 이기적이고 자아중심적인 태도에 있다고 보았다. 사람
들은 더 이상 결과를 명확히 바라볼 줄 모르며 만물이 연결되어 있다는
사실마저 잊어버렸다.

"더 큰 의식에는 더 큰 책임이 따릅니다." 할리팩스의 말이다.[1] 인류학
자이자 생태학자, 인권운동가이자 작가인 할리팩스와의 인터뷰는 그
녀가 산타페 근처에 설립한 우파야 선센터Upaya Zen Center의 고풍스런
벽돌 건물에서 진행했다. 내가 할리팩스를 처음 만난 건 달라이 라마를
만나러 인도 다람살라에 들렀을 때였다. 나는 거기서 할리팩스의 강인

한 정신과 시적인 표현력에 곧바로 매료되었다.

인터뷰를 나누는 동안 할리팩스는 오늘날 우리가 목격하는 책임감과 연대의식의 부재가 자존심 경쟁과 근원적 결핍감 때문에 나타나는 현상이라고 설명했다. 달라이 라마 역시 오늘날에는 가족, 이웃, 공동체 등 기본적인 존중과 애착이 존재해야 할 곳에 유대감이 빠져 있다고 지적한 바 있다.

자연 속에서 살아가는 경험

할리팩스는 지금이 환경, 경제, 심리 모두에 영향을 미치는 세계적인 위기가 도래한 특별한 시기라고 말했다. 따라서 개인을 분리된 자아로 보는 의식을 극복할 필요가 있다는 것이다. 그러기 위해 우리는 치열한 생존 경쟁을 벗어나 내면의 삶의 중요성을 깨달아야 한다. 우리가 얼마나 많은 물질을 가지고 있는지 혹은 무엇을 소비하는지가 우리의 정체성을 규정해서는 안 된다. 소유욕은 절대 채워지지 않기 때문이다. 물질은 결코 우리의 근원적인 인간성이나 좋은 마음씨를 실현해주지 못한다.

인터뷰 중에 나는 그에게 "연구 결과에 따르면 대부분의 사람들이 자신이 지구를 망치는 데 일조하고 있다는 사실을 인식하고 있다"고 언급했다. 그럼에도 그들은 아무런 행동이나 변화를 취하지 않고 있다. 왜 그런 것일까?

사안의 규모가 너무 크기 때문이다. 사람들은 '골리앗 같은 비극'을 눈앞에 두고 무기력함을 느낀다. 그리고 이는 분노와 절망으로 이어진다. 극심한 고통을 겪는 가운데 현실을 부정하는 것도 충분히 자연스러운 일이다. 부처 역시 "나의 진리는 물길을 거슬러 오른다"라고 말했다. 세상에 만연한 자기중심적인 태도에 빠지지 않기 위해서는 어마어마한 노력이 필요한 법이다. 게다가 오늘날 자기중심적인 태도는 서구 문화권뿐만 아니라 세계 전반에 나타나는 현상이기도 하다.

소비를 더 늘린다고 내면의 공허함을 해결할 수 없듯이 사실을 더 많이 제시한다고 상황을 뒤집을 수는 없다. 데이터 때문에 명상을 실천하거나 사회운동이나 환경운동에 참여하는 사람은 거의 없기 때문이다. 사실 우리 대부분은 믿을 수 없을 만큼 특권을 지닌 삶을 살고 있다. 비행기를 타고 전 세계를 돌아다니고 원할 때마다 에어컨이나 히터를 틀며 엄청나게 많은 플라스틱 용기에 담긴 상품을 소비한다. '우리가 우리의 터전을 더럽히고 있는 모습을 보자면 놀라울 지경'이다. 할리팩스는 중국 난징 출신의 남자에게 들은 말을 소개했다. 할리팩스가 남자에게 뉴멕시코의 멋진 하늘에 관해 말해주자 남자는 이렇게 답했다고 한다. "저는 여기서 평생을 살았는데요. 파란 하늘을 본 적이 한 번도 없답니다."

할리팩스는 뉴멕시코의 높은 산지에서 공공 설비를 이용하지 않은 채 80제곱피트(7.5제곱미터) 정도 되는 방에서 지내고 있다. 할리팩스는 그 이유를 이렇게 말했다. "마치 전전 세기 사람처럼 살고 있지요. 여기선 센터에 수업이 있을 때 내려왔다가 수업이 끝나면 다시 거처로 돌아간답니다. 제가 무소유의 삶을 살기로 선택한 이유는 제게 생명을 주는 건 바로 자연 세계이기 때문이에요. 저는 자연 세계에서 활력을 얻지요. 그러고 나면 훨씬 넓은 시야를 가지고 일을 할 수 있답니다. 게다가 자연 세계에서 찾을 수 있는 두 가지 성질, 즉 참을성과 결단력도 얻을 수 있지요."

할리팩스는 자신이 50년 전에 차로 사하라 사막을 가로지른 경험을 언급했다. 당시에는 세계 많은 지역이 아직 미지의 영역이거나 접근할 수 없는 영역이었다. 하지만 오늘날 여행객들은 순전히 새로운 스릴을 찾아 지구를 샅샅이 뒤지고 다닌다. 그러면서 돌 하나도 가만히 두지 않는다. 그들은 우주의 신비에 몰두하거나 이국적인 땅을 찾아 여행을 다니지만 정작 지금 이 순간이나 내면의 신비에는 무관심해 보인다. 영적 수련이 중요한 이유도 이 때문이다. 할리팩스는 이렇게 말한다. "만약 눈을 똑바로 뜨고 본다면 자신이 통찰력을 배양하기를 원한다는 것은 물론 자신이 속한 세계의 심리사회적 구조를 변화시키는 데 참여하고 싶다는 것도 알게 될 거예요."

한편 할리팩스는 고통이 나쁜 일만은 아니라고 강조했다. 때때로 고통은 깨달음의 순간으로 이어지기 때문이다. 예컨대 환경운동가는 어떤 생물종이 멸종했다거나 아마존 열대우림이 잿더미가 되었다는 사실을 알게 되었을 때 극심한 고통을 느낄 수 있다. 하지만 이는 새로운 노력을 기울일 원동력이 될 수도 있다. 무력감 역시 열정을 불러일으킬 수 있으며 이는 사람들이 특정한 명분을 지지하기 위해 헌신하도록 자극하거나 공공선을 이루기 위해 노력하도록 고무할 수 있다.

할리팩스는 종종 도시로 나갈 때면 '몇 세기 전만 하더라도 이곳이 어떤 모습이었을까?' 하는 생각에 빠진다고 말한다. "맨해튼, 런던, 로스앤젤레스. 그런 세계로 나갈 때마다 기만적인 문명화의 결과물을 목도하게 됩니다." 물론 대도시 역시 놀라운 유기체를 이루고 있는 것은 사실이지만 도시는 오래된 숲이나 습지와 달리 세월이 지난다고 더 아름다워지지는 않는다. 할리팩스는 특히 오늘날 아이들의 삶을 걱정했다. 수많은 아이들이 컴퓨터 화면 너머로 자연을 살짝 접하고는 그게 진짜라고 생각하기 때문이다. 하지만 할리팩스는 이렇게 지적한다. "우리의 몸과 마음을 새롭게 하는 건 당연히 실제 자연 속에서 살아 움직이는 경험이지요. 그런 경험은 절대 가상으로 즐길 수 없어요."

자신의 본모습 마주하기

나는 할리팩스에게 절망에 대처하는 법에 관해 조언을 구했다. 기후학자나 환경운동가와 대화를 나눌 때면 "차라리 진실을 몰랐다면 좋았을 텐데"라고 말하면서 절망에 빠지는 모습을 자주 보았기 때문이다. 어떻게 우리는 암울한 소식을 접하면서도 절망에 빠져들지 않을 수 있을까?

할리팩스는 빙판길에 차가 미끄러져 다시 차를 제어하려고 애쓰는 운전자를 떠올려보라면서 이렇게 말했다. "절망감을 부정하거나 속에 묵혀두지 마세요. 절망은 중요합니다. 절망은 당신을 꼼짝 못 하게 만들기도 하지만 당신을 인간답게 만들어주기도 하니까요." 서식지가 파괴되거나 생물종이 멸종했다는 소식을 들을 때 느껴지는 강렬한 슬픔은 우리로 하여금 책임을 통감하도록 만든다. 그러면 우리는 소비를 줄일지도 모르고 행동을 취할 수도 있다. 할리팩스는 이렇게 덧붙였다.

"작게는 바다에 티스푼만큼의 물을 되돌려줄 수도 있고 크게는 댐을 허물어 강을 자유롭게 만들 수도 있겠지요. 그저 우리가 할 수 있는 최선을 다하는 것입니다. 어차피 우리 삶만 보아도 우리의 유한성이 여실히 드러나지요. 우리는 모두 죽을 거예요. 종들도 사라지겠지요. 진화가 일어날 겁니다. 지구는 그 자체로 유기체 같은 시스템을 갖추고 있으니까요."

할리팩스는 자신이 사는 골짜기만 보더라도 의심의 여지없이 기온이 올라가고 있다고 언급했다. "기온이 올라가자 집 근처 연못에는 해조류가 빽빽하게 자랐습니다. 하지만 연못을 보니까 커다란 도롱뇽들이 해조류를 먹어치우고 있더군요. 거기서 도롱뇽이라고는 몇 년 동안 한 마리도 본 적이 없는데 말이에요. 이런 식으로 지구에는 자기조절 능력이 있습니다. 우리가 생태계를 충분히 이해하지 않는 이상 지금보다 나은 세계 공동체 시스템을 가질 수는 없을 거예요."

할리팩스는 자연은 물론 인간성 역시 신뢰했다. 아이러니하게도 그런 확신은 사형수가 수감된 교도소에서 일할 때 더욱 강해졌다고 한다. 할리팩스는 당시 경험을 이렇게 설명한다. "말하자면 상대하기 가장 까다로운 사람들과 함께 지낸 셈이지요. 그런데도 눈을 마주보면 그 안에 기본적인 선함이 깃들어 있다는 사실을 확인할 수 있는 순간이 늘 있었습니다. …… 그 사람들은 정말 못된 짓을 저질렀지요. 하지만 어떤 식으로든 그들은 고통보다 깊숙이 숨어 있는 내면에 닿는 데 성공했어요." 서구권 사람들은 정말 두뇌가 명석할지도 모른다. 그래서인지 무엇이든 가리지 않고 통제하려 든다. 하지만 정말 중요한 일은 초심자의 마음으로 돌아가 이기심과 자존심 아래 숨어 있는 자신의 본모습을 꿰

뚫어보는 것이다.

할리팩스는 절망에 사로잡혀 아무 일도 하지 않는 대신 그때 느껴지는 고통과 무력감을 호기심을 가지고 들여다보라고 권했다. 이는 '그대로 보기 수련회Bearing Witness Retreat(아우슈비츠 등 고통의 현장에서 당시 고통을 당한 사람들의 입장을 그대로 느껴보는 불교와 유대교의 연합 위령제—옮긴이)'가 목표로 하는 일이기도 하다. 수련회에는 아우슈비츠의 생존자들과 나치 친위대에 복무했던 가해자들이 함께 모이는 것은 물론 그들의 자녀들 역시 참석한다. 이에 대해 할리팩스는 이렇게 설명한다. "또 다른 재앙이 되겠구나 싶겠지요. 하지만 인간은 올바른 여건만 주어진다면 진정으로 고상한 존재가 되어 그 순간을 맞이할 역량을 가지고 있습니다." 인류 역사 가운데에는 아우슈비츠 학살 사건이나 르완다 학살 사건처럼 도저히 용서하기 힘든 끔찍한 일들이 벌어져왔다. 사실 이런 일들은 우리가 오늘날 환경에 저지르고 있는 일과 다르지 않다. 우리는 자연이 곧 '우리'라는 사실을 망각한 채 자연을 물건처럼 대상화했다. 이렇듯 자연과 인간 사이에 단절이 이루어졌으므로 다시 화해하는 과정 역시 꼭 필요하다.

선 평화 조정자 그룹의 세 가지 계율

도덕적 의분을 극한까지 밀어붙이면 큰 고통을 초래할 수 있다. 지나친 분노와 마찬가지로 지나친 의분 역시 오히려 사람을 무력하게 만들 수 있다. 하지만 그렇다고 우리가 도덕적인 시각을 버려야 한다는 뜻은 아니다. 할리팩스 역시 '분노에 담긴 순수한 에너지 자체'는 우리가 상황을 더욱 명확히 보도록 도와준다고 지적했다. 단지 분노를 느끼는 단계를 벗어나 분노에 담긴 에너지를 활용해야 엄청난 결단력을 발휘할 수 있다는 것이다. 이런 맥락에서 분노는 생산적이다.

물론 분노의 이야기에 빠져들어 다른 사람들이 잘못했다고 비난하기 시작한다면 분노는 위험할 수 있다. 우리 모두는 어떤 식으로인가 지금 세상의 결과에 책임이 있다. 따라서 우리는 책임을 지고 대화에서 긍정적인 태도를 유지해야 한다.

할리팩스는 이렇게 고백한다. "1960년대에 반전운동이나 민권운동에 참여할 때면 심각한 양극화와 반감을 느낄 수 있었지요. 저는 우리가 옳고 저들이 틀렸다고 생각했어요. 하지만 남을 비난해서는 결코 생산적인 결과를 낼 수 없어요." 양극화의 문제는 한쪽이 강경하게 나올수록 반대쪽도 강경하게 나온다는 점이다. 사회 정의나 환경 정의를 이루고자 하는 사람이라면 남을 비난하는 전략이 효과적이지 못하다는 사실을 이해해야 한다.

할리팩스는 미국의 환경운동가이자 저널리스트인 빌 매키번Bill McKibben의 노력을 칭찬하면서도 매키번이 단정적이고 예언적인 경향이 있다고 지적했다. 매키번의 글은 데이터를 수집해 그 데이터를 그대로 펼쳐놓는 식이다. 분명 중요한 퍼즐 조각을 쥐고 있는 인물이라고 할 수 있다. 하지만 모두가 매키번처럼 대응한다면 사람들은 압도적인 절망감과 무력감에 빠지고 말 것이다. 매키번의 관점대로라면 우리는 이미 한계점을 지났으며 다시 이전으로 되돌아갈 방법이 없기 때문이다.

할리팩스는 그런 관점이 좋지 못하다며 이렇게 말했다. "처음 교도소를 찾아갔을 때 저는 수많은 생각과 데이터를 준비한 상태였지요. 하지만 교도소 문을 지나자마자 저는 제가 아는 모든 걸 내려놓고 아무것도 모르는 상태로 앉아 있어야 했습니다." 호스피스로도 유명한 할리팩스는 죽어가는 사람을 마주할 때도 마찬가지였다며 이렇게 덧붙였다. "제가 아는 모든 지식을 내려놓고 모든 걸 새롭게 받아들이는 일종의 노예가 되어야 했습니다. 그저 눈앞에 벌어지는 일을 있는 그대로 보면서 내 편견이나 생각이 즉각적인 인식을 가로막지 못하게 애써야 했지요."

지구온난화를 해결할 수 있는 단 하나의 해결책 같은 것은 존재하지 않는다. 우리는 생태 시스템이 인류의 위협에 어떤 식으로 반응할지 알지 못하기 때문이다. 그리고 우리가 순진한 사람들에게 더 많은 두려움을 퍼뜨릴수록 사람들은 오히려 소비에 더 의존할 것이다. 사람들은 무력감과 두려움을 덮어버리기 위해 더 많은 소유물을 가지기를 원할 것이다. 객관적인 사실을 가지고 사람들에게 겁을 주어서는 효과가 없는 셈이다. 그리고 사람들을 비난해서는 환경을 보호할 수 없다. 해답은 훨씬 더 깊은 차원의 인간 의식에 달려 있다. 내면의 변화가 요구되는 것이다.

할리팩스는 이때 '선 평화 조정자 그룹Zen Peacemaker Order'의 세 가지 계율이 도움이 될 수 있다고 설명했다. 바로 '무지를 인정하기', '있는 그대로 바라보기', '자신과 타인에게 사랑을 담아 행동하기'다. 첫 번째 계율인 '무지를 인정하기'는 초심자가 되어 열린 마음을 유지하는 능력을 가리킨다. 오늘날 우리가 알고 있는 모든 지식은 50년만 지나도 전부 달라져 있을 것이다. 실제로 과학이 시작된 이래로 수천 년 동안 변하지 않고 유지된 과학 원칙은 극소수에 불과하다. 따라서 첫 번째 계율은 우리가 아무것도 모른다는 사실을 인정하는 더 큰 시각을 견지하는 것이다. 할리팩스는 우리가 마치 해발 9,400피트(약 3,000미터) 높이에서도 이메일을 받을 수 있게 해주는 위성 안테나처럼 열린 태도를 가져야 한다며 이렇게 말했다. "1960년대만 하더라도 상상도 할 수 없는 일이었지요. 아이폰, 아이패드, 안드로이드 같은 것들도 생각도 못했고요." 오늘날 우리는 서로 놀라울 만큼 촘촘하게 연결되어 있다. 그런 종류의 상호연결성이 우리와 자연 간의 관계, 우리와 내면 간의 관계에도 반영될 수 있다면 얼마나 좋을까?

두 번째 계율인 '있는 그대로 바라보기'는 현존하는 능력, 지금 일어나고 있는 일에 유념하면서 세상의 기쁨과 고통을 둘 다 의식하는 능력을 가리킨다. 그렇게 하는 데에는 우리의 편견과 생각이 즉각적인 인식을 가로막지 못하도록 주의하는 일 역시 포함된다.

세 번째 계율인 '사랑을 담아 행동하기'는 연민과 사랑을 기본 모토로 세상에 반응하는 능력을 가리킨다. 그렇게 하려면 도덕적 책임 의식은 물론 두려움 이상의 근원적인 동기를 가지고 사회 및 환경 문제에 참여하는 태도가 필요하다.

나는 할리팩스에게 우리가 어떻게 연민을 발전시킬 수 있느냐고 물어보았다. 그는 연민은 '찾는 것'이 아니라며 이렇게 말했다. "하지만 연민에 선행하는 과정들, 연민을 준비시키는 과정들을 훈련할 수는 있습니다." 예를 들어 균형 잡힌 인식 없이는 연민을 나타내는 것이 불가능하다. 긍정적인 존중 역시 필수적이다. 또한 비이기적인 의도와 동기역시 선행해야 한다. "내가 어떻게 도울 수 있을까? 무슨 일이 일어나야 할까? 무엇이 고통을 줄일 수 있을까?"라고 생각할 수 있어야 한다. 이는 단순히 의지가 아니라 통찰이기도 하다.

다른 한편으로는 도덕적 감수성을 배양함으로써 결과를 기대하지 않으면서도 책임감 있게 행동해야 한다. 할리팩스는 서양 사람들은 이런 태도를 기르기가 어려울 수 있다고 인정하면서 이렇게 말한다. "저는 죽어가는 사람들 옆에서 일할 때면 그들 앞에 놓인 결과가 대부분의 경우에 죽음이라는 사실을 알고 있어요. 제가 죽어가는 사람이 소위 좋은 죽음을 맞이할 수 있도록 억지로 개입한다면 오히려 그들의 경험을 가로막을 수 있습니다."

마지막으로 할리팩스는 육체적 능력 역시 연민을 나타내는 데 필요한 자질이라고 강조했다. 사람들이 할리팩스에게 왜 이처럼 소박한 환경에서 사는 것인지 물어볼 때면 할리팩스는 자연의 일부가 된 채 나무를 패고 물을 뜨기에 좋아서라고 답한다. 할리팩스는 자연 속에서 더 많은 활력을 얻고 육체에 현존함을 느낀다고 한다. 이는 연민을 지탱하는 중요한 기둥이다. 자기 육체로부터 단절되어 육체적 경험을 할 줄 모르는 사람은 연민의 필수적인 자질 중 하나인 공감을 할 수 없기 때문이다. 할리팩스는 이렇듯 다른 자질이 길을 닦아주면 자연스럽게 연민이 뒤따른다고 생각했다. 그는 이렇게 결론을 내렸다. "주의를 훈련하고 정서를 훈련하고 통찰을 훈련하고 육체에 현존하는 것이 네 가지 기본 영역이라고 할 수 있지요. 사실 명상을 통해 이루고자 하는 바도 그와 같습니다."

진실을 말하되
벌하려고 말하지 말라

|

틱낫한

우리 내면에는 고통과 두려움과 분노가 있지요. 우리가 그런 내면을 돌볼 때 우리는 사실상 세상을 돌보는 것입니다.

• 틱낫한(Thich Nhat Hanh)

두 번째 화살

몇 해 전에 나는 아내 이니드와 함께 브리티시컬럼비아 대학교에서 열리는 5일짜리 교육 프로그램에 참가한 적이 있다. 강사는 베트남의 저명한 승려인 틱낫한이었다.

우리는 사회운동가로서 세상이 겪는 고통을 줄이기 위해 무언가를 하기를 바란다. 하지만 우리 자신이 평안하지 못하다면, 우리 내면에 충분한 연민이 존재하지 않는다면 우리가 세상을 돕기 위해 할 수 있는 일은 그리 많지 않다. 틱낫한도 이렇게 말한다.[1] "평화, 사랑, 행복은 언제나 우리 자신으로부터 먼저 출발해야 합니다. 우리 내면에는 고통과 두려움과 분노가 있지요. 우리가 그런 내면을 돌볼 때 우리는 사실상 세상을 돌보는 것입니다. 만약 소나무가 세상을 돕고 싶은데 어떻게 하면 되냐고 묻는다면 뭐라고 말해야 할까요? 우리 대답은 굉장히 명확할 것입니다. '아름답고 건강한 소나무가 되어야지. 너는 네가 될 수 있는 최상의 네가 됨으로써 세상을 도울 수 있단다.' 인간 역시 마찬가지입니다. 우리가 세상을 돕기 위해 할 수 있는 가장 기본적인 일은 우리 자신이 건강하고 굳건한 상태를 유지하는 것입니다."

우리 자신에게 부드럽게 사랑을 나타낸다면 다른 사람들도 우리를 보고 자신감을 얻어 이렇게 말할 것이다. "저 사람이 할 수 있다면 나도 할 수 있을 거야." 따라서 자기 자신을 위해 무언가를 한다면 그건 곧 세상을 위해 무언가를 하는 것이나 마찬가지다. 틱낫한은 이렇게 조언했다. "여러분과 세계가 분리된 존재라고 생각하지 마세요. 의식적으로 부드럽게 숨을 들이마시면서 생의 경이를 느낄 때면 여러분이 세상을 위해 그렇게 하고 있다는 사실을 기억하세요. 이런 통찰을 체화한다면 세상을 돕는 일 역시 성공적으로 해낼 것입니다. 내일까지 기다릴 필요도 없어요. 지금 당장 할 수 있는 일입니다."

강의 중에는 분노라는 주제 역시 다루어졌다. 나는 틱낫한의 권고대로 내가 대중을 오도하는 이익집단들에 느끼는 분노를 찬찬히 들여다보면서 강의를 들었다. 어느 날 틱낫한은 두 번째 화살에 관한 부처의 이야기를 들려주었다. 화살 하나가 박히면 당연히 고통이 느껴진다. 하지만 두 번째 화살이 똑같은 곳에 박히면 고통은 훨씬 더 가중된다. 따라서 부처는 육체나 정신에 고통이 느껴질 때 심호흡을 하면서 고통을 있는 그대로 인식하되 그 심각성을 과장해서는 안 된다고 조언했다. 고통이 느껴진다고 해서 분노를 내뿜고 걱정에 사로잡히고 두려움에 떨면 고통은 더욱 심각해진다. 두 번째 화살이 박히는 셈이다. 이는 순전히 우리 내면에서 날아오는 화살이다.

부처는 육체와 감정에 느껴지는 고통을 줄이고 우리 자신과 화해하는 방법을 여러 가지 제시했다. 일단 긴장이 증가하면 고통도 증가한다. 따라서 긴장을 풀면 고통도 줄어들 수 있다. 틱낫한은 누울 때나 앉을 때나 걸을 때나 긴장을 푸는 연습을 할 수 있다며 이렇게 말했다. "자유로운 사람처럼 걸어야 합니다. …… 우리에게 필요한 기술은 우리가 가진 짐을 내려놓고 가벼워지는 법을 배우는 것이에요. 부처님은 상황을 과장함으로써 고통을 가중해서는 안 된다고 말씀하셨지요. …… 따라서 육체적으로든 정신적으로든 고통을 느낄 때면 고통을 있는 그대로 인식해야지 과장해서는 안 됩니다. 고통과 평화를 이룰 수 있다면 그리 고통스럽지 않을 거예요." 고통이 느껴질 때 화를 내거나 반발하거나 지나치게 걱정하거나 곧 죽을 것이라고 염려한다면 고통은 더욱 심해진다. 그게 바로 두 번째 화살이다.

환경이 겪는 고통을 줄이기를 원한다면 우리는 우리 자신이 느끼는 고통부터 줄여야 한다. 틱낫한은 그 방법을 간단히 설명했다. "자신을 사랑하고 자신을 부드럽게 대하세요." 당연히 두 번째 화살은 피해야 한다. 또한 틱낫한은 지성을 넘어서는 이해심에 관해 언급했다. 우리는 내면 깊숙한 곳을 들여다보면서 배려와 연민의 씨앗에 다가갈 때 이해심을 얻을 수 있다. 연민은 분노와 증오를 누그러뜨리며 명상은 두려움, 절망, 오해와 같은 고통을 없애버릴 수 있다. 틱낫한도 이렇게 말했다. "깊은 명상은 우리가 존재와 비존재의 개념을 넘어설 수 있게 도와줍니다. 사실 열반은 우리가 미래에 도착할 곳이 아니라 현실의 본성입니다."

틱낫한은 우리가 다른 사람에게 이야기를 털어놓을 기회를 제공하고 주의 깊이 들을 줄 알아야 한다고 강조했다. 그렇게 하는 것이 다른 사람의 고통을 줄일 수 있기 때문이다. 말하자면 '연민의 씨앗'에 물을 주어야지 '분노와 증오의 씨앗'에 물을 주어서는 안 된다는 말이다. 말을 할 때는 상대를 비난하는 언어를 사용하지 않도록 조심해야 한다. 그래야 다른 사람들이 우리가 전하는 메시지를 더 잘 들을 수 있기 때문이다. 이야기를 들을 때는 상대가 전하는 정보를 우리 견해랑 비교하면서 들어서는 안 된다. 그런 식으로는 무엇도 새롭게 배울 수 없다.

대중을 성공적으로 움직이려면 우선 지도자나 운동가가 자신의 분노와 두려움을 해결할 줄 알아야 한다. 사회를 변화시키는 데에는 일종의 영적 수행이 요구되는 셈이다. 지도자는 크게 목소리를 발할 용기를 가져야 한다. 틱낫한의 설명에 따르면 어머니가 자식을 너무나 사랑하기 때문에 자식을 위해 죽을 수도 있는 것처럼 지도자 역시 크나큰 연민을 품을 때 무시나 조롱에 굴하지 않고 현 상황에 문제를 제기하기로 결심할 수 있다.

지속 가능한 방식으로 살아가는 법

5일간의 프로그램을 마친 뒤 나는 데이비드 스즈키와 틱낫한으로부터 둘 사이의 대화를 주선해달라는 부탁을 받았다. 인터뷰 날은 시작부터 흥미로웠다. 스즈키와 내가 아직 건물 다른 편에 있을 때 틱낫한은 이미 약속 장소에 도착한 상태였다.

대화는 내가 틱낫한에게 1930년에 어느 월스트리트 은행원이 "사람들은 욕망하는 법을 배워야 합니다. 이전 것들을 다 써버리기도 전에 새로운 것을 갈구하는 법을 배워야 해요. 인간의 욕망은 인간의 필요를 무색하게 만들어야 합니다"[2]라고 한 발언을 어떻게 생각하느냐고 물어보는 것으로 시작되었다.

나는 소비나 집착의 파괴성을 논하는 것으로 대답이 이어질 줄 알았다. 하지만 틱낫한은 대화를 예상치 못한 방향으로 부드럽게 이끌었다. 그는 더 많은 것을 바라고자 하는 인간의 욕망이 심오하고 고상한 욕망이라며 이렇게 말했다. "사랑하고자 하는 욕망, 보호하고자 하는 욕망, 돕고자 하는 욕망, 봉사하고자 하는 욕망, 사랑받고자 하는 욕망, 이해하고자 하는 욕망, 배우고자 하는 욕망. 이런 욕망들은 우리 인간 개개인에게 깃들어 있는 아주 심오한 욕망이지요. 이런 욕망은 끝조차 존재하지 않습니다. …… 우리는 끊임없이 배우고자 할 수 있지요. 계속해서 자기 자신을 이해하고 외부 세계를 이해하고자 할 수 있습니다. 또 우리는 사랑을 무한대까지 기를 수 있습니다. 실제로 불교에서는 사랑에 한계가 없다고 말하지요."

나는 우리가 더 이상 지구를 파괴하지 않도록 집단적인 각성을 일으키고자 한다면 어떻게 해야 하는지 물었다. 틱낫한은 비슷한 소망을 가진 대여섯 살짜리 아이의 이야기를 들려주었다. 아이는 플럼빌리지Plum Village(틱낫한이 프랑스에 설립한 공동체)에서 수많은 사람들 앞에 나와 자기 아버지가 담배가 몸에 해로운 걸 알면서도 왜 계속 담배를 피우는지 물어보았다고 한다. 틱낫한은 그때를 회상하며 이렇게 말했다. "우리 가 그 질문에 답을 찾을 수 있다면 지금 우리 지구가 처한 상황을 해결 하는 방법도 이해할 수 있을 것입니다. 물론 그 아이의 경우에는 상황 을 깊숙이 들여다볼 기회가 없다면 답을 주기도 굉장히 어렵기는 하지 만요." 당시 틱낫한은 아이에게 아버지가 흡연을 멈추게 하려면 사랑을 느끼게 해야 한다며 이렇게 말해주었다고 한다. "아버지가 담배를 그만 피우도록 돕는 데 네 사랑이 중요한 힘이 될 거란다."

대화 중에 틱낫한은 우리가 지속 가능한 방식으로 살아가는 법을 보 여주는 공동체를 구축할 필요가 있다고 역설했다. 그러기 위해서는 강 한 확신으로 사람들을 고무시킬 줄 아는 리더가 필요하다. 밴쿠버 시장 그레고어 로버트슨Gregor Robertson은 아주 매력적인 생각이라고 인정 하면서도 문화적으로나 정치적으로 다원적인 공동체인 도시에서 어떻 게 모두가 더 높은 차원의 희생을 하기로 합의할 수 있는지 의문을 표 했다. 게다가 정치인들은 시민 모두가 자기 집을 가진 도시라든가 가장 친환경적인 도시를 만들겠다는 등 커다란 목표를 세우면 오히려 비난 을 듣고는 한다. 많은 시민들이 기후변화나 빈곤과 같은 문제에 환멸을 느끼는 것 같기도 하다.

틱낫한은 미래를 보장하는 생활방식은 이것밖에 없다는 사실을 사람 들이 서로서로 일깨울 필요가 있다고 설명했다. 특히 공동체에서 중요 한 역할을 맡은 사람들, 예컨대 시장이나 시의원 같은 공직자들은 솔선 해서 모범을 보여야 한다. 사람들에게 지속 가능한 생활방식에 따라 살 고 있음을 보여주어야 한다. 한편 시민들은 희망과 확신을 불어넣는 생활방식을 택하는 사람들에게만 표를 주어야 한다. 지도자는 도시나 나라의 사업을 운영할 재능을 가진 사람일 뿐만 아니라 세계 윤리를 실천하는 사람이기도 해야 한다.

틱낫한은 절망감 역시 해결해야 할 문제라고 지적했다. 절망이 사람들을 압도하고 마비시키고 있기 때문이다. 지구온난화가 인류를 위협하고 있다는 증거가 점점 쌓여감에도 사람들이 아무런 반응을 보이지 않는 주된 이유 역시 절망감 때문이다. 사람들은 세상을 구하기는커녕 절망의 구렁텅이에서 스스로를 꺼낼 힘도 없는 상태다. 틱낫한은 이렇게 말한다. "우리 사회에는 절망이 점점 자라나고 있습니다. 그리고 그 때문에 다들 무력감을 느끼지요. 상황을 반전시키기 위해 할 수 있는 일이 아무것도 없다고 생각합니다. 이 경우에도 공동체를 구축하는 일이 아주 중요하다고 봅니다. 사람들에게 단순하면서도 행복하게 사는 것이 가능하다는 사실을 보여주어야 해요." 또한 모든 생명이 서로 연결되어 있다는 사실을 이해한다면, 우리가 분리되어 있지 않다는 사실을 인식한다면 우리는 우리의 연민과 자아를 확장해 지구 전체를 끌어안고 보호할 수 있을 것이다.

틱낫한의 설명에 따르면 오늘날 사람들은 인기, 권력, 재물, 쾌락이 행복을 가져다준다는 착각에 빠져 있다. 이런 사고방식 때문에 사람들은 진리에 이르지 못하고 오히려 지구에 고통을 가하고 있다. 오늘날 사람들이 소비에 중독된 채 광적인 생활방식을 즐기는 이유는 자신들이 감정적으로나 영적으로 입은 상처를 숨길 가면이 필요하기 때문이다. 하지만 그런 가면은 두려움과 불행을 잠깐 유예하는 임시방편에 불과하다. 실제로 많은 사람들이 수많은 물질을 쌓아놓고도 깊은 고통을 느끼며 때로는 자살을 저지르기도 한다. 사랑, 형제애, 자매애가 없으면 사람들은 스스로를 파괴할 수밖에 없다. 만약 가면을 벗고 현실을 마주할 힘을 찾기를 바란다면 사랑과 이해의 길에 올라설 필요가 있다.

소비에 빠진 삶은 진정한 삶이 아니다. 따라서 틱낫한은 이렇게 권한다. "우리는 사람들이 다시 제대로 된 삶을 사는 법을 배울 수 있도록 도와야 해요. 그저 자리에 앉아 숨을 쉬면서 함께 어울리면 됩니다." 실제로 그렇게 할 때가 수련회 최고의 순간 중 하나라고 한다. 아무것도 소비하지 않고 음악, 소음, 술도 없이 그저 가만히 앉아 서로의 존재를 즐기는 것이다. 우리 모두는 숨 쉬는 법, 자신이 아름다운 지구 위에 살아 있음을 인식하는 법을 알고 있으며 그렇게 할 때 기쁨을 얻을 수 있다. 틱낫한은 다시 강조한다. "따라서 우리는 사람들이 행복이 소비에 있지 않으며 자신이 충분히 자유롭다는 사실에 있음을 깨닫도록 교육해야 합니다. 우리는 자신을, 서로를, 환경을 즐길 충분한 시간을 가지고 있지요."

사소한 행동 하나하나가 삶의 보물이며 우리는 그런 보물을 음미할 줄 알아야 한다. 행복에 필요한 모든 것은 바로 여기, 지금 이 순간에 있다. 틱낫한은 이렇게 말한다. "불교에는 다도茶道라는 전통이 있습니다. 그저 차 한 잔을 들고 한 시간 반 정도를 함께 시간을 보내는 거지요. 차 한 잔을 즐기는 데 왜 한 시간 반이나 필요할까요? 다도가 곧 예술이기 때문이에요. 앉는 법, 숨 쉬는 법, 보는 법, 듣는 법, 함께하는 법을 안다면 다도는 크나큰 즐거움을 가져다줄 수 있습니다. 그러면서 소비하는 거라고는 차 한 잔밖에 없지요. 오늘날 사람들은 너무 바쁘다 보니 행복해지는 법을 까먹었어요. 게다가 바쁜 것도 내면의 고통을 숨기느라 바쁜 거지요."

338

진실을 말하되 벌하려고 말하지 말라

나는 기후변화에 대처하기 위해 긍정적인 일을 하고 싶지만 너무나 많은 사람들이 사안을 어지럽히고 있어서 고생하고 있는 기후과학자들과 정치 지도자들이 있다고 언급했다. 대중이 잘못된 정보를 접하고 문제 자체가 존재하는 줄도 모른다면 지도자들 입장에서는 변화를 주도하기가 너무 까다롭다. 또한 공동체를 구축하는 일이 해결책이라는 생각에 나 역시 동의하지만 대중을 오도하려고 장난질을 벌이는 사람들을 무시하기가 여전히 너무 어렵다고 털어놓았다.

그러자 논의는 다시 절망이라는 화제로 돌아왔다. 틱낫한은 우리가 절망감을 해결하지 못하면 상황은 더 나빠질 것이라며 이렇게 말했다. "우리는 우리 문명이 무너질 수 있다는 사실을 받아들여야 합니다. 그것도 어떤 외부의 존재 때문이 아니라 우리 손에 무너질 수 있다는 사실을요. 과거에도 많은 문명이 몰락했지요. 그 사실을 인정하는 것만이 도움이 될 수 있습니다. 그러면 평온감이 찾아와 더 나은 일꾼이 될 수 있을지도 모릅니다." 사람들이 무슨 일이 일어나는 중인지 알면서도 행동하지 않는 이유는 아무것도 하지 않는 것 자체가 그저 살아남으려고 발버둥치는 일일 수도 있기 때문이다. 따라서 틱낫한은 이렇게 권한다. "만약 여러분이 사람들로 하여금 내면을 정리하도록 도우면 사람들은 내면에 희망을 품고 평온을 되찾을 것입니다. 그러면 돌연 그들은 진정한 자기 자신이 될 수 있는 힘을 얻을 거예요. 그리고 그런 사람은 환경을 보호하는 데 소중한 자원이 될 수 있지요."

스즈키는 인류가 재앙을 맞이하는 것으로 상황이 종결될 수 있다는 현실을 받아들이는 태도가 지나치게 수동적이지는 않은지 물어보았다.

틱낫한은 지질학적으로 한두 세기는 아무것도 아니라며 이렇게 말했다. "우리 문명도 멸망할 수 있습니다. 그리고 다른 문명이 시작되기까지 10억 년 이상이 걸릴지도 모르지요. 과거에도 이미 그런 일이 있었습니다. 그러니 우리는 현실을 받아들여야 해요. 그렇게 할 때 우리에게 평화가 찾아올 수 있지요. 바로 그런 평화 속에서 우리는 힘을 얻게 되고 그 힘을 흘려보내 상황을 뒤집을 수도 있습니다. 따라서 명상이 중요하지요." 틱낫한의 설명에 따르면 명상은 깊이 들여다보는 것을 의미한다. 우리는 깊이 들여다봄으로써 통찰을 얻을 수 있으며 바로 그때 절망과 분노로부터 자유로워진다. 이 과정을 거칠 때 우리는 환경을 보호하는 면에서 더 나은 일꾼이 될 수 있다.

물론 종이 탄생하고 멸종하는 것은 자연스러운 진화 과정의 일부다. 환경이 바뀌면 종이 사라질 수도 새로 생겨날 수도 있다. 하지만 스즈키는 이렇게 털어놓았다. "많은 사람들이 소중한 자녀와 손주들을 가지고 있지요. 그런 입장에서 다가오는 재난을 보자면 현실을 받아들이기가 쉽지 않은 게 사실입니다." 틱낫한은 이번에도 공동체를 구축하는 일과 다른 이들에게 모본이 되는 방식으로 살아가는 일의 중요성을 강조했다. "만약 모두가 그런 식으로 살아간다면 분명 우리 아이들을 위한 미래도 존재할 것입니다. 우리 사회에는 치유가 필요한 사람이 많지요. 좋은 환경이 없다면 불가능한 일입니다. 그렇기 때문에 공동체를 구축할 때 희망, 사랑, 미래를 볼 수 있는 환경을 함께 구축하는 것이 중요합니다."

틱낫한은 환경을 보호하고자 할 때도 영적 차원의 고민이 필요하다며 이렇게 말했다. "명상의 역할, 공동체의 역할, 치유와 전환의 역할 역시 환경에 필수적입니다. 내면의 고통을 돌보지 않고서 프로젝트나 계획만 밀어붙이는 건 의미가 없어요." 인터뷰가 끝날 무렵 나는 틱낫한의 권고대로라면 그저 뒤로 물러나 명상만 해야 하는 건 아닌가 걱정이 되었다. 그래서 나는 어느 수도승이 내게 "베트남 서부고원에 있는 어느 사찰 홈페이지에는 경찰이 승려들을 학대하는 사진을 게시했다"고 말해준 것을 기억했다. 나는 그런 사진을 공개해놓은 것이 마치 사회운동가의 전략 같다고 틱낫한에게 말했다. 그의 가르침대로라면 우리는 사회운동가가 되어서는 안 되는 것 아닌가?

그러자 틱낫한은 내 숨을 멎게 할 만큼 차분하고도 강렬한 눈빛으로 나를 바라보더니 천천히 입을 열었다. "진실을 말하되 벌하려고 말하지는 마세요." 나는 나중에서야 내가 우리 세대의 가장 소중한 선승 중 한 분에게 선문답을 받았다는 사실을 깨달았다.[3] 그때 이후로 나는 줄곧 그 말의 의미를 깊이 생각해왔다. 아마 이 책을 준비하는 3년 동안 가장 심오하고도 중대한 순간이 아니었을까 싶다. 이 기나긴 책을 통해 전하고자 하는 모든 의미 깊은 이야기들을 한데 묶어 우아한 문장 하나로 표현한 것만 같기 때문이다.

물론 이 선문답을 이해하는 과정은 아직도 진행 중이다. 하지만 곰곰이 생각하면 할수록 결국 균형에 관한 이야기가 아닌가 싶다. 용기와 열정을 가지고 불의에 맞서되 지나치게 적대적인 태도를 갖거나 상대를 적으로 인식하는 태도에 빠지지 않도록 조심해야 한다는 것이다.

이 책 전반부에 나오는 온갖 PR 공작들을 대중에게 밝혀주는 일 역시 중요하지만 우리의 논쟁이 반드시 하늘을 위한 논쟁이 되게 하는 일 역시 아주 중요하다. 평정심을 유지하는 가운데 교착 상태에 빠지지 않는 방식으로 담론을 전개하기를 원한다면 우리는 기꺼이 상대방의 입장에서도 사안을 바라보고자 노력해야 한다.

"진실을 말하되 벌하려고 말하지는 말라"는 틱낫함의 가르침은 마치 꽃잎이 열릴 때까지 꽃 깊숙한 곳을 꿰뚫는 햇빛처럼 통찰력을 가지고 분노를 억제해야겠다는 생각을 되새기게 해주었다. 분노는 용기와 확신을 가지고 목소리를 낼 패기를 주기도 하지만 우리가 다른 사람의 입장을 생각하지 못하도록 우리 눈을 가리기도 한다.

우리에게는
따뜻한 마음이 필요하다

|

달라이 라마 14세

서양 사람들의 머리가 더 똑똑하다고 생각하실 때가 있겠지요. 하지만 여기 티베트 사람들은 가슴으로부터 우러나와 행동합니다. 그런 행동은 아주 강력하지요. 그러니 동양의 가슴과 서양의 머리, 이 둘을 합치는 건 어떨까요. 그러면 우리는 진정한 성공을 거둘 수 있을 거예요. 진정한 성공을요.

• 달라이 라마 14세

세계의 지붕, 티베트

해발 5,000미터가 넘는 고도에 광활하게 펼쳐진 티베트고원. 프랑스, 스페인, 독일, 이탈리아를 합친 것보다 큰 이 장엄한 지역은 세계 인구 40퍼센트에 가까운 사람들에게 삶의 양분을 제공하고 있다.

히말라야산맥 북동쪽에 위치한 빙하 지대는 인도와 중국의 '급수탑'이라 불려왔다. 북극과 남극을 제외하면 세상에서 가장 거대한 담수 저장고 역할을 하고 있기 때문이다. 티베트족 자치구가 약 절반을 차지하고 있는 티베트고원은 양쯔강, 메콩강, 황허강, 브라마푸트라강과 같은 대표적인 대하大河는 물론 인더스강, 살윈강을 비롯한 다른 수많은 강의 발원지이기도 하다.

티베트에서는 맨눈으로도 기후변화의 영향을 확인할 수 있다. 중국의 기상국 국장을 지낸 빙하학자 친다허秦大河는 이렇게 말했다. "티베트에서는 중국 다른 지역에서보다 기온이 네 배 더 빠르게 증가하고 있습니다. 그리고 티베트의 빙하는 세계 어느 지역의 빙하보다 빠르게 녹아 사라지고 있고요." 친다허의 설명에 따르면 이런 재난 사태는 단기적으로는 홍수와 산사태를 일으킬 수 있으며 장기적으로는 인더스강이나 갠지스강 같은 아시아의 생명선에 악영향을 미쳐 인근 지역에 급수 위기를 불러일으킬 수 있다.[1]

NASA와 중국과학원의 전문가들이 최근 진행한 연구에 따르면 티베트의 빙하에는 남아시아의 공장에서 발생한 블랙카본(화석 연료가 불완전 연소해서 생기는 그을음―옮긴이)이 들어 있어서 해빙 속도를 가속화한다고 한다. 이처럼 태양열을 흡수해 빙하를 빠르게 녹이는 블랙카본 때문에, 극지방을 제외하면 가장 거대한 얼음 지대였던 티베트의 빙하 지대는 이제 기후변화의 중심지가 되고 말았다.[2]

내가 처음 티베트로 여행을 간 때는 2003년이었다. 우리 팀에는 캐나다 장관을 지낸 플로라 맥도널드Flora MacDonald도 있었다. 2주 동안 여행을 하면서 사귄 사람들 중에는 박물학자와 공동체 리더도 있었고 유명한 조류학자도 있었다. 우리는 티베트 곳곳의 마을에서 퓨처 제너레이션스Future Generations가 1차 진료의 질을 향상시키고 지속가능한 환경을 조성하기 위해 어떤 프로젝트를 벌이고 있는지 답사했다. 우리를 초청한 사람은 퓨처 제너레이션스 창립자인 대니얼 테일러Daniel Taylor였다. 테일러는 퓨처 제너레이션스의 '4대강 프로젝트Four Great Rivers Project'에 함께하도록 데이비드스즈키 재단을 초대했다.[3]

퓨처 제너레이션스는 마을의 발전을 마을 공동체가 주도하도록 도모하는 것은 물론 약 18만 제곱킬로미터가 넘는 지역의 생물 다양성을 보호하기 위해 티베트 남동쪽 지역을 보호구역으로 만들려고 애쓰고 있었다. 실제로 중국 정부는 해당 지역에 계획되어 있던 막대한 벌목 사업을 재평가하기 시작했으며 해당 지역을 보호구역으로 지정했다. 우리 역시 그들이 지속 가능한 토지 사용 및 자원 관리 계획을 세울 수 있도록 힘을 보탰다.

답사 중에 나는 티베트 지역의 삼림 파괴가 양쯔강 유역에 악영향을 끼치고 있다는 사실을 알게 되었다. 1998년에는 반세기 만에 최악의 홍수가 닥쳐 1,500만 명이 집을 잃고 260억 달러에 달하는 경제적 손실이 발생하기도 했다.[4]

여행 마지막에는 위험천만한 우정공로Friendship Highway를 따라 카트만두까지 차를 타고 갔다. 아름다운 명소를 여러 군데 지났지만 때로는 두려움 때문에 혹은 악천후 때문에(5,500미터 높이의 산길에서 폭설이 쏟아졌다) 분명 좋아했을 만한 성스러운 광경들을 놓치고 지나가기도 했다. 다행히 내려오는 길에 티베트의 성자 밀라레파Milarapa가 지냈다는 동굴을 방문할 수 있었다. 밀라레파는 어느 날 동굴에서 명상에 너무 집중한 나머지 동굴의 거대한 바위 지붕을 들어올렸다고 전해진다. 우리는 세계에서 가장 높이 위치한 사원이라는 롬북 사원Rombuk Monastery도

찾아갔다(에베레스트산 기슭 근처인 해발 5,000미터에 세워져 있다). 그리고 플로라가 함께 있었던 만큼 티베트 불교의 성지라는 라사의 조캉 사원 Jokhang Temple도 개인적으로 둘러보았다.

나는 우리의 연합 프로젝트가 얼마나 진척이 있는지 평가하고 기록하기 위해 2006년에 다시 티베트를 찾아갔다.

식물 보물창고라고 할 수 있는 티베트에는 세계에서 가장 깊고 가파른 계곡들이 존재하며(예컨대 브라마푸트라협곡은 그랜드캐니언보다 네 배 더 깊게 파였다) 열대 기후부터 한대 기후까지 다양한 기후대가 분포하고 있다. 이 귀중한 지역을 보호하고자 하는 중요한 활동이 5년 가까이 이어져 왔다. 우리는 마을 주민들에게 건강과 위생을 돌보는 법을 가르쳤으며 공동체 지도자들이 생태계 기반의 토지 사용 계획을 세울 수 있도록 도와주었다. 일종의 상향식 환경운동이었지 외지인들이 온정주의적으로 모든 것을 지원하는 식의 활동은 아니었다.

티베트에서 우리는 4대강 지역을 탐방했다. 비포장도로를 따라 5일을 달려서 카일라스산 기슭까지 가기도 했다. 그곳에 도착해서는 두 발로 주변을 걸어 다녔다. 여행하는 내내 사람들의 영성에 감탄하는 한편 티베트 사람들이 얼마나 적은 소유물을 가지고 사는지, 얼마나 단순한 삶을 사는지를 확인했다. 물론 사람들이 산자락에 정말 위험천만하게 붙어 산다는 생각도 들었다.

한 번은 나무 아래에서 잠깐 쉬고 있는데 어린 소년 하나가 못생긴 사과를 팔고 있는 모습을 보았다. 내 속에 존재하는 선한 사마리아인이 소년이 요구하는 값보다 훨씬 많은 돈을 주고 사과를 죄다 사버려야 한다고 재촉했다. 소년이 액수를 보고 깜짝 놀랐을 거라고 생각하면서 굉장히 만족한 채로 차로 돌아가는데 아내 이니드가 창밖으로 외쳤다. "그릇은 돌려줘야지!" 뒤를 돌아보니 소년이 비통한 표정을 하고 서 있기에 얼른 달려가 그릇을 돌려주었다. 그 순간 소년은 행복을 되찾은 것처럼 활짝 미소를 지었다. 우리 집에 그릇이 얼마나 많은지는 모르겠지만 분명 내가 필요한 만큼보다는 훨씬 더 많을 것이다. 소년과 아내 덕에 아주 중요한 교훈을 배웠다.

물질로 따지자면 캐나다가 훨씬 풍족하겠지만 티베트고원에 올라와서 보니 모든 것이 캐나다보다 더 밝아 보이고 생생하게 느껴졌다. 하늘은 더 푸르렀고 눈은 더 희었으며 만물과 연결되어 있다는 느낌도 더 강했다. 에베레스트산 꼭대기를 뚫어져라 보고 있자니 산꼭대기가 지구를 쏜살같이 돌고 있는 제트기류를 꿰뚫고는 땅과 하늘을 한 땀 한 땀 이어주고 있는 것만 같았다.

마을을 떠나고 카일라스산 주변을 거닐면서 불빛을 못 본 지 며칠은 되었을 때였다. 한밤중에 작은 텐트 밖으로 나와서 보니 주변 모든 것이 새까맸다. 그런데 별들만큼은 너무 환해서 머리 위뿐만이 아니라 발 밑에도 깔려 있는 것 같았다. 은하수의 깊이가 눈에 들어왔고 별자리에 손이 닿는 기분이었다. 어찌나 가까운지 별들과 온전히 연결되었다는 느낌이 들었다.

티베트에 가면 상호연결성을 생생하게 느낄 수 있다. 도저히 놓칠 수 없을 정도다. 티베트는 내게 빠르게 진행되는 기후변화가 특정 지역에 어떤 고통을 가져다줄 수 있는지 명확히 보여주었다. 그리고 그곳 사람들이 기후변화에 얼마나 취약한지 깨달았다. 우리가 지나친 마을 중에는 주민들 모두가 바깥으로 나와 황무지처럼 보이는 곳에 나무를 심으

려고 애쓰는 마을도 있었다. 티베트는 마치 거대한 위기를 미리 경고하
는 광산 속의 카나리아 새 같았다.

머리가 아니라 가슴으로부터

2011년에 나는 달라이 라마 14세의 고장이자 티베트 망명 정부의 본
거지인 다람살라를 방문했다. 제23회 '마음과 인생 학회Mind and Life
Conference'에 참석하기 위해서였다.[5] 학회에서는 5일 동안 환경 위기에
대한 논의가 이루어졌다. 모임은 달라이 라마의 집에서 열렸다. 참석자
중에는 생태신학자 샐리 맥페이그Sallie McFague, 엘케 웨버, 조앤 할리팩
스, 대니얼 골먼Daniel Goleman 같은 사람들이 포함되어 있었다.

학회 기간 중에 나는 달라이 라마와 개인적으로 이야기할 기회가 있
었다. 사실 달라이 라마와의 감동적인 대화가 이 책에 등장하는 인터
뷰 중 가장 오래된 인터뷰이기도 하다. 비록 대화는 여러 해 전에 이
루어졌지만 달라이 라마의 생각과 말은 이 기나긴 프로젝트의 끝에
가장 잘 어울린다고 믿는다. 프로젝트를 되돌아보면 T. S. 엘리엇T. S.
Eliot의 〈네 개의 사중주Four Quartet〉에 등장하는 시구가 기억이 난다.

우리는 탐험을 멈추지 않으리라
우리가 우리의 탐험을 모두 끝내면
우리는 출발한 곳으로 되돌아오리라
그리고 그제야 처음으로 그곳을 알게 되리라.[6]

달라이 라마는 이렇게 말했다.[7] "환경 문제가 가장 심각합니다. 무엇보다 가장 중요한 문제입니다. 티베트고원에서 발원하는 주요 하천들에 목숨을 의지하고 있는 사람들이 무려 수십 억 명입니다. 그러니 이는 굉장히 심각한 문제입니다." 실제로 달라이 라마는 중국 정부에 놀라울 만큼 강력한 제안을 했다. 지금으로서는 전 국제사회가 티베트를 둘러싼 정치적 안건들을 보류해놓고 기후변화가 티베트고원에 미치는 영향에 초점을 맞추어야 한다고 제안한 것이다.

달라이 라마는 이렇게 덧붙였다. "티베트 문제는 중국의 지도자들이 조금만 더 현실적인 시각을 가지고 사안을 바라본다면 며칠 내로 해결될 수도 있습니다. 하지만 환경은 일단 파괴되면 다시 되돌릴 수 없습니다. 사실 이미 파괴가 이루어졌지요. 그로 인한 파장은 수십 년 이상 지속될지도 모릅니다. 영영 회복되지 않을 수도 있고요. 그러니 정치적 문제는 5년, 10년, 50년 더 기다려도 됩니다. 정말 기다릴 수 있어요. 하지만 환경 문제는 우리를 기다려주지 않습니다. 채굴이나 벌목 때문에 지금도 매달 피해가 누적되고 있어요. 이미 그런 식으로 피해가 충분히 쌓여 있습니다."

달라이 라마는 사람들에게 경각심을 불러일으키는 것이 우리의 책임이라고 말했다. 모두가 이런 위기가 벌어지고 있음을, 사람들이 고통을 겪고 있음을 알아야 하기 때문이다. 달라이 라마는 문제의 근원으로 부패를 지적하면서 이렇게 말했다. "마치 온 지구, 온 인류가 새로운 질병에 걸린 것 같습니다. 암에 걸린 것 같아요. 무엇이 문제일까요? 사법 시스템이 없는 것도 아니고 경찰력이나 정부 조직이 부족한 것도 아니지요. 궁극적인 문제는 윤리와 절제가 부족하다는 것입니다. 우리는 생각해야 해요. '나는 인간이야. 내 평판을 위해, 내 이익을 위해, 내 건강을 위해, 내 가족의 복지를 위해 나는 이러면 안 돼.' 우리는 사람들에게 이 사실을 알려야 할 도덕적 책임이 있습니다."

달라이 라마는 자신도 연민의 메시지를 40년 동안 반복해왔다며 정보를 명확하게 자주 전달할 것을 권했다. "1973년부터입니다. 그런 메시지를 천 번은 반복했을 거예요. 효과가 있을 때도 있었지요. 사람들이 진지하게 경청하든 말든 저는 계속해서 메시지를 반복할 것입니다."

그래서 나는 우리가 그저 프로파간다를 무시하고 메시지를 반복하기만 하면 되는 것인지 물었다. 달라이 라마는 웃으면서 답했다. "네, 맞아요. 그렇습니다. 계속 말하세요. 그게 핵심입니다. 제가 늘 언급하는 티베트 속담이 있지요. '아홉 번 실패하면 다시 아홉 번 시도하라.' 다시 말해 노력하고 실패하고 다시 노력하고 실패하고 계속 반복하라는 것입니다." 달라이 라마는 오늘날 사람들이 즉각적인 결과만 기대하는 경향이 있다며 실패하는 경우 금방 포기하고 다시 시도하지 않는다고 비판했다. 그것은 잘못이고 패배를 인정하는 것이다.

달라이 라마는 손가락으로 내 이마를 거의 눈썹에 닿을 만큼 가까이 가리키면서 또박또박 말했다. 바로 그때 내가 이 책을 준비하면서 겪은 모든 여정 중 가장 심오한 순간이 이어졌다. 달라이 라마의 감동적이면서도 정곡을 찌르는 메시지는 나를 들어다 완전히 다른 이해, 공감, 소통의 길로 이끌었다.

"서양 사람들의 머리가 더 똑똑하다고 생각하실 때가 있겠지요. 하지만 여기 티베트 사람들은 가슴으로부터 우러나와 행동합니다. 그런 행동은 아주 강력하지요. 그러니 동양의 가슴과 서양의 머리, 이 둘을 합치는 건 어떨까요. 그러면 우리는 진정한 성공을 거둘 수 있을 거예요. 진정한 성공을요."

달라이 라마 덕분에 새로운 종류의 책이 탄생할 수 있었다. 불통, 불신, 프로파간다의 원인을 들여다보면서 동시에 마음을 교육하는 법을 알아보는 책이다. 따뜻한 마음은 우리 모두는 물론 지구 전체에 영향을 미칠 수 있다. 우리에게는 분노, 공포, 의심, 불신보다는 따뜻한 마음이 필요하다.

다람살라에서 모임을 갖는 중에 달라이 라마는 진정으로 사랑을 실천할 때, 진정으로 연민과 우정을 나타낼 때, 진정으로 다른 존재의 복지를 염려할 때 따뜻한 마음이 드러난다고 말했다. 그러면서 이렇게 덧붙였다. "우리는 무엇을 돌려받을까 기대하지 않으면서도 모든 형태의 생명을 존중해야 합니다." 진정한 우정은 돈, 교육, 지식에 기초해 있지 않기 때문이다.

달라이 라마의 메시지는 "사실이 마음을 바꾸지 못한다"고 말한 인지과학자 조지 레이코프의 가르침은 물론 '감동적인 이야기 방법'을 가르쳐준 마셜 간츠의 교훈과도 일맥상통한다. 새로운 방향으로 답을 찾기 시작하면서 나는 제약 없는 자본주의가 인간에게 미치는 영향에 대해 조엘 바칸과 논의할 수 있었고 여론을 형성하는 데 있어서 신뢰 연결망이 얼마나 중요한지 댄 카한과 대화할 수 있었다.

이 책을 쓰면서 나는 왜 우리가 소외감, 무력감, 두려움을 느끼는지, 왜 우리가 쉽게 속는지, 왜 우리가 행동하는 데 실패하는지 훨씬 폭넓게 고민할 수 있었다. 달라이 라마는 우리가 수동적인 방관자 세대를 길러내고 있다고 말했다. 왜 그런 일이 벌어지는 것일까? 이런 의문이나로 하여금 캐럴 태브리스, 제이슨 스탠리, 브뤼노 라투르 같은 전문가들과 인터뷰하도록 만들었다.

내적 평화는 절대 물질에서 나올 수 없다

달라이 라마는 마음과 인생 학회를 열면서 우리에게 이렇게 말했다. "1959년에 티베트 밖으로 나왔을 때 저는 충격을 받았습니다. 티베트에서는 어디를 가든 깨끗하고 순수한 물이 있습니다. 목을 축일 수도 있고 음미할 수도 있지요. 티베트 밖으로 나오고 나서야 '이 물은 마실 수 없습니다'라는 말을 처음으로 들었어요. 저는 정말 놀랐습니다. 티베트에서는 그런 말이 존재할 수 없었으니까요." 달라이 라마는 우리 모두가 지금 벌어지고 있는 문제를 인식하고 깊이 염려해야 한다고 말한다. 왜냐하면 '단순히 나 하나 혹은 200명 정도가 아니라 70억에 달하는 사람들의 생존이 걸린 문제'이기 때문이다.

이런 이유 때문에 달라이 라마는 지금이 열린 사고를 가진 서구권 과학자들이 나서야 할 때라고 말했다. 그는 과학자를 '권위자'라고 불렀는데 실제로 과학자가 자기 견해에 있어서는 누구보다 뛰어난 권위를 가진 사람이기 때문이다. 과학자의 도움을 통해 우리는 정보를 배울 수 있다. 다만 달라이 라마는 과학자들이 전달하는 정보가 일관적이고 명확해야 한다고 강조했다. 듣는 기술의 권위자 오토 샤머, 사회과학자 대니얼 양켈로비치, 시나리오 계획법 전문가 애덤 카헤인 같은 사람들을 인터뷰한 이유 역시 이 때문이었다.

달라이 라마는 기후변화 문제가 결국 윤리 문제라고 설명했다. 설명을 들은 나는 당연한 도덕적 의무 한 가지를 생각해보게 되었다. 누군가에게 부지불식간에 해를 가하는 것과 알면서도 해를 가하는 것은 분명 다르다. 후자의 경우에는 멈추어야 할 의무가 있다. 기후변화의 가장 큰 비극은 가장 큰 피해를 입을 사람들이 문제를 일으킨 주범이 아니라는 점이다.

달라이 라마의 집에서 모임을 갖던 중에 생태신학자 샐리 맥페이그는 과소비와 탐욕이 전 세계적인 문제가 되고 있다며 이렇게 말했다.[8] "우리는 마치 다른 일은 조금도 걱정할 필요 없이 자신을 위해 물질을 무한히 쌓고 모을 수 있다고 착각하지요. 하지만 분명 과학은 우리가 좋든 싫든 상호의존적이고 서로 연결된 존재라고 알려줍니다. 우리 문화는 이 사실을 전혀 못 받아들이고 있어요." 맥페이그의 설명에 따르면 행복은 물질로 자신을 채울 때가 아니라 자신을 비울 때 찾아온다. 하지만 이미 시장자본주의로부터 어마어마한 이득을 본 뒤 잘살고 있는 사람들은 자신의 특권을 포기하기를 원치 않는다.

달라이 라마도 우리가 상대해야 하는 진짜 적이 무지와 탐욕, 내적 불안이라고 강조하면서 이렇게 말했다. "물질은 육체적 안락함만을 제공할 뿐입니다. 내적 평화는 절대 물질에서 나올 수 없어요. 내적 평화는 평온한 마음, 행복한 결혼생활, 건강한 가족, 따뜻한 마음에서 나오지요. 이런 것들이 삶의 핵심 가치입니다. 육체적 필요를 돌보는 것은 삶을 반만 사는 거지요."

달라이 라마는 인간이 과거로부터 학습하고 미래를 예측할 줄 아는 뛰어난 두뇌를 가졌다며 계속 이렇게 말했다. "짐승은 그저 하루하루

살아가지요. 하지만 우리 인간은 10년, 100년, 1,000년을 넘나들며 생각할 줄 아는 놀라운 두뇌를 가지고 있습니다. 그 덕분에 비전을 제시하고 미래를 멀리 내다볼 수 있는 능력을 가지고 있지요. 이것은 인간만의 특별한 자질이자 신으로부터 받은 선물입니다. 따라서 우리는 이 능력을 사용해야 할 의무가 있어요. 우리가 짐승처럼 생각하고 행동한다면 희망도 없을 것입니다. 또한 우리 인간은 놀라운 기억력을 가지고 있어서 과거에 일어난 일을 기록할 수 있지요. 오직 인간만이 그 방법을 알고 있습니다. 어쩌면 천사들도 알지 모르겠네요. 어쨌든 우리 인간은 여러 세기 전을 되돌아볼 수도 있고 머나먼 미래를 내다볼 수도 있지요. 이런 능력을 지닌 이상 우리는 적절한 계획을 세울 줄 알아야 합니다. 지칠 줄 모르고 끊임없이 노력을 기울일 줄 알아야 해요."

티베트에서 시간을 보내는 동안 나는 내가 데이비드 스즈키의 질문에 대답하고 있다는 사실을 깨달았다. 나는 중대한 사안을 두고 소통하는 능력을 어떻게 향상시킬 수 있는지, 사람들이 왜 메시지를 들으려하지 않는지, 사람들이 왜 정보를 접하고도 적극적으로 부정하려고 하는지 설명하고 있었다. 또 다른 차원에서는 진지한 자기검토 역시 이루어지고 있었다.

나는 광장에서 일하는 사람이라고 할 수 있으며 전 세계 수많은 사람들과 상호작용하면서 상담하고 강의하고 프로젝트를 이끌어왔다. 그런 나조차도 이 책을 집필하는 동안 이전 어느 때보다 소통이라는 주제를 깊숙이 파고들었으며 가슴으로부터 말해야 한다는 새로운 깨달음에 거의 숨이 멎은 채 위로 올라왔다. 사안에 대해 열정을 가지고 큰 목소리로 말하는 것만으로는 충분하지 않다. 강력하고 설득력 있는 이야기를 만들어내기 위해 우리는 반드시 공감과 연민으로부터 출발해야 한다.

사람들에게 소리를 지르면서 명령을 해서는 결코 세상을 바꿀 수 없다. 그렇다고 우리가 옳다고 생각하는 것을 타협해야 한다는 뜻은 아니다. 사람들이 이해하지 못한다고, 사실을 모른다고, 무관심하다고 단정해서는 쉽게 오류를 저지를 수 있다는 뜻이다. 그런 생각에 갇혀 있다가는 우리마저 광장에 끔찍한 피해를 입히고 혼란을 초래할 수 있음을 명심해야 한다. 환경보호든 그 어떤 명분을 위해서든 우리는 다른 사람들의 입장에서 이해하고자 노력할 때 더 나은 옹호자가 될 수 있다. 결국 이 책에 담긴 교훈들은 인간관계의 기초를 이루는 힘과 사랑에 뿌리를 두고 있다고 할 수 있다.

내면과 외면의 합치

책을 마무리할 무렵 나는 피터 센게와 함께 열린 생각과 열린 마음을 유지하는 태도의 가치에 대해 대화를 나누었다. 의사소통과 상호작용에 열린 의지가 얼마나 중요한지도 논했다. 우리는 어떻게 하면 내면 생태를 깨끗이 할 수 있는지는 물론 어떻게 하면 오염된 광장과 환경을 함께 협력해 깨끗이 할 수 있을지에 대해서도 이야기를 나누었다.

센게는 우리가 자기 생각을 밀어붙이거나 논쟁에서 이기려고 하거나 누군가를 설득하려고 할 때 우리 기저에 흐르는 암류를 잘 이해하고 있었다. 이 암류는 보통 자존심이라는 강력한 욕구로 이루어져 있다. 자존심은 굉장히 복잡하다. 자기 정체를 감추고는 우리에게 우리가 열사처럼 행동하는 이유가 우리가 옳기 때문이라고, 우리가 증거를 가지고 있기 때문이라고, 우리가 세상을 구하려 애쓰고 있기 때문이라고 회유할 수 있다. 따라서 우리는 정확한 자기인식을 위해 센게의 조언대로 이따금 이렇게 자문할 필요가 있다. "지금 이 상황에서 내 말과 행동이 효과적일까? 내면의 욕구 때문에 앞을 못 보고 있는 건 아닐까?"

사실 우리가 진정으로 가진 건 우리 인식과 경험밖에 없다. 그리고 때로는 분노가 우리 앞을 가려 필요한 만큼 효과적으로 말하고 행동하지 못한다는 사실을 잘 알고 있다. 따라서 우리는 우리의 의식과 연민을 더욱 열심히 발전시킴으로써 조화롭고 평온한 상태에서 말하고 행동하는 법을 깨우쳐야 한다. 그렇게 할 때 우리는 더 효과적으로 소통하는 사람이 될 것이다.

센게는 예술가 비유를 들어 자기 요점을 뒷받침했다.[9] "제 생각에 모든 위대한 예술가는 자신이 예술을 할 때 밟게 되는 지극히 개인적인 여정이 역설적이게도 자신과 아무런 관련이 없다는 사실을 깊이 이해하고 있어요. 음악이든 시든 시각예술이든 상관없어요. 예술은 예술가를 거쳐서 나오지 예술가 자신으로부터 나오지 않습니다. 말하자면 예술가는 예술을 실현시키는 더 큰 힘이나 더 큰 현실에 연결되는 셈이지요. 예술가는 자신의 의식을 일깨울 때 더 큰 현실로 통하는 통로가 열린다는 사실을 알고 있습니다."

이런 역설적인 현상은 이 책에서도 생생하게 나타난다. 이 책을 내기까지 조사하고 집필하는 과정은 지극히 개인적인 경험이었다. 하지만 동시에 나와는 거의 관련이 없는 더 큰 현실이 존재했다. 우리가 특정한 명분을 위해 온 마음을 다해 노력할 때면 우리는 우리 자신을 훨씬 넘어서는 무언가와 연결되는 상태에 이른다. 마치 깜깜한 티베트고원에서 별들이 내 주위를 어른거렸을 때처럼 말이다.

센게는 그런 경험을 이렇게 묘사했다. "내면과 외면이 서서히 합쳐지는 것이지요. 내면과 외면이 함께 춤을 추기 시작합니다. 자기 자신과 거대한 우주 사이의 경계가 흐려지는 상태라고 정리하면 될까요." 사람들은 소명(그냥 해야 된다는 생각이 드는 일)에 대해 이야기한다. 하늘의 부름을 받는 것과 같은 이런 열정은 어쩌면 우리가 더 큰 현실과 연결되어 조화를 이루고 있음을 의식할 때, 서양의 머리와 동양의 가슴을 연결할 때 나타나는 것일지도 모른다.

희망과 연민과 용기

이분법적인 정치 논리 때문에 세계 곳곳(미국, 영국, 심지어 캐나다)의 민주주의 광장은 심각하게 오염되었다. 편파적인 태도가 광장을 오염시킴에 따라 대중은 공정하게 생각하는 법을 잊어버렸으며 그런 대중을 조종하려는 자들은 사실과 증거를 존중하는 대신 거짓을 퍼뜨리고도 아무런 책임을 지지 않는다.

이런 혼란은 대부분 고의적으로 초래된다. 대중을 기만하려는 정보공작은 특정한 PR이나 이념을 퍼뜨리려는 불순한 의도를 가진 사람들에 의해 이루어지며 그들의 전략은 간단하다. 분열을 자극하는 것이다. 이 책의 1부에서 소개한 프로파간다 공작은 본래 무대 뒤편에서 공포, 분노, 분열을 조장하는 전략이었지만 편을 가르기를 좋아하는 사람들의 어두운 심리에 힘입어 무대 전면으로까지 영향력을 확대해 이성을 공격하고 있다.

민주주의 사회에서 집단적인 관심사를 놓고 진솔하게 공적 담론을 나눌 권리는 귀중한 선물과 같다. 따라서 공적 담론의 질이 아주 중요하다. 하지만 일부 사람들이 나타내는 전투적인 태도는 그런 권리를 위협했으며 타협 없이 일방적으로 소통하고 상대 의견을 비방함으로써 광장을 오염시켰다. 이처럼 양극단으로 치우친 의견들을 놓고 보자면 집단적인 문제는 해결할 수 없는 문제처럼 보이는 법이다. 결국 다수의 대중은 담론 자체에 무관심해졌다.

2005년에 디스모그블로그를 처음 시작했을 때 나는 프로파간다의 영향력과 본성을 안일하게 생각하고 있었다. 일부 사람들이 고의적으로 거짓 정보 공작을 벌이는 이유가 대중으로 하여금 기후변화를 꾸며낸 이야기로 믿게 만들려고 설득하는 것인 줄 알았다.

물론 프로파간다가 거짓 정보를 퍼뜨리는 것은 사실이다. 하지만 프로파간다의 위력은 설득에 있지 않다. 지난 10여 년에 걸쳐 깨달은 바로는, 환경 단체를 외국 자본의 지원을 받는 근본주의 단체로 몰아가거나 캐나다의 기름이 윤리적 기름이라고 주장하는 캠페인의 주된 목적은 분열을 조장함으로써 불화와 혼란을 만들어내는 것이다. 거짓 정보는 단지 촉매이자 합리화의 수단에 불과했다.

규모와 내용은 다를지언정 브렉시트 캠페인이나 2016년 트럼프의 대선 캠페인 역시 마찬가지다. 그들 역시 상대 집단에 끊임없이 인신공격을 퍼부음으로써 공포와 분노와 분열을 심화시킨다는 전통적인 프로파간다 전략을 사용했다. 중앙아메리카의 망명 신청자 문제나 북아프리카에서 가뭄과 폭력을 피해 달아난 난민 문제 역시 크게 다르지 않다. 악당들은 거짓 불안과 추한 감정을 자극함으로써 유권자들이 잘못된 공공 정책을 지지하도록 부추기고 우리의 비방이 아니라 지지를 필요로 하는 소수집단을 희생양으로 만든다.

궁극적으로는 공적 담론 자체에 대한 불신이 따라왔다. 프로파간다의 핵심 전략은 거짓 정보를 퍼뜨리는 것이 아니라 편파성을 부추기는 것이다. 프로파간다는 뿌리 깊은 이분법적인 사고를 조장하며 따라서 사람들로 하여금 자기 진영의 신념에 의문을 제기하는 증거는 무엇이든 부정하도록 만든다. 이처럼 자발적으로 잘못된 인도를 따르는 사회 병리학적인 현상 속에서 객관적인 사실과 집단적인 지성은 찾아보기 힘들어졌다.

진정한 민주주의 담론이 이루어지려면 깨끗한 광장이 필수적이다. 이를 위해 우리는 양극화를 부추기는 프로파간다를 제거하고 기후변화에 관해서든 사회 정의에 관해서든 합리적인 대화를 나눌 수 있는 환경을 조성해야 한다. 프로파간다에 아무 생각 없이 반사적으로 반응하다가는 의도치 않게 분열을 조장하는 데 일조할 수 있다. 따라서 우리는 단지 피해자가 되기 싫어서가 아니라 공범이 되지 않기 위해 프로파간다의 작동 원리를 잘 이해할 필요가 있다.

중요한 환경 문제나 사회 정의 문제를 해결하려는 노력이 프로파간다 때문에 수포로 돌아가는 모습을 보자면 한편으로는 고통스럽고 한편으로는 분노한다. 그런 분노를 원동력 삼아 행동을 취한다면 분명 좋은 일이다. 하지만 그때 우리의 분노는 적절한 행동으로 이어지는 의분이어야지 분열과 교착 상태를 한층 더 증폭시키는 격분이 되어서는 안 된다.

"결코 돼지와는 씨름하지 말라"는 조지 버나드 쇼의 조언이 떠오르는 대목이다. 조지 오웰 역시 비슷한 생각을 했다. "광신도와 싸우는 사람은 스스로 광신도가 되지 않을 때 승리를 거둔다." 이런 조언을 청종하지 않는다면 우리는 공정하고 이해심 있는 마음을 가지기가 힘들 것이다.

대중에게 오염된 광장의 실태를 교육하려는 내 노력은 이 책의 초판이 출간된 뒤에도 계속되었다. 아마도 평생을 바쳐야 하는 과업이 아닐까 싶다. 책이 나온 이후로 나는 수많은 인터뷰와 강의를 할 기회를 얻었다. 그 덕분에 여러 의문이 더 생겼다.

언제 자신의 주장을 밀어붙이고 언제 상대와 타협하고 협력해야 할지 균형을 잡기란 까다로운 일이다. 기후변화 같은 존재론적인 위기에 있어서는 지금보다 더 많은 사람들이 사안에 관심을 갖고 변화를 요구하도록 만들어야 한다는 사실이 분명해 보인다. 그러기 위해 우리는 강력한 자기주장을 펼칠 필요가 있다. 하지만 동시에 우리가 지속 가능한 변화를 원한다면 우리는 편파주의라는 덫에 빠지지 않도록 조심해야 한다.

대화를 나눌 때마다 사람들은 책에 나오는 조언에 깊은 감명을 받았다고 말해주었다. 그럴 때면 나도 황금률에 관한 카렌 암스트롱의 조언이 계속 머리에 맴돌았다. "자기 가슴속을 들여다보세요. 무엇이 당신을 고통스럽게 만드는지 알아보세요. 그다음 어떤 상황에서도 다른 누군가에게 그런 고통을 가하지 않겠다고 다짐하세요. 내가 당하기 싫은 일은 절대 남에게도 하지 마세요."

우리는 불의에 맞서 목소리를 내야 하지만 더 많은 증오를 불러일으키는 방식으로 목소리를 내서는 안 된다. 카렌 암스트롱은 우리가 제대로 효과를 거두려면 이렇게 자문해보아야 한다고 권고하기도 했다. "내가 하는 행동은 내 자존심을 세우고 상대를 벌하기 위한 것인가? 아니면 진정한 변화를 이루기 위한 것인가?"

우리가 자기도 모르는 사이에 편견의 영향에 굴복할 수 있다고 경고한 제이슨 스탠리의 말도 다시 한 번 되새기고 싶다. 물론 가장 중요한 점으로 "진실을 말하되 벌하려고 말하지 말라"는 틱낫한의 조언과 따뜻한 연민의 중요성을 강조한 달라이 라마의 조언 역시 결코 잊어서는 안 된다.

물론 이런 조언에 의구심을 표하거나 문제의 원인을 다른 시각으로 바라보는 독자들도 있다. 예컨대 어떤 사람들은 이런 조언이 의도는 좋으나 궁극적으로 환경 파괴를 막으려는 노력을 무산시킬 수도 있는 위험한 전략이라고 말한다. 어떤 사람들은 분열이 문제가 아니라 부패가 문제라고 말하기도 한다. 오히려 무관심이 문제니 사람들의 관심을 끌기 위해서는 의견을 더 양극화할 필요가 있다고 말하는 사람들도 있다. 또 어떤 사람들은 분노가 문제가 아니라 분노가 부족한 게 문제라고 말한다.

한 번은 대화가 이런 식으로 흘러간 적도 있다. 내가 "마틴 루서 킹을 보면 확실히 효과가 있는 조언 같은데요"라고 말하자 상대는 "그것도 다 배후에서 맬컴 엑스가 전투적인 위협을 가한 덕분이지요"라고 답했다.

물론 우리가 민주 시민의 책무를 다하기 위해 어떤 식으로 목소리를 내야 하는가에 정해진 답은 없다.

알렉스, 마일스와의 아침 식사

2017년 6월, 데이비드스즈키 재단 임원 모임을 갖기 전에 나는 친구 알렉스 히멜파브와 마일스 리처드슨Miles Richardson과 함께 토론토에서 아침 식사를 했다.[1] 내 책을 주제로 시작된 대화는 우리가 양극화 문제를 조심스레 다루어야 한다는 논의로 흘러갔다. 조심스럽게 다루지 않으면 의도치 않게 상대의 반발심을 강화시키고 우리가 전하고자 하는 메시지를 더럽힐 수 있기 때문이다.

　마일스는 이런 생각에 의문을 표하면서 세상에는 분명 지나치게 심각하고 유해한 악과 증오와 부패가 존재한다고 지적했다. 알렉스도 동의하면서 십자가를 태우거나 모스크에 만자무늬를 칠하는 사람들과는 공통 기반을 찾을 수 없지 않느냐고 반문했다. 그리고 이렇게 말했다. "공정하고 합리적인 태도를 유지하려고 애쓴다 하더라도 비정상을 정상으로 여기거나 증오를 용인해서는 안 되잖아요."

　세계를 둘러보면 편을 가르기를 좋아하는 선동가들이 점점 득세하고 있다. 그들은 기독교와 무슬림을 나누고 힘들게 일하는 노동자와 호의호식하는 엘리트를 나누며 백인과 흑인을 나눈다. 진정한 리더십이란 사람들을 통합하는 것임에도 그들은 우리의 두려움을 자극하고 서로 등을 돌리게 만들며 가장 취약한 계층을 희생양으로 삼음으로써 승리를 가져가려 한다. 공공시민성을 독려하고자 하는 기관이나 제도가 있으면 가차 없이 공격한다. 사실과 허구의 경계를 흐림으로써 현실 자체를 공격하기도 한다. 그들에게 더 이상 거짓은 존재하지 않는다. '대안적 사실'만이 존재할 뿐이다. 우리는 이런 일들이 벌어지는 광경을 실

시간으로 목격하면서도 백인우월주의, 인종 차별, 성차별, 특정 종교를 향한 편견, 이민자 및 난민 혐오, 빈곤층을 향한 경멸 등 다양한 형태로 증오를 내뿜는다.

알렉스는 이런 분열과 증오와 희생양 삼기에 단 하나의 공통적인 원인을 찾을 수는 없다고 말한다. 이런 문제들에는 정확히 상응하는 대응책을 가지고 맞서 싸워야 한다. 물론 우리는 적들의 행동에 맞추어 스스로를 정의할 필요가 없다. 오히려 통합을 이루고 사회운동을 불러일으키는 적극적인 대안을 제시해야 한다. 우리는 상식을 새롭게 규정해야 한다. 경쟁이 반드시 협력보다 우위에 있는 것은 아니다. 사익이 반드시 공익보다 우선하는 것은 아니다. 극단적인 개인주의와 소비주의는 자유롭다는 착각을 불러일으킬 뿐이다. 우리는 함께할 때 더 강해질 수 있다.

결국 우리의 우선순위는 실질적인 움직임을 만들어내는 것이다. 단지 어둠의 세력에 맞서기 위해서만이 아니라 정계를 바로잡고 정부가 신뢰를 회복하는 데 필요한 절차를 밟도록 압력을 가하며 불평등에 맞서 싸우고 기후변화에 대처하며 자연을 회복하고 민주주의를 강화하기 위해 그렇게 해야 한다.

알렉스의 이야기를 듣고 나니 나 역시 극단주의자들과 공통 기반을 찾는 데 시간을 낭비해서는 안 되겠다고 생각하게 되었다.

우리는 진실을 가려내는 과정을 중재하는 기관이나 제도(예컨대 과학계, 대학, 미디어, 법정, 예술)를 보호해야 한다는 점에 동의했다. 또한 사람들이 선동가들의 속임수에 대처할 수 있도록 프로파간다나 언론 조작기술을 이해하게 도와야 한다는 점에도 동의했다.

한편 마일스는 편파성의 부정적인 면을 지나치게 과장해서는 안 된다고 경고했다. 인간은 사회적 동물이므로 서로의 공통점을 인식해야 하며 공통점을 근거로 서로 유대감을 느끼는 일은 사회적으로도 좋은 일이다. 또한 우리는 신념이나 가치관이 다를 수 있지만 그런 차이를 축복으로 여길 줄도 알아야 한다.

대립과 차이는 불가피하므로 우리는 기꺼이 그를 받아들일 줄 알아야 한다. 예컨대 캐나다 원주민 공동체는 사람들로 하여금 모두 한 배를 탔다는 인식을 떠올리게 하는 축제를 개최함으로써 서로 간의 정치적 반감을 무디게 만들었다.

마일스는 이런 가치들의 중요성을 강조하면서 캐나다 대법관 로잘리 아벨라Rosalie Abella의 연설을 언급했다. 아벨라는 이렇게 말했다. "차이에 기반을 둔 통합, 포용에 기반을 둔 평등, 존중에 기반을 둔 연민, 이런 원칙들은 캐나다의 도덕적 가치의 핵심을 형성하고 있습니다. 이런 가치들 덕분에 우리는 세계에서 문화다양성을 가장 성공적으로 존중하는 나라가 되었고 민주적으로 생동감 있으면서도 지조 있는 환경을 갖추게 되었습니다."[2]

알렉스, 그리고 마일스와 나눈 대화 덕분에 나는 자기주장과 협력 사이에 균형을 잡는 일의 필요성을 더 잘 설명해야겠다고 생각하게 되었다.

나는 데이비드 스즈키에게 진실을 말할 때 혹은 불의에 맞설 때 논쟁을 두려워하지 말라고 배웠다. 우리는 훨씬 열정적인 공적 담론을 나누어야 한다. 또한 진실 자체는 사안에서 잘못된 편에 서 있는 사람 입장에서는 극단적으로 보일 수 있음을 기억해야 한다.

마셜 간츠가 설명했듯이 불의를 맞닥뜨렸을 때 회유적인 스탠스를 취하는 것은 시민들이 진실을 찾기 위해 기댈 수밖에 없는 '대립적인 시스템'을 타협하는 것이나 마찬가지다. 우리가 살고 있는 민주주의 사회에서 공인들은 설령 자신과 의견이 다른 누군가를 뭉개거나 비방하지는 않더라도 진실을 찾기 위해 토론의 수준을 높여야 할 책임이 있다.

데이비드스즈키 재단 회장직을 맡았을 때 나는 우리 모임에 애덤 카헤인을 초대한 적이 있었다.[3] 카헤인은 이야기를 하다가 데이비드 스즈키와 과열된 논쟁에 잠깐 휘말렸다. 스즈키가 때로는 대화가 시간 낭비인 경우가 있다고 말했기 때문이다. 스즈키는 어느 기업 협회의 CEO와 있었던 일을 이야기해주었다. 그 CEO는 앨버타의 오일샌드가 환경에 미치는 영향 때문에 국제적인 비판을 받자 그 문제를 논의하기를 원했다.

스즈키는 기꺼이 협력할 의향이 있다고 말하면서도 조건을 내걸었다. CEO가 먼저 몇 가지 기본적인 원칙에 동의해야 한다는 조건이었다. 그 원칙이란 우리 모두가 동물이며 따라서 우리에게 깨끗한 공기, 물, 토양, 에너지는 물론 생물 다양성이 필요하다고 인정해야 한다는 원칙이었다. CEO는 제안을 거절했다. 카헤인은 바로 이 지점에서 스즈키에게 문제를 제기했다. 대화를 시작하기도 전에 그런 동의를 구하는 것은 비합리적이고 비생산적이라는 이유 때문이었다.

최근에 카헤인은 이 이야기를 다시 꺼내면서 그때 대화가 자신에게 큰 영향을 미쳤다고 말했다. 처음에는 이 새로운 견해를 협력이 중요하다는 자신의 기존 사고방식에 끼워 맞출 수가 없었다. 그래서 긴장을 해결하지 못한 채 생각을 가만히 내버려두었다. 아예 무시하지는 않았다. 카헤인 역시 스즈키를 높이 존중했기 때문이다.

시간이 지나면서 스즈키의 말은 점점 더 중요하게 다가왔고 카헤인은 갈등과 대화에 어떤 식으로 접근해야 하는지 자신의 생각을 수정하기 시작했다. 실제로 카헤인이 스즈키와 나눈 대화는 카헤인의 저서 《협력의 역설Collaborating with the Enemy》에서도 중요한 부분을 차지하고 있다.[4]

책에서 카헤인은 이렇게 말한다. "이제는 복잡한 문제를 해결할 때 협력과 주장이 서로 반대되는 방식이 아니라 서로 보완적인 방식으로 작용한다는 사실을, 둘 다 정당하고 필요하다는 사실을 안다."

우리가 상대와 협력하기 위해 자기주장을 억제한다면 우리는 사회 시스템을 숨 막히게 만들고 말 것이며 우리의 협력은 미미한 수준에 그칠 것이다. 이제 카헤인은 건전한 협력에 반드시 '힘찬 싸움'이 필요하다는 사실을 확신한다.

근본적으로 상충되는 의견을 가진 사람을 상대할 때 억지로 조화를 이루려고 애쓰기보다는 갈등을 포용하면서 동시에 공감할 수 있다. 카헤인은 이렇게 말했다. "우리가 습관대로 전통적이고 편안한 협력 방식을 고수하는 대신 협력의 범위를 늘린다면 우리는 상황을 악화시키지 않으면서도 협력에 더 자주 성공할 것입니다."

최근에 카헤인이 내게 한 말에 따르면 조화로운 팀을 이루어서 어떤 목적을 이룰지, 그 목적을 어떻게 이룰지, 누가 무엇을 할지 온전히 합의에 도달해야만 우리가 성공적으로 협력할 수 있는 것은 아니다.

이런 논의를 하면서 기후과학을 부정하는 사람들을 비롯해 온갖 적대적인 사람들을 어떻게 상대해야 하는지에 관한 내 생각 역시 발전했다. 카헤인의 책 《협력의 역설》은 여론과 정책에 영향을 미치려면 주장과 협력이 둘 다 필요하다는 사실을 한층 더 강화해주었다. 물론 둘 다 각각의 한계가 있기는 하지만 말이다.

특정한 입장을 옹호하는 사람들은 자기 입장을 너무 중요하게 생각한 나머지 의도치 않게 상대의 저항과 반발을 더 강화시킬 수 있다. 반면 무작정 협력하고자 하는 사람들은 거짓 평형 상태를 구축할 수 있다. 그러면 진짜 과학이 제시한 염려는 옅어지고 과학이 아니라 이념에 불과한 '대안 과학'이 득세하도록 허락할 수 있다.

일례로 기업의 후원을 받는 우파 싱크탱크의 기후변화 회의주의자들은 지난 수십 년 동안 기후학자들을 공격해왔다. 기후변화, 해양 생태계 파괴, 종의 멸종과 같은 긴급한 환경 문제에 대응해야 한다고 주장하는 일은 본질적으로 까다롭고 논쟁을 불러일으킬 수밖에 없기 때문에 공격에 더욱 취약했다.

나는 카헤인에게 기후학자가 정치적 이념에 따라 움직인다거나 기후변화가 과학자들이 꾸며낸 사기극이라고 말하는 사람들과는 협력하기가 너무 힘들다고 말했다. 그처럼 논쟁을 위한 논쟁에 참여해보아야 대화의 수준이 한층 더 떨어질 뿐이기 때문이다. 또 나는 기후변화 문제를 논의하는 데 있어서 대화가 실패하는 경우가 많기는 하지만 공민권 운동에서 배운 교훈이 내게 희망을 불러일으킨다고 말했다. 설령 저항에 부딪히더라도 포기하지 않고 계속 요구하면 결국 결과를 볼 수 있다는 확신이 들기 때문이다. 한편으로는 다원성과 다양성을 존중하는 우리 사회의 역량이 우리가 기후 위기에서 벗어나는 일을 도울 수도, 막을 수도 있겠다 싶었다.

솔직히 말해 보수 정권이 들어설 때마다 합리적인 환경 정책이 폐지된다면 우리는 기후변화 같은 환경 위기를 절대 해결할 수 없을 것이다. 따라서 정확한 과학적 사실을 파악하고 있다거나 사안에서 옳은 편에 서 있는 것만으로는 충분하지 않다. 적과 협력하는 능력을 발전시켜야만 한다.

우리는 자기주장을 펼치는 능력만큼이나 존중심을 가지고 협력하는 능력 역시 발전시키려고 애써야 한다. 설령 상대가 존중을 받을 만한 자격이 없어 보이더라도 상대를 존중하면서 진실을 말하기 위해 100퍼센트 노력을 투자해야 한다. 이는 개인적인 인간관계에 있어서도 마찬가지다.

"진실을 말하되 벌하려고 말하지 마세요"라는 틱낫한의 말은 무작정 예의 바르고 공손해야 한다는 뜻이 아니었다. 그보다 많은 뜻이 담겨 있었다. 우리는 진실을 널리 알리는 책임을 다하되 그렇게 할 때면 설령 의도적 무지나 부패한 태도를 마주할지라도 내 분노를 채우려 하는 대신 나쁜 상황에서 빠져나올 수 있는 길을 제시해야 한다.

마음이 올바른 사람들은 우리 주위의 온갖 악행이나 환경 파괴를 보면 화가 날 것이다. 정당한 일이다. 나 역시 위장 단체나 선동가들이 환경 문제에 관한 대중의 인식을 기만하기 위해 온갖 정보 공작을 펼칠 때면 분노가 치밀어 오른다. 내가 좀 민감한 편이기는 하다. 하지만 나는 분노를 터뜨리는 것이 절대 좋은 소통 전략이 아님을 잘 알고 있다. 물론 우리는 그저 사람들과 어울리기 위해 거짓이나 악과 타협하기를 원치 않는다. 어떤 사람들은 강력히 반대할지도 모르지만 진실, 과학, 정의는 분명 중요하다.

이 책에 담긴 조언 대부분은 두려움, 분노, 프로파간다로 굳게 닫힌 광장의 문을 다시 열어젖히는 법을 다루고 있다. 우리가 우리의 공감 능력을 갈고 닦지 않는다면 우리는 광장의 문을 다시 열 수 없을 것이며 기후변화 같은 문제에 대처하기까지 오랜 시간을 기다려야 할 것이다. 달라이 라마가 따뜻한 마음의 중요성을 암시한 이유 역시 이 때문일 것이다. 잘 듣고 연민을 나타내는 능력 없이는 변화도 없다. 선택은 우리 몫이다. 바보나 악인을 연민을 가지고 대하기란 쉽지 않은 일이지만 분명 할 수 있는 일이다. '진실을 말하되 벌하려고 말하지 말라'는 조언은 진솔하고 열정적인 공적 담론을 위해 광장의 문을 활짝 열어젖히는 주문과도 같다.

말하기를 멈추고 듣기 시작할 때 소통이 이루어진다

캘거리에서 열린 워드페스트Wordfest라는 작가 모임에 위원단으로 참석했을 때였다. 한 젊은 여성이 내게 와 민감한 질문을 하나 건넸다. 해양생물학 박사 학위를 받은 그녀는 기후변화를 염려하고 있었다. 하지만 앨버타에 있는 환경 자문회사의 소유주인 어머니는 과학자임에도 기후변화 회의주의자였다. 그래서 둘 사이에 불화가 심했다.

모녀 사이는 서로 말을 한 마디도 섞지 않을 정도로 악화된 상태였다. 딸은 엄마가 그처럼 반과학적인 견해를 가지고 있다는 게 믿기지 않는다며 그보다는 똑똑해야 하지 않느냐고 질문했다.

질문의 무게감이 아직도 생생하다. 너무나 개인적이면서도 중요한 질문이었기 때문에 책임감이 크게 느껴졌다. 당시에는 내가 줄 수 있는 최선의 답을 주었다. 하지만 질문은 그때 이후로도 계속 머리에 맴돌았다. 나는 달라이 라마가 최상의 해결책을 가지고 있는 것 같다고 생각됐다. 달라이 라마는 진짜 문제의 원인은 우리 자신의 파괴적인 감정이라고 생각했으며 문제를 해결하려면 일단 이런 감정부터 해결해야 한다고 믿었다. 그리고 감정을 해결하는 방법으로 '따뜻한 마음'을 이야기했다. 이 지혜는 우리로 하여금 갈등이 있을 때 소통이 어떻게 이루어져야 하는지 이해하도록 돕는다.

심각한 의견 충돌이 있을 때 상대가 나랑 똑같이 생각하도록 설득하려고 애쓴다면, 즉 내가 옳고 상대가 틀렸다는 인상을 전달한다면, 더 나아가 내가 옳고 상대가 멍청하다는 인상을 전달한다면 상대는 결코 마음을 바꾸지 않을 것이다. 사실과는 관계없이 자기 생각 속에 더 깊이 파묻힐 것이다. 지속적인 변화는 양쪽 다 그런 변화로부터 이익을 얻을 때, 양쪽 다 상대로부터 존중을 받는다고 느낄 때 일어난다.

의견이 극단적으로 나뉜 공적 담론에서 상대 의견을 직접적으로 공격하는 것은 많은 경우 비효율적이다. 오히려 상대를 구석으로 몰아넣을 뿐이다. 그보다는 대화 중에 상대의 감정과 열정을 끌어낼 방법을 탐색하는 편이 더 효율적이다.

말하기를 멈추고 듣기 시작할 때 진정한 소통이 이루어진다. 내가 틱낫한을 만난 지 얼마 지나지 않아 오프라 윈프리Oprah Winfrey가 그를 인터뷰했다는 소식을 들었다. 그때 틱낫한은 경청하는 일의 목표가 상대의 고통, 불안, 분노, 절망을 달래는 것이라고 말했다. 결국 우리가 상대의 말을 들을 때 기억해야 할 목표는 상대가 마음을 비울 수 있도록 돕는 것이다.

상대가 사실을 오해해서 말하거나 쓰라린 말을 하더라도 곧바로 반응하지 말자. 오해를 바로잡을 적절한 때를 기다리면서 계속 듣자. 경청하는 태도는 망가진 관계를 치유할 수 있다. 두려움, 분노, 절망은 대개 자신과 타인에 대한 오해에서 비롯되기 때문이다. 보통 이런 오해가 갈등의 기반이 된다.

만약 상대가 나의 진실함을 믿어준다면 상대는 마음을 열고 자기 속에 있는 이야기를 꺼낼 것이다. 그러면 다시 귀를 기울이고 또 기울이자. 이런 과정 속에서 우리는 상대의 인식은 물론 우리 자신의 인식도 깨우칠 수 있다. 더 나아가 불화와 갈등을 해소할 수 있다. 바로 이때부터 진정한 소통이 시작된다.

최근에 폴 슬로빅과 함께 하루를 보낸 적이 있다.[5] 슬로빅 역시 틱낫한처럼 경청하는 태도를 강조했다. 이는 이 책의 핵심 주제이기도 하다. 슬로빅은 다른 중요한 주제 역시 떠오르게 해주었다. 바로 환경 위기를 화제로 공적 담론을 나눌 때 사람들의 감정에 호소해야 한다는 원칙이다.

오늘날 우리가 마주한 수많은 환경 문제에 대처하려면 결국 사람들의 마음을 움직이고 사람들을 변화시켜야 한다. 그리고 '사실'만 가지고는 사람들을 움직일 수도 변화시킬 수도 없다. 사람들을 감동시키고 싶다면 공인들은 감정적인 대화에 참여해야 한다. 가슴으로부터 우러나오는 이야기를 함으로써, 다양성과 다원성을 포용하는 이야기를 함으로써, 우리에 관한 이야기를 함으로써 우리는 공통 기반을 찾을 수 있다. 공적 담론에 더 깊은 감정과 의미를 더할 수 있다.

대중의 감정을 잘못 읽는 것은 오늘날 우리가 수없이 목격하는 갈등과 불통을 더욱 심화시킨다. 다시 말해 광장을 오염시킨다. 슬로빅이 말하는 '감정의 속삭임', 즉 사람들이 특정한 판단을 내리도록 만드는 직관적인 감정을 주의 깊이 들여다보지 않는다면 우리의 주장은 진실해 보이지 않을 것이다.

기후변화 문제나 이민자 문제 등 오늘날의 위기를 다룰 때 나타나는 감정적 대화는 대개 무의식적인 차원에서 이루어진다. 우리는 이런 감정들에 더욱 의식적으로 주의를 기울일 필요가 있다. 이런 감정들을 표면으로 끄집어내야 두려움, 분노, 편협함으로 가득 찬 이야기를 희망, 연민, 용기가 가득 찬 이야기로 바꿀 수 있다. 부패에 대항해 거칠게 싸우는 것은 아무런 문제가 없다. 하지만 우리가 양방향을 잇는 절차를 밟지 않는다면 소통은 실패하고 말 것이다. 양쪽 모두 담론에 가치 있는 기여를 할 수 있어야 하고 양쪽 모두 '사람과 지구를 앞자리에 두는' 우리의 이야기를 공통 기반으로 삼는 가운데 서로의 이야기를 존중해야 한다. 다시 말해 우리는 마음에서 우러나온 대화를 나누어야 한다.

후주

프롤로그

1. Shunryu Suzuki, *Zen Mind, Beginner's Mind*. New York: Weatherhill, 1970.
2. Michael Lewis, *The Undoing Project: A Friendship That Changed Our Minds*. W. W. Norton, 2016.
3. 오토 샤머와의 대화에서 인용.
4. 댄 카한과의 대화에서 인용.
5. DeSmog Blog. desmogblog.com.
6. James Hoggan and Richard Littlemore, *Climate Cover-Up: The Crusade to Deny Global Warming*. Greystone, 2009.
7. 데보라 태넌과의 대화에서 인용.
8. "Basques Mourn Symbolic Oak Tree." BBC News, April 22, 2004. [online.] [cited: December 16, 2015.] news.bbc.co.uk/2/hi/europe/3649397.stm.

1부

1장 논리를 무너뜨린다고 해서 마음이 열리지는 않는다

서로를 신뢰하는 담론 공동체 구축하기

1. Viewpoint Learning, "About Us: Daniel Yankelovich." [online]. [cited October 7, 2015]. viewpointlearning.com/about-us/who-we-are/daniel-yankelovich/.
2. Viewpoint Learning, "About Us: Steven Rosell." [online]. [cited October 7, 2015]. viewpointlearning.com/about-us/who-we-are/steven-rosell/.
3. James Hoggan and Richard Littlemore, *Climate Cover-Up: The Crusade to Deny Global Warming*. Greystone, 2009.
4. 스티브 로셀, 대니얼 양켈로비치와의 대화에서 인용.
5. Daniel Yankelovich. "Across the Red-blue Divide: How to Start a Conversation." *Christian Science Monitor*, October 15, 2004. [online]. [cited October 8, 2015]. csmonitor.com/2004/1015/p10s02-coop.html.

맹목적 옹호자가 빠지는 덫

1. 로저 코너와의 대화에서 인용.
2. Roger Conner, "Strategy and Stance: A Framework for Understanding Public Advocacy." *SSRN Electronic Journal* #II (2005). [online]. [cited October 20, 2015]. researchgate.net/publication/228195710_Strategy_and_Stance_A_Framework_for_ Understanding_Public_Advocacy.

선택의 피라미드 꼭대기에 서서

1. David Brooks, *The Social Animal: The Hidden Sources of Love, Character, and Achievement.* Random House, 2012.
2. Carol Tavris and Elliot Aronson, *Mistakes Were Made (But Not by Me): Why We Justify Foolish Beliefs, Bad Decisions and Hurtful Acts*, 2nd rev. ed. Pinter & Martin, 2013.
3. 캐럴 태브리스와의 대화에서 인용.
4. Ifat Maoz, Andrew Ward, Michael Katz and Lee Ross, "Reactive Devaluation of an 'Israeli' vs. 'Palestinian' Peace Proposal." *Journal of Conflict Resolution*, 46 (4) (2002), pp. 515-546. [online]. [cited: November 28, 2015]. jcr.sagepub.com/content/46/4/515.

도덕 매트릭스 밖으로 빠져나가기

1. 조너선 하이트와의 대화에서 인용.
2. Jesse Graham, Brian A. Nosek and Jonathan Haidt, "The Moral Stereotypes of Liberals and Conservatives: Exaggeration of Differences across the Political Spectrum." PLoS ONE, 7 (12) (2012). [online]. [cited: November 28, 2015]. doi:10.1371/journal.pone.0050092; journals.plos.org/plosone/article?id=10.1371/journal.pone.0050092. You can participate in their research and find out more about your own moral foundations at: yourmorals.org.
3. Jonathan Haidt, "The Moral Roots of Liberals and Conservatives." TED talk, March 2008. [online]. [cited October 14, 2015]. ted.com/talks/jonathan_haidt_on_the_ moral_mind.
4. Jonathan Haidt, *The Righteous Mind: Why Good People Are Divided by Politics and Religion*, Vintage, 2013.
5. Gary Marcus, *The Birth of the Mind: How a Tiny Number of Genes Creates the Complexity of Human Thought*, Basic Books, 2004, p. 34.

6. Jesse Graham et al, "Moral Foundations Theory: The Pragmatic Validity of Moral Pluralism." *Advances in Experimental Social Psychology*, 47 (2013), pp. 55 –130. [online]. [cited: November 28, 2015]. bcf.usc.edu/~jessegra/papers/GHKMIWD. inpress.MFT.AESP.pdf.
7. Matthew 7:3-5, Luke 6:41-42.

기꺼이 속으려는 사람들

1. Dan M. Kahan, Hank Jenkins-Smith and Donald Braman, "Cultural Cognition of Scientific Consensus." *Journal of Risk Research*, 14 (2) (2011), pp. 147 –174. [online]. [cited November 29, 2015]. dx.doi.org /10.2139/ssrn.1549444.
2. 댄 카한과의 대화에서 인용.
3. Dan M. Kahan, Ellen Peters, Erica Dawson and Paul Slovic, "Motivated Numeracy and Enlightened Self-Government." Yale Law School, *Public Law Working Paper* #307, September 3, 2013. [online]. [cited October 15, 2015]. culturalcognition.net/browse-papers/motivated -numeracy-and-enlightened-self-government.html.
4. Dan M. Kahan et al. "Biased Assimilation, Polarization, and Cultural Credibility: An Experimental Study of Nanotechnology Risk Perceptions." Harvard Law School Program on Risk Regulation, Research Paper #08-25(2008). [online.] [cited: November 30, 2015.] dx.doi.org/10.2139/ssrn.1090044.
5. Dan M. Kahan et al, "The Polarizing Impact of Science Literacy and Numeracy on Perceived Climate Change Risks." *Nature Climate Change*, 2 (2012), pp. 732 –735. [online]. [cited October 15, 2015]. nature.com/nclimate/journal/v2/n10/full/nclimate1547.html.
6. Dan M. Kahan, Hank Jenkins-Smith and Donald Braman, "Cultural Cognition of Scientific Consensus." *Journal of Risk Research*, 14 (2)(2011), pp. 147 –174. [online]. [cited November 29, 2015]. dx.doi.org /10.2139/ssrn.1549444.

2장 진실, 힘을 잃다

'사실'만으로는 사람들의 마음을 바꿀 수 없다

1. 조지 레이코프와의 대화에서 인용.
2. John Harding, "10 Million Scallops Are Dead: Qualicum Company Lays Off Staff." *Parksville Qualicum Beach News*, February 25, 2014. [online]. [cited October 15,

2015]. pqbnews.com/news/247092381.html?mobile=true.

3. Damian Carrington, "Q&A: Climategate." *The Guardian*, November 22, 2011. [online]. [cited October 15, 2015]. theguardian.com/environment/2010/jul/07/climate-emails-question-answer.

4. George Lakoff, *Don't Think of an Elephant! Know Your Values and Frame the Debate*, Chelsea Green, 2004, p. 19.

5. George Lakoff, *Whose Freedom?: The Battle Over America's Most Important Idea*, Picador, 2007, p. 16.

사실 문제에서 관심 문제로 전환하기

1. 브뤼노 라투르와의 대화에서 인용.

2. Bruno Latour, *Pandora's Hope: Essays on the Reality of Science Studies*, Harvard, 1999; We Have Never Been Modern, Harvard, 1993; *Science in Action: How to Follow Scientists and Engineers Through Society*, Harvard, 1988; *Politics of Nature: How to Bring the Sciences into Democracy*, Harvard, 2004; Bruno Latour and Steve Woolgar, *Laboratory Life: The Construction of Scientific Facts*, Princeton, 1986.

3. Holberg Prize website, Bruno Latour Wins the 2013 Holberg Prize. [online]. [cited October 16, 2015]. holbergprisen.no/en/holberg-prize-2013.html.

4. Bruno Latour, "From Realpolitik to Dingpolitik: An Introduction to Making Things Public." *Pavilion Journal for Politics and Culture,* no. 15 (2010), [online]. [cited October 16, 2015]. pavilionmagazine.org /bruno-latour-from-realpolitik-to-dingpolitik-or-how-to-make-things -public/.

5. Ibid.

6. Clive Hamilton, *Requiem for a Species: Why We Resist the Truth About Climate Change*, Earthscan, 2010.

7. Walter Lippmann, T*he Phantom Public*, Transaction, 1993.

8. Robert Proctor and Londa Schiebinger, eds. *Agnotology: The Making and Unmaking of Ignorance*, Stanford, 2008.

3장 민주주의를 향한 공격

기업은 어떻게 광장을 오염시켰나?

1. Joel Bakan, *The Corporation: The Pathological Pursuit of Profit and Power*, Free Press, 2005.
2. The Corporation, directed by Mark Achbar and Jennifer Abbott. Zeitgeist Films, 2005, DVD.
3. 조엘 바칸, 놈 촘스키와의 대화에서 인용.
4. Leo E. Strine Jr., "The Dangers of Denial: The Need for a Clear-eyed Understanding of the Power and Accountability Structure Established by the Delaware General Corporation Law." *Wake Forest Law Review*, Inst for Law & Econ Research Paper #15-08(2015). [online].[cited December 3, 2015]. ssrn.com/abstract=2576389.
5. Judith Lavoie, "Enbridge Depiction of Clear Tanker Route Sparks Outrage." Canadian Press, August 15, 2012. [online]. [cited October 20, 2015]. bc.ctvnews.ca/enbridge-depiction-of-clear-tanker-route-sparks-outrage-1.916234; Carol Linnitt. "LEAKED: Enbridge's New Northern Gateway Pipeline Ad Campaign 'Open to Better.'" DeSmogBlog, October 1, 2013. [online]. [cited October 20, 2015]. desmog.ca/2013/10/01 /leaked-enbridge-s-new-northern-gateway-pipeline-ad-campaign-open-better. 6. American Legislative Exchange Council website. [online]. [cited October 20, 2015]. alec.org/.

소셜미디어와 디지털 프로파간다

1. Carole Cadwalladr, "Google Is Not 'Just' a Platform. It Frames, Shapes and Distorts How We See the World." *The Guardian*, December 11, 2016. theguardian.com/commentisfree/2016/dec/11/google-frames-shapes-and-distorts-how-we-see-world.
2. Elizabeth Denham, Democracy Disrupted? Personal Information and Political Influence, Information Commissioner's Office, London, July 11, 2018.ico.org.uk/media/action-weve-taken/2259369/democracy-disrupted-110718.pdf.
3. Carole Cadwalladr, "Elizabeth Denham: 'Data Crimes Are Real Crimes'; Interview, *The Guardian*, July 15, 2018.
4. Findings, Recommendations and Actions from ICO Investigation into Data Analytics in Political Campaigns, July 10, 2018. ico.org.uk/about-the-ico/news-

and-events/news-and-blogs/2018/07/findings-recommendations-and-actions-from-ico-investigation-into-data-analytics-in-political-campaigns/.

5. Elizabeth Denham, Investigation into the Use of Data Analytics in Political Campaigns: A Report to Parliament, Information Commissioner's Office, London, November 6, 2018, p. 4. ico.org.uk /media/action-weve-taken/2260271/investigation-into-the-use-of-data-analytics-in-political-campaigns-final-20181105.pdf.

6. Ibid.

7. Ibid., p. 19.

8. Ibid., p. 6.

9. Ibid.

10. Carole Cadwalladr, "The Cambridge Analytica Files: I Made Steve Bannon's Psychological Warfare Tool, Meet the Data War Whistleblower." 크리스 와일리와의 인터뷰. *The Guardian*, March 18, 2018. heguardian.com/news/2018/mar/17/data-war-whistleblower-christopher-wylie-facebook-nix-bannon-trump.

11. Ibid.

12. Emma Briant, "I've Seen Inside the Digital Propaganda Machine. And It's Dark in There." *The Guardian*, April 20, 2018. theguardian.com/commentisfree/2018/apr/20/cambridge-analytica-propaganda-machine.

13. Carole Cadwalladr, *The Guardian*, November 26, 2018.

14. BBC News, March 18, 2018, p. 106. 이 정보는 2017년 11월~2018년 1월, 4개월 동안 런던 호텔에서 촬영된 것으로 채널 4 뉴스 기자의 잠입취재에 의해 수집되었다.

15. Jaron Lanier. *Ten Arguments for Deleting Your Social Media Accounts Right Now*. Henry Holt, 2018.

16. Carole Cadwalladr, "Google, Democracy and the Truth About Internet Search." *The Guardian*, December 4, 2016.

17. Jaron Lanier, *Ten Arguments for Deleting Your Social Media Accounts Right Now*. Henry Holt, 2018.

18. Zeynep Tufekci, "YouTube, the Great Radicalizer"에서 인용. *New York Times*, March 10, 2018 and a TED talk on October 27, 2017.

19. Jack Nicas, "How YouTube Drives People to the Internet's Darkest Corners." *Wall Street Journal*, February 7, 2018.

20. Karsten Müller and Carlo Schwarz, "Fanning the Flames of Hate: Social Media and Hate Crime." University of Warwick study, *Social Science Research Network*

(SSRN). November 30 2018.

21. "Facebook Hate Speech Spiked in Myanmar During Rohingya Crisis." *The Guardian*, online, April 3, 2018. bgr.in/news/facebook-hate-speech-spiked-in-myanmar-during-rohingya-crisis/.

거짓 정보와 프로파간다로 논점 흐리기

1. World Meteorological Organization, "WMO: 2015 Likely to be Warmest on Record, 2011-2015 Warmest Five-Year Period." Press Release, November 25, 2015. [online]. [cited January 6, 2016]. wmo.int/media/content/wmo-2015-likely-be-warmest-record-2011-2015-warmest-five-year-period.

2. Chris Cesare, "California Snowpack Lowest in Past 500 Years." *Nature News*, 2015. [online]. [cited January 6, 2016]. nature.com/news/california-snowpack-lowest-in-past-500-years-1.18345.

3. Rohit Inani, "More Than 2,300 People Have Now Died in India's Heat Wave." *Time*, June 2, 2015. [online]. [cited January 6, 2016]. time.com/3904590/india-heatwave-monsoon-delayed-weather-climate-change.

4. Kamran Haider and Khurrum Anis, "Heat Wave Death Toll Rises to 2,000 in Pakistan's Financial Hub." Bloomberg, June 23, 2015. [online]. [cited January 6, 2016]. bloomberg.com/news/articles/2015-06-24/heat-wave-death-toll-rises-to-2-000-in-pakistan-s-financial-hub.

5. NOAA National Centers for Environmental Information, "NOAA National Centers for Environmental Information, Global Analysis for November 2015." December 2015. [online]. [cited January 6, 2016]. ncdc.noaa.gov/sotc/global/201511.

6. World Meteorological Organization, "Hurricane Patricia Is Strongest Recorded in Eastern North Pacific." WMO News, October 23, 2015. [online]. [cited January 6, 2016]. wmo.int/media/content/hurricane-patricia-strongest-recorded-eastern-north-pacific.

7. Alexandra Witze. "Corals Worldwide Hit by Bleaching." Nature News, October 8, 2015. [online]. [cited January 6, 2016]. nature.com/news/corals-worldwide-hit-by-bleaching-1.18527.

8. *Wildfire Today*, October 26, 2018.

9. CBC's Power & Politics with Evan Solomon, January 11, 2012. "Pipeline Debate Heats Up." (2012) [online.] [cited December 29, 2015.] cbc.ca/player/play/2186004232.

10. CTV's Question Period, January 8, 2012. "Kathryn Marshall Debates Northern Gateway." [online]. [cited December 29, 2015]. youtu.be/KvIx_w1mOIl.

11. Debates of the Senate, 41st Parl, 1st Sess, 148 (54) (February 28, 2012) at 1710 (Nicole Eaton). [online]. [cited October 27, 2015]. parl.gc.ca/Content/Sen/Chamber/411/Debates/054db_2012-02-28-e.htm#70.

12. Canadian Press, "Environmental Charities Don't Top List of Foreign-funded Groups." CBC News, May 10, 2012. [online]. [cited October 20, 2015]. cbc.ca/news/politics/environmental-charities-don-t-top-list-of-foreign-funded-groups-1.1247417.

13. Canadian Press, "Canadian Charities in Limbo as Tax Audits Widen to New Groups." CBC News, July 10, 2014. [online]. [cited October 20, 2015]. cbc.ca/news/politics/canadian-charities-in-limbo-as-tax-audits-widen-to-new-groups-1.2703177.

14. *Ottawa Citizen*, March 14, 2012, o.canada.com/news/senators -call-foundations-anti-canadian-question-if-environmental-groups -could-take-money-from-terrorists.

15. The Big Chill: Silencing Public Interest Science, A Survey, Professional Institute of the Public Service of Canada, n.d. [online]. [cited October 20, 2015]. bigchill.en.pdf.

16. 저자의 지속 가능성 연구 이니셔티브는 캐나다인 1만 명을 대상으로 그들의 의견을 조사했다. 80퍼센트는 환경 지속 가능성을 최우선 또는 높은 우선순위로 평가했다. Hoggan website. "Sustainability Research." [online]. [cited December 28, 2015]. hoggan.com/Sustainability-Research.

17. Joanne Richard, "Pumping Up the Volume: Sun News Presents Ezra Levant." *Calgary Sun*, December 26, 2011. Republished by ezralevant.com. [online]. [cited December 29, 2015]. ezralevant.com/pumping_up_the_volume.

18. Ezra Levant, *Ethical Oil: The Case for Canada's Oil Sands*, McClelland and Stewart, 2010, pp. 233-234.

19. CBC's Power & Politics with Evan Solomon, January 11, 2012.

20. 다음의 웹사이트를 보라. [online]. [cited October 21, 2015]. exxonhatesyourchildren .com/learnmore.html.

21. Ezralevant.com. "Ethical Oil in the Globe and Mail Again." January 15, 2011. [online]. [cited December 29, 2015]. ezralevant.com/ethical_oil_in_the_globe_and_m/.

22. Conference Board of Canada. Environment. [online]. [cited October 21, 2015]. conferenceboard.ca/hcp/details/environment.aspx.

23. World Wildlife Fund, "Canada Ranked Last in G8 on Climate Action." July, 2009. [online.] [cited December 29, 2015.] wwf.ca/newsroom/?4000.

24. Ramez Naam, "Arctic Sea Ice: What, Why and What Next?" Scientific American Blog, September 21, 2012. [online]. [cited December 29, 2015]. blogs. scientificamerican.com/guest-blog/arctic-sea-ice-what-why-and-what-next/.

25. Bill C-38, Jobs, Growth and Long-term Prosperity Act, 1st Sess., 41st Parl, 2012 (as amended 24 September 2014). [online]. [cited October 27, 2015]. canlii.ca/ t/8qvz.

26. Jodi Stark, "Forty Per Cent of Australian Oceans Protected: What About Canada?" David Suzuki Foundation Blog, June 14, 2012. [online]. [cited December 29, 2015]. davidsuzuki.org/blogs/healthy-oceans-blog/2012/06/australia-protects- 40-per-cent/.

27. Jesse Coleman, "LEAKED: What You Should Know About Edelman and TransCanada's Attack Plan." Greenpeace Blog, November 14, 2014. [online]. [cited December 29, 2015]. greenpeace.org/usa/leaked-edelman-transcanadas-pr- attack-plan/.

28. Shawn McCarthy, "Greenpeace Sees Dirty Tricks in PR Firms TransCanada Plan." *Globe and Mail*, November 17, 2014. [online]. [cited December 29, 2015]. theglobeandmail.com/report-on-business/industry-news/energy- and-resources/greenpeace-sees-dirty-tricks-in-pr-firms-transcanada-plan/ article21630761/.

29. Richard Edelman, "TC Energy East: Grassroots Advocacy Vision Document." May 15, 2014. [online]. [cited December 29, 2015]. assets.documentcloud.org/ documents/1362369/tc-energy-east-grassroots-advocacy-vision-document.pdf.

30. Richard Edelman, "A Commitment." Edelman 6 A.M. Blog, October 16, 2006. edelman.com/p/6-a-m/a-commitment/;Pallavi Gogoi. "Wal-Mart's Jim and Laura: The Real Story." *Bloomberg Business*, October 9, 2006. bloomberg.com/ bw/stories/2006-10-09/wal-marts-jim-and-laura-the-real-storybusinessweek- business-news-stock-market-and-financial-advice: Both [online]. [cited December 29, 2015].

31. Brendan DeMelle, "Lobbyists for Big Oil Organizing Most 'Grassroots' 'Energy Citizens' Rallies." DeSmogBlog, August 24, 2009. [online]. [cited October 21,

2015]. desmogblog.com/directory /vocabulary/4451.

32. Kate Sheppard, "Here's What Big Oil Has in the Pipes If Keystone Fails." *HuffingtonPost*, November 17, 2014. [online]. [cited December 29, 2015]. *huffingtonpost*.com/2014/11/17/transcanada-pipeline-oil_n_6174570.html.

33. Edward Walker, *Grassroots for Hire: Public Affairs Consultants in American Democracy*, Cambridge University Press, 2014.

34. Eric Lipton, "Hard-Nosed Advice from Veteran Lobbyist: 'Win Ugly or Lose Pretty': Richard Berman Energy Industry Talk Secretly Taped." *New York Times*, October 30, 2014. [online]. [cited October 21, 2015]. nytimes.com/2014/10/31/ us/politics/pr-executives-western-energy-alliance-speech-taped.html?_r=0.

35. James Hoggan and Richard Littlemore, *Climate Cover-Up: The Crusade to Deny Global Warming*. Greystone, 2009.

36. Christopher Stevens, "The Pea-Souper That Killed 12,000: How the Great Smog Choked London 60 Years Ago This Week." *The Daily Mail*, December 6, 2012. [online]. [cited December 29, 2015]. dailymail.co.uk/news/article-2243732/ Pea-souper-killed-12-000-So-black-screen-cinemas-So-suffocatingly-lethal-ran-coffins-How-Great-Smog-choked-London-60-years-ago-week. html#ixzz3vlK4wtBV.

37. 이는 엄격한 규제와 시행으로 인해 2004년 2만 4,000명 사망에서 감소한 것이다. Clean Air Task Force, "Death and Disease from Power Plants." 2010. [online]. [cited December 29, 2015]. catf.us/fossil/problems/power_plants/.

38. Union of Concerned Scientists, "Environmental Impacts of Coal Power: Air Pollution." [online]. [cited December 29, 2015]. ucsusa.org/clean_energy/ coalvswind/c02c.html#.VoMxtVL9BUE.

39. Richard Conniff, "The Myth of Clean Coal." *Yale Environment* 360, June 3, 2008. [online]. [cited December 29, 2015]. e360.yale.edu/feature/the_myth_of_clean_ coal/2014/.

40. Brendan DeMelle, "ACCCE Coal Lobby Drops Bonner & Associates Over Forged Letters." DeSmogBlog, August 21, 2009. [online]. [cited October 22, 2015]. desmogblog.com/accce-coal-lobby-drops-bonner-associates-over-forged-letters.

민주주의를 향한 공격

1. 알렉스 히멜파브와의 대화에서 인용.

2. 2005년부터 호건 앤드 어소시에이츠는 캐나다 대중의 지속 가능성에 대한 이해, 가치 및 태도에 대한 지속적인 조사 및 대화 기반에 대해 연구했다. 연구 결과에 따르면 캐나다 국민의 대다수가 기후변화가 매우 심각하고, 지금 일어나고 있다는 것을 인식하고 있으며, 정부와 기업이 경제와 환경 문제를 최우선 과제로 다루어야 하며, 증가하는 빈부 격차를 사회적 불의로 여겨 해결하는 것을 지지해야 한다는 의견을 가지고 있다. 이 조사는 캐나다 국민들의 정부와 기업에 대한 불신, 개별적인 행동이 환경 문제 해결에 의미 있는 영향을 미치지 못한다는 회의, 신뢰할 수 있는 관련 정보 부족 등 세 가지 주요 장벽을 확인했다. 연구와 결과에 대한 자세한 내용은 호건 앤드 어소시에이츠의 웹사이트(Sustainability Research)에서 확인할 수 있다.

3. "Margaret Thatcher in Quotes." *The Spectator*, April 8, 2013. [online]. [cited October 26, 2015]. blogs.new.spectator.co.uk/2013/04/margaret-thatcher-in-quotes/.

4. Debra Marshall. "C. Wright Mills: The Sociological Imagination." YouTube, December 24, 2012. [onoline]. [cited October 26, 2015]. youtube.com/watch?v=dMR74ytkXKI.

5. Meagan Fitzpatrick, "Harper on Terror Arrests: Not a Time for 'Sociology.'" CBC News, April 25, 2013. [online]. [cited October 26, 2015]. cbc.ca/news/politics/harper-on-terror-arrests-not-a-time-for-sociology-1.1413502.

목소리를 빼앗는 전략

1. Jason Stanley, "Democracy and the Demagogue." *New York Times*, October 12, 2015. [online]. [cited October 26, 2015]. opinionator .blogs.nytimes.com/author/jason-stanley/?_r=0.

2. Newshounds, "Fox News Regular Suggests Obama Is a Muslim." YouTube, August 19, 2010. [online]. [cited October 26, 2015]. youtube.com/watch?v=qC0g5l9kq94.

3. 제이슨 스탠리와의 대화에서 인용.

4. George Orwell, *Nineteen Eighty-Four*, Penguin Books, 1949.

5. Victor Klemperer, trans. Martin Chalmers, *I Shall Bear Witness: The Diaries of Victor Klemperer, 1933-1941*. Weidenfeld & Nicolson, 1998; Victor Klemperer, trans. Martin Chalmers, *To the Bitter End: The Diaries of Victor Klemperer, 1942-1945*. Weidenfeld & Nicolson, 1999.

6. Ben Zimmer, "Truthiness." *New York Times Magazine*, October 13, 2010. [online]. [cited December 28, 2015]. nytimes.com/2010/10/17/magazine/17FOB-onlanguage-t.html?_r=0.

진실을 흐리는 가스라이팅

1. Bryant Welch. *State of Confusion: Political Manipulation and the Assault on the American Mind*, Thomas Dunne, 2008.
2. Gaslight, directed by George Cukor. MGM, 1944.
3. 브라이언트 웰치와의 대화에서 인용.
4. Stephen Colbert, 2006 White House Correspondents' Association Dinner. [online.] [cited: December 8, 2015.] c-span.org/video/?192243-1/2006-white-house-correspondents-dinner.
5. 웰치는 부시 정부의 백악관 정치고문이자 비서실 부실장이었던 칼 로브를 미국의 대표적인 가스라이터, 즉 미국인의 정신에 가장 효과적으로 혼란을 퍼뜨린 인물 중 하나로 꼽았다. 《교란 상태》에서 웰치는 로브를 부시의 정치적 성공을 이끈 '독창적인 천재'라고 평하면서 그가 대중을 교란시키기 위해 사용한 여러 가지 '계략'들을 소개한다. Bryant Welch. *State of Confusion: Political Manipulation and the Assault on the American Mind*, pp. 122-128 and 133-134.
6. Franklin D. Roosevelt. "The Only Thing We Have to Fear Is Fear Itself." Great Speeches of the 20th Century, *The Guardian*, April 25, 2007. [online]. [cited October 28, 2015]. theguardian.com/theguardian/2007/apr/25/greatspeeches.

정리: 오염된 광장

1. Mark Stoll, "Personal Attacks on Rachel Carson." *Rachel Carson's Silent Spring: A Book That Changed the World. Environment and Society Portal*, Virtual Exhibitions 2012 no. 1. [online]. [cited October 30, 2015]. environmentandsociety.org/exhibitions/silent-spring/personal -attacks-rachel-carson.
2. Deborah Tannen, "We Need Higher Quality Outrage." *Christian Science Monitor*, October 20, 2004. [online.] [cited: December 29, 2015.] faculty.georgetown.edu/tannend/csm102204.html.
3. 브라이언트 웰치와의 대화에서 인용.
4. "Marshall Ganz on Making Social Movements Matter." BillMoyers.com, May 10, 2013. [online]. [cited November 2, 2015]. billmoyers.com/segment/marshall-ganz-on-making-social-movements-matter/.
5. 마셜 간츠와의 대화에서 인용.
6. On1Foot: Jewish Texts for Social Justice, "Arguing for the Sake of Heaven." Mishnah, Pirkei Avot 5:17. [online]. [cited November 2, 2015]. on1foot.org/source sheet/arguing-sake-heaven.

2부

1장 미래에 몸 내맡기기

힘과 사랑의 균형 찾기

1. Books by Adam Kahane: *Solving Tough Problems: An Open Way of Talking, Listening, and Creating New Realities*. Berrett-Koehler, 2007; *Power and Love: A Theory and Practice of Social Change*. Berrett-Koehler, 2010; *Transformative Scenario Planning: Working Together to Change the Future*. Berrett-Koehler, 2012.
2. Blurbs quoted from Kahane. Transformative Scenario Planning.
3. 애덤 카헤인과의 대화에서 인용.
4. Paul Tillich. *Love, Power, and Justice: Ontological Analyses and Ethical Applications*. Oxford, 1954.
5. Martin Luther King, Jr., ed. James Washington, *A Testament of Hope: The Essential Writings and Speeches of Martin Luther King*, Jr. Harper-SanFrancisco, 1990, p. 247.

시스템적 사고를 통한 문제 해결

1. 미국 시스템 과학자 피터 센게는 조직 개발 분야의 주요 인물이다. 그는 《비즈니스 전략 저널(Journal of Business Strategy)》에 의해 세기의 전략가로 선정되었으며, 《하버드 비즈니스 리뷰》는 1990년 저서 《학습하는 조직(The Fifth Discipline)》의 학습 조직에 대한 비전을 지난 75년의 중요한 경영 아이디어 중 하나로 언급했습니다. *The Fifth Discipline: The Art and Practice of a Learning Organization*. Deckle Edge, 2006.
2. 피터 센게와의 대화에서 인용.
3. 예를 들어 Mike Gaworecki. "China to Create National Cap-and-Trade Program As Obama Admin Must Bypass U.S. Senate on Climate." DeSmogBlog, September 25, 2014. [online]. [cited November 4, 2015]. desmogblog.com/2014/09/23/china-create-national-cap-and-trade-program-obama-admin-must-bypass-u-s-senate-climate.
4. "Video Message from Xie Zhenhua, Vice Chairman of the National Development and Reform Commission (NDRC), China." Globe International Second Climate Legislation Summit, February 27–28, 2014. [online]. [cited November 4, 2015].

globelegislators.org/2gcls-proceedings/videomessage-from-xie-zhenhua-china.

5. Jack Clark. "IT Now 10 Percent of World's Electricity Consumption, Report Finds."
   The Register, August 16, 2013. [online]. [cited November 4, 2015]. theregister.
   co.uk/2013/08/16/it_electricity_use_worse_than_you_thought/.
6. Paul Gilding, *The Great Disruption: Why the Climate Crisis Will Bring on the End
   of Shopping and the Birth of a New World*. Bloomsbury, 2012; "The Earth Is Full."
   TED talk, February 2012. [online]. [cited November 4, 2012]. ted.com/talks/paul_
   gilding_the_earth is_full.

타인의 말에 귀 기울이기

1. Willian J. O'Brien, *Character at Work: Building Prosperity Through the Practice of
   Virtue*. Paulist Press, 2008.
2. 오토 샤머와의 대화에서 인용.
3. Otto Sharmer website. [online]. [cited November 6, 2015]. ottoscharmer.com;
   C. Otto Scharmer. *Theory U: Leading from the Future As It Emerges*. Berrett-
   Koehler, 2009; Otto Scharmer and Katrin Kaufer. *Leading from the Emerging
   Future: From Ego-System to Eco-System Economies*. Berrett-Koehler, 2013.
4. Otto Scharmer. "Shaping the Future." World Economic Forum, Tianjin, September
   13 – 15, 2010. [online]. [cited November 6, 2015]. ottoscharmer.com/publications/
   videos.

2장 공적 서사라는 강력한 도구

효과적인 기후변화 커뮤니케이션 연구

1. Anthony Leiserowitz et al, "Climate Change in the American Mind: March 2018,
   Yale Program on Climate Change Communication", April 17, 2018.
2. 앤서니 라이저로위츠, 에드워드 메이백과의 대화에서 인용.

사람들이 환경 문제에 무관심하다는 것은 미신이다

1. "Archive." Renee Lertzman website. [online]. [cited November 6, 2015].
   reneelertzman.com/archive/.
2. 르네 러츠먼과의 대화에서 인용.

3. Harold F. Searles, "Unconscious Processes in Relation to the Environmental Crisis." *Psychoanalytic Review*, 59 (1972).

4. Hanna Segal, (1987, 1997) "Silence Is the Real Crime." In Hanna Segal, *Psychoanalysis, Literature and War: Papers* 1942–1995. Routledge, 2005.

5. Kari Norgaard, *Living in Denial: Climate Change, Emotions, and Everyday Life*, MIT Press, 2011.

6. Renée Lertzman, "The Myth of Apathy." *The Ecologist*, June 19, 2008. [online.] [cited: December 25, 2015.] theecologist.org/blogs_and_comments/commentators/other_comments/269433/the_myth_of_apathy.html.

도덕적 착시 현상은 왜 발생하는가?

1. Paul Slovic biography, Decision Research website. [online]. [cited November 9, 2015]. decisionresearch.org/researcher/paul-slovic-ph-d/.

2. 폴 슬로빅과의 대화에서 인용.

3. United Human Rights Council, "Genocide in Darfur." [online]. [cited November 9, 2015]. unitedhumanrights.org/genocide/genocide-in-sudan.htm.

4. Paul Slovic and Elke U. Weber, "Perception of Risk Posed by Extreme Events." Paper prepared for discussion at the conference Risk Management Strategies in an Uncertain World, Palisades, New York, April 12–13, 2002. [online]. [cited November 9, 2015]. ldeo.columbia.edu/chrr/documents/meetings/roundtable/white_papers/slovic_wp.pdf.

5. Paul Slovic, *The Feeling of Risk: New Perspectives on Risk Perception*, Routledge, 2010.

6. Daniel Kahneman, *Thinking, Fast and Slow*, Farrar, Straus and Giroux, 2013.

7. Daniel Kahneman, Paul Slovic and Amos Tversky, eds. *Judgment Under Uncertainty: Heuristics and Biases*, Cambridge, 1982.

공적 서사, 이야기가 갖는 힘

1. 마셜 간츠와의 대화에서 인용.

3장 머리가 아니라 가슴으로

종교가 가르쳐주는 광장의 정신

1. "Karen Armstrong Religious Scholar." Speakers, TED.com. [online]. [cited November 11, 2015]. ted.com/speakers/karen_armstrong.
2. 카렌 암스트롱과의 대화에서 인용.
3. 고린도전서 13:4, 6.

내면의 생태 가꾸기

1. 조앤 할리팩스와의 대화에서 인용.

진실을 말하되 벌하려고 말하지 말라

1. 틱낫한과의 수련회 및 인터뷰에서 인용(2011년 8월 8~13일).
2. Peter Solomon in "Happiness Machines," Episode One, The Century of Self, BBC Two, 2002.

우리에게는 따뜻한 마음이 필요하다

1. Barry Saxifrage, "Wikileak: Dalai Lama Says Climate Change in Tibet More Urgent Than Political Solution. Why?" *Vancouver Observer*, January 25, 2011. [online]. [cited December 26, 2015]. vancouverobserver.com/blogs/climatesnap shot/2011/01/25/wikileak-dalai-lama-says-climate-change-tibet-more-urgent -political; World Wildlife Fund, "Glaciers in China and Tibet Fading Fast." *ScienceDaily*, February 22, 2009. [online]. [cited December 26, 2015]. sciencedaily. com/releases/2009/02/090220185537.htm.
2. Baiqing Xu et al, "Black Soot and the Survival of Tibetan Glaciers." *Proceedings of the National Academies of Sciences*, 106 (52) (2009). [online]. [cited December 25, 2015]. pnas.org/content/106/52/22114. full.pdf; James Hansen, "Science Briefs: Survival of Tibetan Glaciers." NASA GISS Website, December 2009. [online]. [cited December 25, 2015]. giss.nasa.gov/research/briefs/hansen_14.
3. Future Generations China, "Four Great Rivers Project." [online]. [cited November 17, 2015]. china.future.org/conservation-tibet/four-great-rivers.
4. Claudio O. Delang and Zhen Yuan, *China's Grain for Green Program: A Review of the Largest Ecological Restoration and Rural Development Program in the*

World, Springer, 2014.

5. Mind and Life Conference XXIII. [online]. [cited November 18, 2015]. mindandlife. org/dalai-lama-dialogues/.

6. T. S. Eliot, "Little Gidding," Part V.

7. 달라이 라마 14세와의 수련회(Mind and Life Conference) 및 인터뷰에서 인용, Mind and Life Conference XXIII: Ecology, Ethics, and Interdependence. Office of His Holiness the Dalai Lama, October 17-21, 2011.

8. 샐리 맥페이그와의 대화에서 인용.

9. 피터 셴게와의 대화에서 인용.

에필로그

1. 알렉스 히멜파브, 마일스 리처드슨과의 대화에서 인용.

2. Rosalie Abella, "Rosalie Abella: An Attack on the Independence of a Court Anywhere Is an Attack on All Courts." *Globe and Mail*, October 26, 2018.

3. 애덤 카헤인과의 대화에서 인용.

4. Adam Kahane, *Collaborating with the Enemy: How to Work with People You Don't Agree With or Like or Trus*, Berrett-Koehler, June 2017.

5. 폴 슬로빅과의 대화에서 인용.

양극화 시대, 진실은 왜
사람의 마음을 바꿀 수 없는가

광장의 오염

1판 1쇄 인쇄 2021년 4월 27일
1판 1쇄 발행 2021년 5월 3일

지은이 제임스 호건
옮긴이 김재경

발행인 이성현
책임 편집 전상수
디자인 방유선

펴낸 곳 도서출판 두리반
주소 서울특별시 종로구 사직로 8길 34(내수동 72번지) 1104호
편집부 전화 (02)737-4742 | **팩스** (02)462-4742
이메일 duriban94@gmail.com

등록 2012. 07. 04 / 제 300-2012-133호
ISBN 979-11-88719-10-5 03300

※ 값은 뒤표지에 있습니다.